国家社科基金
GUOJIA SHEKE JIJIN HOUQI ZIZHU XIANGMU
后期资助项目

国家社科基金
GUOJIA SHEKE JIJIN HOUQI ZIZHU XIANGMU
后期资助项目

多维邻近性与产业集群创新

Multi-dimensional Proximities and Industrial Cluster Innovation

李 琳 著

北京大学出版社
PEKING UNIVERSITY PRESS

图书在版编目(CIP)数据

多维邻近性与产业集群创新/李琳著. —北京:北京大学出版社, 2014.8
ISBN 978-7-301-24701-3

Ⅰ. ①多… Ⅱ. ①李… Ⅲ. ①产业经济学—研究 Ⅳ. ①F062.9

中国版本图书馆 CIP 数据核字(2014)第 192680 号

书　　　名:多维邻近性与产业集群创新
著作责任者:李　琳　著
责 任 编 辑:赵学秀
标 准 书 号:ISBN 978-7-301-24701-3/F·4026
出 版 发 行:北京大学出版社
地　　　址:北京市海淀区成府路 205 号　100871
网　　　址:http://www.pup.cn
电 子 信 箱:em@pup.cn　　　QQ:552063295
新 浪 微 博:@北京大学出版社　@北京大学出版社经管图书
电　　　话:邮购部 62752015　发行部 62750672　编辑部 62752926
出版部 62754962
印　刷　者:**北京宏伟双华印刷有限公司**
经　销　者:新华书店
730 毫米×1020 毫米　16 开本　14.5 印张　245 千字
2014 年 8 月第 1 版　2014 年 8 月第 1 次印刷
定　　　价:38.00 元

国家社科基金后期资助项目
出版说明

后期资助项目是国家社科基金设立的一类重要项目，旨在鼓励广大社科研究者潜心治学，支持基础研究多出优秀成果。它是经过严格评审，从接近完成的科研成果中遴选立项的。为扩大后期资助项目的影响，更好地推动学术发展，促进成果转化，全国哲学社会科学规划办公室按照“统一设计、统一标识、统一版式、形成系列”的总体要求，组织出版国家社科基金后期资助项目成果。

全国哲学社会科学规划办公室

前　　言

在知识创造和技术创新日益凸显其作为区域经济可持续发展的根本驱动力以及产业集群作为现代区域经济发展的典型模式被日益认同的背景下，力推产业集群创新发展已成为包括我国在内的世界各主要国家政府的公共政策导向。然而，我国产业集群普遍面临创新能力不足、整体竞争力缺乏的瓶颈制约，究其原因固然有多方面的因素，但从多维邻近视角看，单一的地理上邻近（扎堆）而组织与认知不邻近的问题是集群内企业缺乏创新驱动机制进而创新能力不足的重要原因。集群技术创新过程是以集群相关主体间的交互学习为关键机制，而交互学习机制的实现有赖于相关主体间的多维邻近关系的形成以及基于多维邻近关系的协调、控制和促进效应的产生。然而，由于我国大多数集群始于政府优惠政策的引导而扎堆于开发区或高新区，在成长过程中政府更多的是关注于集聚区内基础设施建设、土地优惠等"硬"条件的改善，而忽略了区内主体间互动交流机制构建等"软"条件的建设，故"陌生的邻居"现象在集聚区内普遍存在，集群创新所依赖的主体间交互学习机制严重缺失。基于此，如何引导我国集群从过去依赖于单一地理邻近的外延式发展模式转变为有赖于地理、组织与认知多维邻近关系的内生式发展模式，构建有利于集群主体交互学习的创新促进机制，是摆在各级政府和学术界面前的一项紧迫而重要的课题。这正是本书的研究目的所在。

本书尝试着从多维邻近性这个全新视角出发，围绕"多维邻近性与产业集群创新"论题展开探索性研究。试图通过深入探析并回答以下问题来构建一个较完善的多维邻近性对集群创新影响机理的理论分析框架：单一的地理邻近分析视角为什么不能充分解析产业集群的创新机理；地理邻近与组织邻近的组合以及地理邻近与认知邻近的组合如何交互影响集群创新；地理邻近与组织邻近的组合以及地理邻近与认知邻近的组合对集群创新的交互影响效应是互补关系还是替代关系；地理、组织、认知三种邻近如何随集群生命周期阶段演化而与集群创新能力动态耦合。在此基础上，以我国软件产业集群为研究对象，探索性地采用 SEM-PLS 方法［即构建结构方程模型(SEM),运用偏最小二乘法(PLS)估计和检验模型参数]对地理邻近与组织邻近的组合以及地理邻近与认知邻近的组合对集群创新影响效应进行实证研究,得出重要结论,进而创造性地提出政策建议。这为促进我国各级政府制定重视集群内相关主体间多维邻近关系的建立与邻近效应的利用,进而有效提升集群创新能力与整体竞争力的相关政策提供重要参考。

“多维邻近性与产业集群创新”作为一个崭新的研究领域在国际学术界已引起多学科的热切关注,但国内的研究刚刚起步。尽管本书竭力围绕多维邻近性与产业集群创新论题在理论机制和实证分析层面进行了探索性研究,但囿于本人的能力和精力,研究中有许多不成熟之处尚待今后进一步深入探讨。在恳求各位专家学者批评指正的同时,更是企盼本书的出版在推动国内学术界对“多维邻近性与创新”论题的关注上起到抛砖引玉的作用。

李　琳

2014 年 5 月于麓山脚下

目　　录

第1章 绪　论

1.1 研究的背景与意义

1.1.1 研究背景

早在19世纪末20世纪初，经济学家马歇尔在其“产业区”理论中就论及企业间彼此位居邻近产生显著的外部经济效应，“弥漫在空气中的秘密”对于产业区的成员来说“不再是秘密”，“如果一个人有了一种新思想，就为别人所采纳，并与别人的意见结合起来，因此它就成为更新的思想之源泉”(Marshall，1920，p. 225)。马歇尔虽未直接提及但完全隐含地理邻近的创新促进效应的思想。但由于长期以来主流经济学对“空间”因素的忽视，地理邻近并没有由此引起经济学家的普遍关注。直至20世纪70年代末80年代初西方资本主义国家爆发经济危机，在经济普遍萧条的大背景下，以意大利的中部和东北部地区、德国的巴登—符腾堡(Baden-Wurtterberg)以及美国加州的硅谷地区等为代表的少数地区却呈现出与大萧条相悖的另一番景象——经济稳步增长。学者们对这些地区进行研究后发现，这些地区与约一百年前的马歇尔笔下的“产业区”具有惊人的相似性：众多中小企业集聚于本地(位居邻近)，形成了基于高度专业化分工与紧密合作的地方网络，这种地方网络与本地特有的地方文化融为一体形成显著的本地根植性，因此催生出一种内生增长机制，在这种内生增长机制的驱动下实现地方经济的可持续发展(Storper，1989；Bellandi，1989；王缉慈，2001)。这些地区被称之为“新产业区”(New Industrical District)(Bacattini，1990)。“新产业区”现象的出现使学者们又重拾了地理邻近论题并予以高度关注。

20世纪80年代中期以来随着信息通信技术的迅猛发展和知识经济的蓬勃兴起，区域研究学者(包括区域经济学、经济地理学、创新地理学等)对地理邻近论题的关注集中在地理邻近与知识溢出及创新等主题，如Audretsch和Feldman(1996)从“本地知识溢出”视角、Maillat(1991)从“创新环境”视角、Storper(1997)从“新产业空间”视角、Morgan(1997)从区域创新系统视角,探讨了地理邻近与组织网络及创新等相关论题,并得出一个基本结论——地理邻近对创新产生重要影响。分析的逻辑假设大致是:同一产业或相关产业内的组织,地域上的邻近促进知识尤其是隐性知识的传递,并激励冒险与风险共担,进而假定企业创新过程从本地联系中较非本地联系中获得更多的益处。20 世纪 90 年代,随着研究的深入,以法国邻近动力学派(French School of Proximity Dynamics)为代表的学者对地理邻近在创新中的作用提出异议。他们认为,邻近性是一个多维的概念,除了地理邻近之外,还应包括组织邻近、制度邻近等(Torre 和 Gilly,2000;Rallet 和 Torre,1999),单一的地理邻近分析视角无法充分解释组织间交互学习与互动创新机理;地理邻近并不意味着行为主体间永久性地处于相同的地域,将交互过程中对地理邻近的需要误解为对共同地理位置的需要是有害的(Torre 和 Rallet,2005);地理邻近的需要在大多数情况下是影响创新过程的某些阶段,以专业技术人员短期或中期的访问为依托的“临时性地理邻近”可以满足创新过程中相关主体间的知识交换的需要(Torre,2008)。随着法国邻近动力学派的研究成果的不断问世及其学术影响力的逐渐增强,欧盟其他国家的许多学者和机构也日益关注邻近问题的研究,并大体一致认为,邻近性具有多维特性,地理邻近本身既不是交互学习和创新产生的必要条件也非充分条件,它通过强化其他形式邻近性的作用来影响创新(Boscham,2005,2009;Menzel,2008);地理邻近对创新具有负面影响,太多或太少的邻近都不利于创新(Boscham,2005,2009)。

多维邻近性与创新论题已成为西方区域经济学、创新经济学、经济地理学等多学科关注的焦点。但总体研究尚处于探索阶段,且迄今绝大多数是从宽泛意义上探讨多维邻近在企业或产业创新中的作用,而针对产业集群创新的多维邻近影响机制与效应的相关研究较为缺乏(Boschma,2005;Carrincazeaux,2008)。

国内自 20 世纪 90 年代末以来,在各地政府建立开发区(包括高新区)浪潮和高新区企业集聚迅速发展的实践背景下,学术界掀起了对高新区产业集聚(或产业集群)、高新区产业集群与创新等论题的关注热潮。在众多有关高新区产业集群化发展、高新区产业集群创新优势等论题的研究中,都会提及诸如区内相关主体间的地理邻近对知识溢出与创新的促进作用之观点,但以“地理邻近”作为标题(“地理邻近”出现在标题中)的相关研究却较少。汪涛、曾刚(2008)解析了地理邻近对高新区企业创新的影响;李琳、郑刚等(2012)探讨了地理邻近对产学研合作创新的影响机制;

李琳、杨军等(2012)从地理邻近的二维性出发,探讨了永久性地理邻近和临时性地理邻近对集群内企业合作创新的动态影响机制;李琳、梁瑞(2011)探讨了临时性地理邻近在企业合作创新过程中发生作用的时间和场所,以及信息通信技术下临时性地理邻近的实现机制。王缉慈(2005)、李福刚和王学军(2007)在探析地理邻近对工业园区(区域)创新的影响的同时,作为地理邻近效应的辅助因素提及了其他维度邻近,而对于多维邻近论题的专门研究较为罕见。李琳、韩宝龙(2009)探讨了多维邻近维度的划分与概念界定,并构建了组织合作视角下的多维邻近概念框架;何明升、徐占忱(2007)从社会学角度解析地理、社会和行业接近性与集群创新的耦合机理;李琳、杨田(2011)探析了地理邻近和组织邻近对集群创新的影响机制,并以我国6大汽车产业集群为例对理论假设进行了实证检验;李琳、韩宝龙(2011)探究了地理邻近、认知邻近对高技术产业集群创新的影响机制,并以我国国家级软件园软件产业集群为例进行了实证研究;王庆喜(2013)考察了地理邻近和技术邻近下我国高技术产业的省际知识溢出效应。综之,国内关于多维邻近性与创新论题的研究尚处于起步阶段,无论是关注的热度还是研究的深度都严重滞后于西方。鉴于此,本书将在综合考察和吸收国外相关研究成果的基础上,尝试着将多维邻近性引入产业集群创新的分析中,对多维邻近性对产业集群创新的影响机制与影响效应论题进行深入探究,旨在为弥补国内在多维邻近与创新论题上研究的严重不足做些努力。

1.1.2 研究意义

(1) 理论价值。鉴于在国外"多维邻近与创新"论题已成为多学科关注的热点而国内尚处于起步阶段的研究现状,本书在综合考察和吸收国外相关研究成果的基础上,以多维邻近性与产业集群创新为研究对象,通过解析"LKS"(本地知识溢出)视角下的单一永久性地理邻近创新效应论的主要观点及其局限性,ICT(信息通信技术)背景下永久性地理邻近和临时性地理邻近对集群创新的动态影响机制,重点探析地理邻近与组织邻近的组合、地理邻近与认知邻近的组合对集群创新的交互影响机制与影响效应;探究地理、组织、认知三种邻近形式与集群创新能力演化的动态耦合机制,来试图构建一个较完善的多维邻近性对集群创新影响机理的理论分析框架。研究成果对于弥补国内在多维邻近论题上研究的严重不足,进而促进区域经济学、经济地理学等学科有关产业集群创新的理论体系的发展与完善具有重要的理论价值。

（2）现实意义。力推产业集群发展已成为我国各级政府的公共政策导向。然而，我国产业集群普遍面临创新能力不足和整体竞争力缺乏的瓶颈制约，究其原因固然有多方面的因素。但从多维邻近视角看，单一的地理上邻近（扎堆）而组织与认知上不邻近的问题是集群内企业缺乏创新驱动机制进而创新能力不足的重要原因。集群技术创新过程是以群内相关主体间的交互学习为关键机制，而交互学习机制的实现有赖于相关主体间的多维邻近关系的形成以及基于多维邻近关系的协调、控制和促进效应的产生。然而，由于我国大多数集群始于政府优惠政策的引导而扎堆于开发区或高新区，在成长过程中政府更多的是关注集聚区内基础设施建设、土地优惠等“硬”条件的改善，而忽略了区内主体间互动交流机制构建等“软”条件的建设，故“陌生的邻居”现象在集聚区内普遍存在，集群创新所依赖的主体间交互学习机制严重缺失。基于此，如何引导我国集群从过去依赖于单一地理邻近的外延式发展模式转变为有赖于地理、组织与认知多维邻近关系的内生式发展模式，构建有利于集群主体交互学习的创新促进机制，是摆在各级政府面前的一项紧迫而重要的课题。这正是本书的研究目的所在。本书将深入探究多维邻近性对集群创新的影响机制，在此基础上，以我国软件产业集群为研究对象，探索性地采用 SEM-PLS 方法［即构建结构方程模型（SEM），运用偏最小二乘法（PLS）估计和检验模型参数］对地理邻近与组织邻近以及地理邻近与认知邻近对集群创新影响效应的理论假设进行实证检验，得出重要结论，进而创造性地提出政策建议。对于促进我国各级政府制定重视集群内相关主体间多维邻近关系的建立与邻近效应的利用，进而有效提升集群创新能力与整体竞争力的相关政策提供决策参考，具有重要的现实意义。

1.2 相关研究综述与不足

1.2.1 国外研究综述

自 1999 年 *Cambridge Journal of Economics* 发表关于邻近性与知识创新主题的论文以来，“邻近性”已成为近些年来国外区域经济学、经济地理学、创新经济学等多学科关注的焦点。地理邻近作为空间经济学始终关注的核心，早在 19 世纪就受到学者们的重视。尽管地理邻近的重要性被高度认同，但在传统空间经济学的研究中却一直被视为“黑箱”。传统空间经济学追求一般均衡，仅从资源、能源的视角着眼而脱离制度、文化、历史因素的考察视角，在20世纪80年代信息通信技术迅猛发展和知识经济蓬勃兴起的背景下，其基于单一地理邻近的分析框架对不断涌现的新兴复杂的现实问题（产业集群等）的解释乏力的局限性越来越凸显，并受到来自创新经济学、新经济地理学等学科的研究挑战。相关学科的众多学者试图从新的不同角度对地理邻近与知识溢出、交互学习等论题进行探讨。然而，关于这种结论产生的机理却很少有清晰、一致的解释（Audretsch，1998）。同时也有学者的研究对地理邻近在创新中的作用提出了异议，如Grotz和Braun（1997）、Tremblay（2004）、Weterings（2009）等的研究认为，地理邻近对高技术企业创新并没有显著的影响，而其他形式的邻近（如组织邻近等）更重要。

关于邻近性的多维度问题，最先由法国邻近动力学派（French School of Proximity Dynamics）于20世纪90年代提出并进行探讨。邻近动力学派研究组由约30位对空间经济学感兴趣的产业经济学家或区域经济学家组成，他们致力于通过长期的探索和集体努力试图构建一个统一、规范的新经济空间研究范式，解释邻近效应的性质，并最终达到使空间变量内生化于经济理论中的目的。近十年来，该研究组试图通过主办相关学术研讨会以及合作出版论文的方式来推进其研究计划（Carrincazeaux C.，2008）。在发表的论文中，其中以Torre和Gilly（1999；2000）、Torre和Rallet（2005）、Torre（2008；2009）等的成果较为突出。Torre和Gilly（1999，2000）指出，邻近概念具有多维性，除了地理邻近外，还包括组织邻近、制度邻近等，并认为经济主体之间的交互作用和共同协调是邻近关系的核心。Torre和Rallet（2005）通过引入“临时性地理邻近”区分了地理邻近与相同地理位置两个不同的概念，指出地理邻近并不意味着行为主体间永久性地处于相同的地域，将交互过程中对地理邻近的需要误解为对共同地理位置的需要是有害的。Torre（2008）认为，地理邻近在知识转移过程中仍然必不可少，但这并不意味着创新活动的相关主体总是处于相同的地理位置；地理邻近的需要在大多数情况下会影响创新过程的某些阶段，以专业技术人员短期或中期的访问为依托的“临时性地理邻近”可以满足创新过程中相关主体间知识交换的需要；“临时性地理邻近”也意味着强的空间关系，但这种空间关系在本质上有异于传统方法中基于永久性地理邻近的空间关系。Rallet和Torre（2009）进一步探讨了临时性地理邻近在行为主体交互作用协调中的具体时间、地点和方式，即临时性地理邻近影响经济主体交互作用的途径机制。随着邻近动力学派的研究成果的不断问世及其学术影响力的逐渐增强，欧盟其他国家的许多学者和机构也日益关注邻近问题的研究。在英国 *Regional Studies* 杂志主办的有关“邻近性和创新”专题栏目中，以 Boschma 为代表的学者对邻近性在交互学习中的作用做了较深入的理论阐释。Boscham(2005)指出，邻近性可分为认知邻近、组织邻近、社会邻近、制度邻近和地理邻近五种形式。地理邻近本身既不是交互学习产生的必要条件也不是充分条件，它通过强化其他形式邻近性的作用来影响创新；邻近性对创新具有负面影响，太多或太少的邻近都不利于创新；他强调，地理邻近必须与其他维度邻近性组合才能对交互作用产生影响效应。这种主张不同维度邻近性之间的交互作用效应的观点得到了其他一些学者的认同(Torre,2008;Menzel,2008)。近年，以 Boschma(2009)、Menzel(2008)、Balland(2012)为代表的学者，尝试着从演进经济地理学视角探讨多维邻近性对创新网络的形成和演进的影响作用，一致认为，邻近性从本质上讲是一种关系，邻近关系在创新网络形成演进的不同阶段其影响效应是不同的。

多维邻近性对行为主体或组织间交互作用和创新的影响的理论观点有赖于实证研究的检验。以 Oerlemans、Najoua Boufaden 和 Agrawal 等为代表的学者对相关论题进行了实证探讨。Oerlemans(2005)以企业内部资源、外部网络关系、与重要购买商和供给商之间的距离为自变量，以新产品产值比重为因变量，运用普通最小二乘回归分析方法进行数理统计分析，结果表明，地理邻近和组织邻近对企业创新绩效产生重要影响。Najoua Boufaden (2005)以法国巴黎地区生物技术企业为研究对象，通过问卷调查和统计分析相结合的方法，对多维邻近性对企业创新影响效应进行实证分析，得出结论：单一的地理邻近并没有对企业创新产生影响效应，即地理邻近本身不是激励企业创新活动的充分条件；但邻近于相关产业领域的创新型企业或邻近于多样化创新型企业，则对企业创新绩效产生显著的正影响，这表明地理邻近通过对技术邻近的强化效应来间接影响企业创新。Agrawal 等(2008)通过建立知识生产函数，对地理邻近和社会邻近在创新主体间知识流动中的作用进行探讨。结果表明，两个维度的邻近对知识获取的影响起相互替代作用。Emanuela 等(2012)以欧洲地区为研究对象，采用拓展的知识生产函数和空间计量方法，对多维邻近性对地区间知识溢出的交互影响进行探讨，得出结论：地理、组织、技术和社会邻近均独立对地区间知识溢出产生显著正影响，其中以技术邻近的影响效应最明显；每两种邻近组合对知识溢出的交互影响均表现为互补效应。

总之在西方，“多维邻近性与创新”论题已成为多学科关注的热点，但研究尚不成熟：(1) 尚未形成一个公认的、界定清晰的多维邻近概念框架

(Boschma,2005; Carrincazeaux,2008),不同邻近概念之间相互交叉以及同一种邻近性在不同文献中有不同的称谓等现象较为常见(Knoben, Oerlamans,2006);(2) 邻近性对创新尤其是产业集群创新的作用机理尚缺乏清晰的阐释和深入探讨,从动态演变视角探讨邻近性对产业集群创新的影响机制的研究很少见(Knoben, Oerlamans, 2006; Boschma, 2005, 2011); (3) 从交互视角探讨多维邻近对创新影响的实证研究较为缺乏(Oerlemans,2005; Carrincazeaux,2008)。

1.2.2　国内研究综述与不足

国内对于"多维邻近与创新"论题的专门研究非常缺乏,一些学者从单一的地理邻近视角分析了其对企业(产业或区域)创新的影响。汪涛、曾刚(2008)从单一地理邻近视角出发,通过分析上海浦东高技术企业创新合作伙伴的空间分布状况,对地理邻近在本地层面和区域层面上对企业创新活动的影响效应进行探讨,并得出在本地层面影响甚微而在区域层面发挥一定作用的结论。王缉慈(2005)在回顾国外有关产业集聚与邻近研究的相关文献以及我国工业园区发展实例后指出,为提高区域和城市竞争力与创新能力,不仅要重视企业的地理邻近,更重要的是要促进产业联系的形成与增强,既包括近距离的联系,也包括关系邻近而地理距离遥远的产业联系。李福刚、王学军(2007)从知识流动和集体学习视角,对地理邻近对区域创新的作用机理进行探讨,并指出地理邻近是"距离产生美",太多或太少的地理邻近对集体学习和区域创新都不利。李琳、杨军(2012)从解析单一永久性地理邻近效应论的缺陷入手,探析了永久性地理邻近和临时性地理邻近在集群内企业合作创新不同阶段的动态影响机制,得出结论:在合作创新的初中期,永久性地理邻近起主导作用,而在中后期则是临时性地理邻近发挥主导作用。李琳、梁瑞(2011)从分析临时性地理邻近提出的背景出发,探讨了临时性地理邻近在企业合作创新过程中发生作用的时间和场所,以及信息通信技术下临时性地理邻近效应的实现机制。韩宝龙、李琳(2010)在简析地理邻近对区域创新绩效的影响机理的基础上,提出有关地理邻近与区域创新绩效关系的 3 个假设;以我国 53 个国家级高新区为对象,通过建立半对数回归模型对理论假设进行实证检验,得出结论:地理邻近对高新区创新绩效产生正的影响且正影响呈边际报酬递减特征;现阶段我国高新区尚不存在过度地理邻近对区域创新的抑制作用。李琳、郑刚(2012)解析地理邻近对产学研合作创新的影响机制,以我国产学研合作创新优秀案例作为研究对象对产学研合作中的地理邻近效应进行统计分析;结果显示,我国产学研合作创新中的地理邻近效应明显,高技术企业对地理邻近的依赖性明显弱于传统技术企业,大型企业弱于中小型企业。李琳、韩宝龙(2013)采用人工神经网络前导的计量分析方法,对我国国家级软件园区软件产业集群创新中的地理邻近效应进行实证研究,结果显示,区内地理邻近对集群创新影响呈“S”形阶段特征,而区间地理邻近对创新影响呈边际报酬递减的正效应。

以上文献或者仅从单一的地理邻近视角出发分析其对企业(产业集群或区域)创新的影响,或者虽然提及了除地理邻近之外的其他维度邻近性,但仅仅作为辅助说明地理邻近的影响效应的附带因素而出现,没有或很少探讨除地理邻近之外的其他维度邻近性对创新的影响机理。对于“多维邻近与创新”论题的专门研究较为罕见,仅检索到6篇相关文献。何明升、徐占忱(2007)从生成论视角探讨区域集群创新的生成机理,认为区域集群主体基于丰富的地理、社会和行业接近性所生成的互动网络是创新产生的基础,它纾解了主体间知识转移的障碍,使集群整体层面呈现出协调进化特征,而个体关系层面的竞争和合作催生了创新的“涨落”效应,由此推动创新的不断生成演进。李琳、韩宝龙(2009)在对现有西方文献中多维邻近性概念进行梳理并解析其概念模糊性的基础上,依据概念界定的有效性和可度量性,从组织合作视角将多维邻近性划分为三大类,即地理邻近性、组织邻近性和认知邻近性,进而尝试着构建一个较为清晰的组织合作中的多维邻近概念框架。李琳、熊雪梅(2012)探析了地理邻近、组织邻近、认知邻近及三种邻近形式的组合在集群外部知识获取与创新中的影响机制,得出以下重要结论:认知邻近是集群外部知识获取的必要条件,地理邻近既不是充要条件也不是必要条件,组织邻近是集群外部知识获取的重要协调机制;三种邻近性的有效组合可以减小单一邻近的负效应,促进集群外部知识的获取与创新。李琳、韩宝龙(2011)解析了地理邻近、认知邻近对高技术产业集群创新的影响机制,据此提出4个待验假设;进而以我国国家级软件产业园产业集群为典型案例进行实证分析,采用人工神经网络为前导的OLS回归分析方法对待验假设进行双重递进检验。结果显示:在高技术产业集群的发展和成熟阶段,地理邻近对集群创新绩效产生负的影响,但负影响递减;认知邻近对集群创新绩效产生正影响;集群外部知识的获取有利于集群创新绩效提升;集群直接创新投入也促进创新绩效的提高,但边际报酬递减。李琳、杨田(2011)解析了地理邻近和组织邻近对集群创新的影响机制,选取我国6大汽车产业集群的12家典型汽车生产集团近5年相关数据进行实证检验,得出结论:地理邻近对产业集群创新绩效产生正效应;纵向组织邻近对集群创新绩效产生负效应,而横向组织邻近为正效应;地理邻近与纵向组织邻近对集群创新绩效影响呈替代关系,与横向组织邻近呈互补关系。王庆喜(2013)考察了地理邻近和技术邻近下我国高技术产业的省际知识溢出效应 ,得出结论:地理邻近和技术邻近均对省际知识溢出产生显著影响,其中技术邻近的效应略高,而两者的交互效应并没有显著增强。

总之,国内对于“多维邻近与创新”论题的专门研究尚处于起步阶段,研究的深度与关注的热度明显滞后于西方。

1.3 研究的基本思路与方法

1.3.1 基本思路

本书的研究目的是构建一个较完善的多维邻近性对产业集群创新影响的理论分析框架,并尝试着对多维邻近性对集群创新的影响效应的理论假设进行实证检验。为此,首先在梳理国内外有关多维邻近概念的研究现状与不足的基础上建构一个界定清晰的、彼此相对独立的多维邻近概念框架;然后,探析“LKS”(本地知识溢出)视角下的单一永久性地理邻近创新效应论的主要观点及其局限性,ICT(信息通信技术)背景下永久性地理邻近和临时性地理邻近对集群创新的动态影响机制,地理邻近与组织邻近的组合对集群创新的交互影响机制与影响效应,地理邻近与认知邻近的组合对集群创新的交互影响机制与影响效应;探究地理邻近与组织邻近、认知邻近的组合与集群创新能力演化的动态耦合机制;最后,得出全书的主要结论与未来进一步研究方向。

1.3.2 研究方法

本书采用以下研究方法:

(1) 文献研究法。有关多维邻近与创新论题的现有研究成果局限于外文文献,因此,必须大量研读相关外文文献,在借鉴相关研究成果的基础上创造性地对多维邻近对集群创新影响论题进行深入探讨。

(2) 多学科理论视角相结合的研究方法。将综合运用并融合区域经济学、新经济地理学、创新经济学、新经济社会学、认知学等多学科的相关理论观点,对多维邻近性对产业集群创新影响论题进行多视角的理论探讨。

（3）静态分析与动态分析相结合的研究方法。在探讨地理邻近、组织邻近、认知邻近以及地理邻近与组织邻近的组合、地理邻近与认知邻近的组合对集群创新的静态影响机制的基础上，探析地理邻近、组织邻近、认知邻近与集群创新能力演化的动态耦合机制。

（4）理论研究与实证分析相结合的研究方法。在大量理论分析的基础上，探索性地采用 SEM-PLS 方法，对地理邻近与组织邻近的组合以及地理邻近与认知邻近的组合对集群创新影响效应的理论假设进行实证检验。

（5）实地调研法。为了深入了解我国软件产业集群的技术创新状况与邻近关系状况，课题组前往北京、深圳等地进行实地调研，获取重要的第一手资料。

1.4 研究框架与主要内容

本书共分九章。第一章是绪论，第二章、第三章是全书的研究基础；第四、五、六、七、八章是研究重点，其中，第四、五、六、七章是对永久性地理邻近、临时性地理邻近以及地理邻近与组织邻近的组合、地理邻近与认知邻近的组合对集群创新的静态影响机制的探讨，第八章是对地理邻近、组织邻近、认知邻近对集群创新的动态影响机制的探究，即地理邻近、组织邻近、认知邻近与集群创新能力演进的动态耦合机制；第九章是全书的结论与研究展望（研究框架见图 1-1）。

第一章，绪论。简单介绍研究的背景与意义，解析相关研究现状与不足，介绍研究的基本思路与方法、研究框架与主要内容以及本书的创新点。

第二章，多维邻近性概念框架探讨。在回顾与评述有关多维邻近概念的研究现状与缺陷的基础上，构建一个界定清晰的、彼此相对独立的组织合作视角的多维邻近概念框架。

第三章，多维邻近性对集群创新影响机制的理论分析框架。阐述集群创新内涵及主体构成，探析集群创新的主要特征；在回顾并评析关于集群创新驱动因素的相关研究的基础上，提出探究集群创新动力机制的全新分析视角——多维邻近性视角；进而解析本书关于多维邻近性对集群创新影响机制的理论分析框架，为接下来的各章提供清晰思路。

第四章，“LKS”视角下的地理邻近与集群创新的文献回顾及审视。回顾与梳理“LKS”视角下的永久性地理邻近创新效应论的相关文献与主要观点，通过从吸收能力与交互作用视角打开知识溢出扩散途径的“黑箱”来解析“LKS”视角下的永久性地理邻近创新效应论的缺陷。

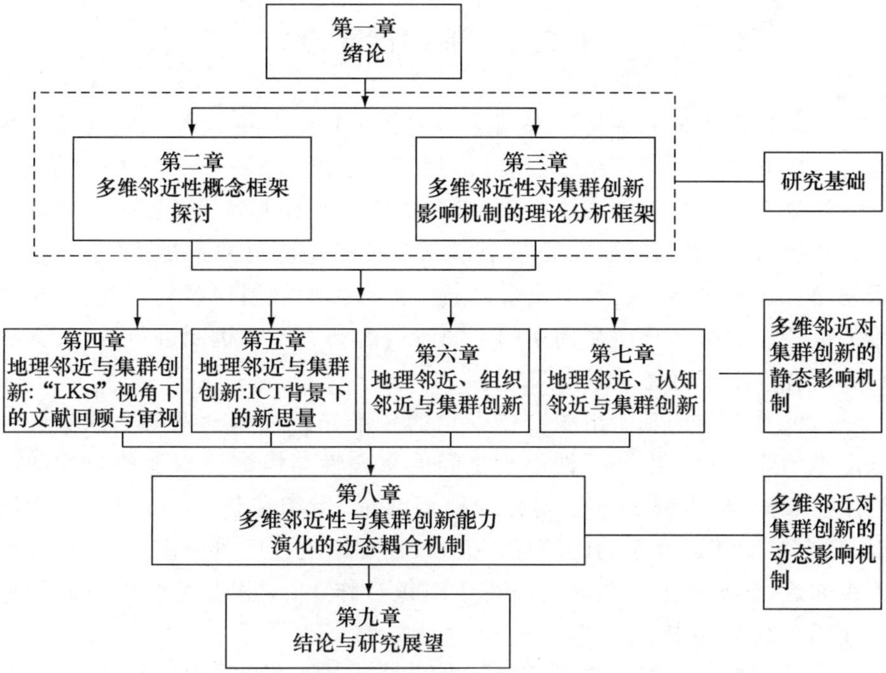

图 1-1　本书的研究框架

第五章,地理邻近与集群创新:ICT 背景下的新思量。解析 ICT 背景下集群创新的单一永久性地理邻近分析视角的局限性,指出地理邻近有其二维性——永久性地理邻近和临时性地理邻近;阐析永久性地理邻近和临时性地理邻近对集群创新的综合影响机制。

第六章,地理邻近、组织邻近与集群创新。探析组织邻近对集群创新的影响机制,地理邻近与组织邻近的组合对集群创新的交互影响机制,地理邻近与组织邻近对集群创新的影响效应。

第七章,地理邻近、认知邻近与集群创新。探究认知邻近对集群创新的影响机制,地理邻近与认知邻近的组合对集群创新的交互影响机制,地理邻近与认知邻近对集群创新的影响效应。

第八章,多维邻近性与集群创新能力演化的动态耦合机制。从集群生命周期视角探析集群创新能力的动态演化特征,重点探究地理、组织、认知三种邻近形式与集群创新能力演化的动态耦合机制。

第九章,结论与研究展望。得出本书的主要结论,指出研究不足以及未来的研究方向。

1.5 本书的创新点

(1) 研究视角的独特。采用多学科相关理论相融合的研究视角。将综合运用并融合区域经济学、新经济地理学、创新经济学、新经济社会学、认知学等多学科的相关理论观点,对多维邻近性对集群创新影响论题进行多视角探讨,突破已有研究局限于单一学科理论视角的不足;采用动态分析视角。在对多维邻近性对集群创新的静态影响机制探析的基础上,对多维邻近性在集群演化生命周期的不同阶段的动态影响机制进行探讨,突破已有研究局限于静态分析的不足。

(2) 首次建构基于组织合作视角的多维邻近性概念框架。依据最大限度地消除不同维度邻近性概念之间的重叠性与模糊性以及邻近性的可测度性原则,将多维邻近性划分为地理邻近、组织邻近、认知邻近三个维度,三个维度邻近概念的内涵界定清晰,在理论上彼此可分离。地理邻近、组织邻近、认知邻近既独立地作用于组织合作中,又相互组合以不同的形式作用于组织合作中。

(3) 创造性地将组织邻近细分为纵向组织邻近和横向组织邻近,并分别探析它们与地理邻近的组合对集群创新的影响机制与影响效应;创造性地探析集群创新中的地理邻近二维性——永久性地理邻近和临时性地理邻近对集群企业合作创新的动态影响机制。

(4) 首次建构多维邻近性对集群创新影响的较完善的理论分析框架:多维邻近概念界定与划分;"LKS"视角下的(永久性)地理邻近对集群创新的影响,ICT 背景下临时性地理邻近和永久性地理邻近对集群创新的动态影响,地理邻近与组织邻近的组合对集群创新的交互影响,地理邻近与认知邻近的组合对集群创新的交互影响;地理邻近、组织邻近、认知邻近的组合与集群创新能力演化的动态耦合机制。

(5) 尝试着按以下逻辑多层面深入系统地探析多维邻近对集群创新的影响机制与影响效应:单一永久性地理邻近在集群创新中的作用——永久性地理邻近与临时性地理邻近对集群创新的综合影响——地理邻近与组织邻近的组合以及地理邻近与认知邻近的组合对集群创新的交互影响——地理、组织、认知三种邻近形式与集群创新能力演化的动态耦合机制,得出以下有价值的重要结论:① 单一的永久性地理邻近的分析视角无法充分解释集群的创新机理,地理邻近通过影响其他维度的邻近性来影响集群创新;② 组织邻近以及认知邻近是集群创新的重要影响维度,适度的组织邻近或认知邻近都对集群创新产生显著的促进效应；③ 地理邻近与组织邻近的组合以及地理邻近与认知邻近的组合对集群创新产生交互影响，交互影响效应既可表现为相互替代关系也可表现为互补关系，这与集群的类型、特性、集群所处的时空背景以及集群演化所处的阶段有关；④ 过度的邻近性具有负面效应；⑤ 地理、组织、认知三种邻近性对集群创新演化的不同阶段的影响程度与影响效应（正效应或负效应）不同，呈现出与集群创新能力演化的动态耦合特征。

（6）量化分析方面的突破。本书尝试性地采用 SEM-PLS 方法，即构建结构方程模型（SEM），运用偏最小二乘法（PLS）估计和检验模型参数，对地理邻近、组织邻近、认知邻近对我国软件产业集群创新的独立影响效应以及地理邻近与组织邻近的组合、地理邻近与认知邻近的组合对集群创新的交互影响效应进行定量评估，以检验相关理论结论的正确性，克服已有研究的理论观点缺乏实证检验的缺陷。

第2章　多维邻近性概念框架探讨

“多维邻近性”(Dimensions of Proximity)论题已成为近些年来国外区域经济学、经济地理学、创新经济学等多学科关注的焦点。在西方文献中尽管邻近的多维性被认同,但由于学者们研究的目的不同、分析的视角各异,同一邻近概念界定不清和不同维度邻近概念交叉重叠的现象常见诸多相关文献中,一个界定清晰、规范的多维邻近概念框架尚未建立(Boschma,2005;Knoben 和 Oerlemans,2006)。多维邻近概念的模糊性制约了对邻近性论题的深入探讨,使得对邻近性的定量测度无从谈起。鉴于此,本章在梳理相关文献中多维邻近性概念并解析其概念的模糊性的基础上,对多维邻近性的不同维度进行重新划分与界定,试图构建一个界定清晰的、规范的多维邻近性概念框架,旨在为下文各章的探讨做好铺垫。

2.1　文献回顾与评述

2.1.1　文献回顾

通过检索和梳理相关外文文献可看出(见表2-1),现有西方文献中提到的多维邻近性包括地理邻近、组织邻近、制度邻近、社会邻近、文化邻近、技术邻近、认知邻近等多个维度。其中地理邻近出现的频率最高,虽然不少文献也提到了邻近性的其他维度,但这些维度的界定存在明显的争议。且不同学者对邻近性的考察视角有一般层面和二元层面之分,在一般分析层面,邻近性是指某一组织或地区的邻近性的空间辐射范围;在二元层面则是关注于两个区域或组织之间的具体的邻近性及邻近程度。

表 2-1　文献中被使用到的邻近性种类及对应频数

数目	邻近性的种类						
	地理邻近性	组织邻近性	文化邻近性	技术邻近性	认知邻近性	制度邻近性	社会邻近性
138 篇	81	16	7	6	8	9	11

1. 地理邻近性

地理邻近性(Geographical Proximity)是最常出现在文献中的邻近性概念,有时也被称为地域邻近性(Territorial Proximity)、空间邻近性(Spatial Proximity)、本地邻近性(Local Proximity)或物理邻近性(Physical Proximity),在很多研究中并没有明显地出现"地理邻近性"这一概念,而是用"邻近性"代替。在一般分析层面,相关组织的地理聚集就叫该地区的地理邻近,而在二元层面中则认为是两个互动组织之间的距离,如 Torre (2005)认为地理邻近性是两单位之间的公里距离。尽管不同学者对地理邻近性的表述不同,但归其本质都是指主体间要素传播和运输需要面对的物理距离。

对于地理邻近在组织合作中的作用基本上达成共识,一般认为主体间较近的地理距离更有利于面对面的交流与互动,而频繁的交流有利于组织间良好合作关系的建立,进而提高组织间信息交换的频率和效率,促进知识尤其是隐性知识的转移和创新活动的产生(Torre, Gilly, 2000; Howells, 2002)。

2. 组织邻近性

组织邻近性(Organizational Proximity)在现有文献中是一个相对模糊的概念,有狭义和广义之分。在狭义的定义中,Oerlemans 和 Meeus (2005)将组织邻近性界定为主体同属于同一关系空间,这显然与下面要提到的社会邻近性的概念有所重叠。而 Torre 和 Rallet (2005)基于交流视角将其定义为:组织邻近性为主体间具有能促进互动的隐性或显性的规则或行为惯例,以及具有同一套表述系统或信念集,这显然又与认知邻近性、制度邻近性、文化邻近性的概念有所重叠。一些学者索性将一些与组织邻近内涵重叠的邻近性维度划归在组织邻近性名下,并称为广义邻近性,如 Knoben 和 Oerlemans (2006)将认知邻近性、制度邻近性、文化邻近性、社会邻近性和狭义组织邻近性五个邻近性统称为组织邻近性。其次,组织邻近性可以在两个不同的层面加以区分,在一般分析层面,通常只关注于合作网络的特征和主体的组织特征而不是两公司的关系特征;在二元层面的分析恰恰相反,学者们更关注于具体的两个组织间结构的相似程度。

上述原因导致了对组织邻近性界定的不明晰，以致对于组织邻近性在促进组织合作中的作用机理尚未有清晰的阐述，只是在二元层面认为组织邻近性促进组织合作，是因为合作伙伴双方组织内容结构相似，使合作伙伴的隐性知识和其他非标准化的资源更顺畅地流动和转移，从而促进合作创新。

3. 制度邻近性

制度邻近性(Institutional Proximity)概念本身没有太多的争议，多是基于 North (1991)所说的制度是人为设置的，是用以制约政治结构和经济、社会相互影响的。制度包括非正式的限制(如认可、禁忌、习惯、传统和行为准则)和正式的限制(如宪法、法律和财产权利)。在一般层面，制度邻近性是以研究主体的国家、区域的制度框架相似为基础的，这些正式制度(如法律和准则)和非正式制度(如文化准则和习惯)共同影响着行为协调的方式；在二元层面，则主要依据不同组织间正式和非正式制度的相似水平来确定二元层面的制度邻近性水平。但制度邻近性内涵与其他维度邻近性内涵有重叠现象，主要表现为：部分制度是依据文化背景而设立的，故制度邻近性与文化邻近性有些相似；又因为组织制度既是组织的一部分也是制度的一部分，所以与组织邻近性有某些重叠；再者，组织、制度、文化三者相互影响、相互作用的状况也为邻近性概念的精确划分增添了困难。正如 Knoben 和 Oerlemans (2006)所言，制度和文化相互关联性很强，几乎不可能完全界定开来，如一些学者将制度定义为人造文化，对制度邻近性的二元分析包括组织的规则和惯例，所以制度邻近性和文化邻近性在二元分析层面可以简单地看做组织邻近性的一部分。

制度邻近性在组织合作中的作用机理相关文献尚缺乏深入阐述，只是简单认为制度上的相似可以降低交流成本和交易成本，进而促进知识尤其是隐性知识的转移。

4. 技术邻近性

技术邻近性(Technological Proximity)是以共有的技术经验和技术知识为基础的，有时因为它们的无形性被定义为虚拟邻近性(Virtual Proximity)(Schamp et al. ,2004)。Tushman 和 Anderson(1986)对于技术的定义具有普遍性：技术可以被定义为处于投入和产出之间的工具、设备和知识(过程技术)，或者创造新产品和服务的工具、设备和知识(生产技术)。然而，技术邻近性并不指这些技术本身，而是指知识主体对这些技术的应用。一般层面上，技术邻近性强调主体为了从组织环境中获得外部知识所应具有的先验知识与技术(Cohen，Levinthal，1990)；二元层面上，技术邻近性则要通过相对吸收能力这一概念加以说明（Lane，Lubatkin，1998）。吸收能力与相对吸收能力的区别在于：吸收能力认为一个公司的学习能力决定于公司本身，而相对吸收能力认为这个能力同样决定于交换的知识源，即取决于交换双方。

一般认为，技术邻近性在合作创新中的作用机理主要在于技术邻近能够使主体间的相对吸收能力加强，使相互交流和知识转移变得容易。但过高程度的技术邻近性也会因缺乏新的知识源而产生技术“锁定”的负面效应。

5. 文化邻近性

文化邻近性（Cultural Proximity）也是一个相对模糊的概念，其模糊性源自文化本身宽泛的定义，即文化是解释人的行为与行动的思维模式、感觉模式，或行为、符号模式。它在特定时间被特定的群组所接受和共享，将组群成员联系在一起，定义和区分与其他组群的差异性的思想、感觉、行为模式（Burns 和 Stalker，1961；Pettigrew，1979；Wilkof 和 Brown，1995）。在一般层面，文化邻近性着眼于国家、区域间的文化相似与区别；在二元层面则关注于组织间的不同文化差别，国家层面的文化区别被淡化，组织文化差别被加以强调（Wilkof 和 Brown，1995）。可见，在二元层面文化邻近性与组织邻近性有一定程度的重叠。

文化邻近性在促进发展与创新方面的机理与制度邻近性颇为相似，即共同的文化背景能够促进组织间的理解和沟通，使组织相互沟通的成本更低，沟通效率更高。

6. 社会邻近性

社会邻近性（Social Proximity）有时被称为个人邻近性（Personal Proximity）（Schamp et al.，2004）或关系邻近性（Relational Proximity）（Coenen et al.，2004），一些学者把它看做组织邻近性的一部分，或是一种特殊的组织邻近性。无论持何种观点，学者（如 Oerlemans 和 Meeus，2005）对社会邻近概念有一个基本的论断，即社会邻近性总是指主体属于同一关系空间。这显然与组织邻近性概念明显重叠。在一般层面上，考察的是公司是否同属于一个社交圈或在合作网络中占有的相对位势；在二元层面上，则强调两个公司与其他第三方公司在社会关系上的相似性。在一般层面集中于对公司群组或网络群组特征的考量，而在二元层面则聚焦于合作组织本身的特征。

社会邻近性对于创新的重要性主要在于，社会关系的邻近不仅协调交易，让主体间拥有了相互的信任、共同的经验，以及共同的外部知识源，而且为组织间知识交换提供了有效的途径，进而促进了创新（Boschma，2005；Oerlemans 和 Meeus，2005）。

7．认知邻近性

以 Wuyts（2005）、Nooteboom（1999）等为代表的学者认为认知邻近性（Cognitive Proximity）是指主体觉察、说明、理解和评估世界方式的相似性。另一类学者（Rallet，Torre，1999；Torre，Rallet，2005）则强调认知邻近性是以同属于一个社会实践网络为基础的，侧重于有效的交流而不管地理距离的远近，因此此类学者通常将认知邻近性看做组织邻近性或社会邻近性的一部分；以 Boschma（2005）为代表的第三类学者则指出，认知邻近是一个包含技术邻近在内的内涵更广泛的概念。

认知邻近性在合作创新中的影响机理的大致观点是，不同的组织文化、习惯、规则和惯例影响主体观察和理解世界的方式，为了有效地交流转移新知识，主体需要拥有对事物相似的（并非一致的）认识，即相似而并非一致的认知水平促进知识的流动和转移，促进创新活动的产生。

2.1.2 现有多维邻近性概念模糊性的解析

根据上文分析，将文献中的多维邻近性在一般层面和二元层面的不同内涵，以及多维邻近性之间相互重叠的关系用图 2-1、图 2-2 表示如下。

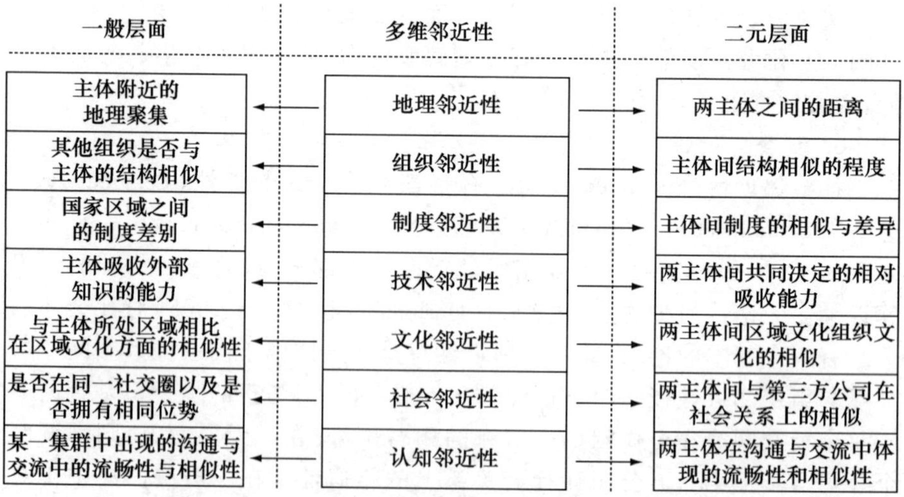

图 2-1 多维邻近性在不同分析层面的不同内涵

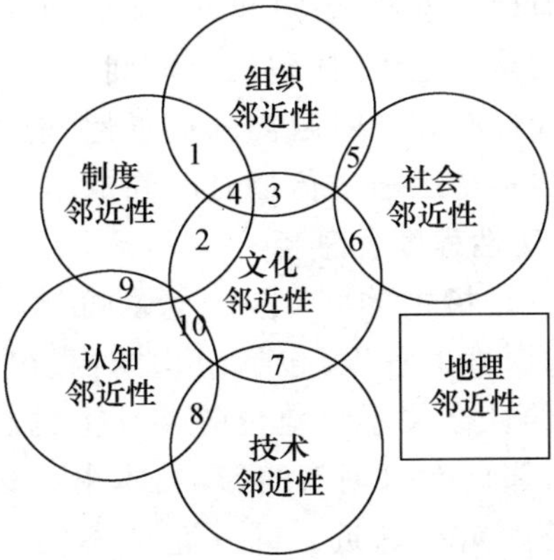

图 2-2　文献中多维邻近性的重叠

图 2-2 显示出文献中多维邻近性的重叠关系，各邻近性之间的交集用数字标出，重叠部分的含义具体为：① 组织制度上的邻近；② 由文化所限定的那一部分制度的邻近；③ 组织文化上的邻近；④ 由文化所限定的那一部分组织制度的邻近；⑤ 组织合作关系中的社会关系邻近；⑥ 由文化所促进的社会关系的邻近；⑦ 由文化相似所带来的技术知识的邻近；⑧ 由共同的知识基础所引致的认知邻近性；⑨ 由社会制度和组织制度相似所带来的认知上的相似性；⑩ 由文化上的共同或相似所引致的对事物认知上的邻近。

正由于不同维度邻近性概念的相互重叠，以及同一维度概念分析视角的不同，引致了现有多维邻近性概念的模糊性。具体说来，多维邻近性概念的模糊与歧义的主要原因有以下几个方面：(1) 同一邻近性使用多个不同的名称，如地理邻近性和空间邻近性；(2) 不同维度邻近性之间有明显的重叠现象，如文化邻近性和组织邻近性、组织邻近性与社会邻近性、制度邻近性与组织邻近性等；(3) 同一邻近性具有不同的分析层面，如组织邻近性的一般层面和二元层面、制度邻近性的一般层面和二元层面等；(4) 同一邻近性有广义和狭义之分，如组织邻近性的广义定义和狭义定义。

2.2　本书对多维邻近性的划分与概念界定

2.2.1　多维邻近性的划分与概念界定

依据最大限度地消除不同维度邻近性概念之间的重叠性与模糊性，在理论上不同维度邻近性之间的可分性，以及邻近性的可测度性，将多维邻近性划分为三大类:地理邻近性、组织邻近性和认知邻近性。

(1) 地理邻近性,是指主体间(包括个体间、组织间)空间距离的远近性,包括绝对距离的远近性和相对距离的远近性,前者反映的是主体间的公路里程,后者反映的是与运输或传播时间和成本相关的相对距离,与彼此间的交通通信的通达性程度息息相关。

(2) 组织邻近性,是指主体间(包括个体间,组织间)组织特征的相似性和组织成员的归属性的程度,包括组织结构、组织文化、组织所受的制度约束,组织所处的社会关系与地位等特征上的相似性与归属性。为了下文深入探讨组织邻近性对创新的影响,本书尝试着将组织邻近细分为纵向组织邻近和横向组织邻近。同一企业不同部门之间为了更好地进行管理、交流和控制,会形成纵向组织邻近性,或同一集团总部与分公司之间有着相同的管理控制制度,也具有纵向组织邻近性关系,这体现在企业内部的逐级管理与交流,或产业价值链中企业总部与各个子公司之间的关系;同种类型的企业之间会构成竞争关系,即会形成横向的组织邻近性,如不同集团下的子公司之间,或同一产业集群中不同企业之间会存在合作竞争关系,为了加深相互之间的沟通和理解,也要求组织邻近性的存在,同时促进它们在认知上达成共识,即出现了横向(水平)邻近性。

(3) 认知邻近性,是指主体在相互沟通时所表现的行为方式(沟通方式、处事方式)的相似性,涵盖了一般意义上的技术邻近和知识基础相似性,具体包括经验、语言、目标、价值观、知识、技术等。

这里的认知邻近性概念侧重从相互沟通视角刻画组织间或主体间因知识基础和实践经验的相似性而表现出的行为方式的相似性,而将先前文献中的因习俗、社会文化等的相似性而引致的认知邻近性内涵剥离开来,整合到组织邻近概念中。这样,地理邻近、组织邻近、认知邻近三个维度的邻近概念的含义相对清晰,在理论上彼此可分离。它们既独立地作用于组织合作中,又相互组合以不同的形式作用于组织合作中。地理邻近、组织邻近、认知邻近共同构成基于组织合作的新多维邻近概念框架。新多维邻近概念框架与先前文献中多维邻近概念的区别从图 2-3 中可以清晰地看出。

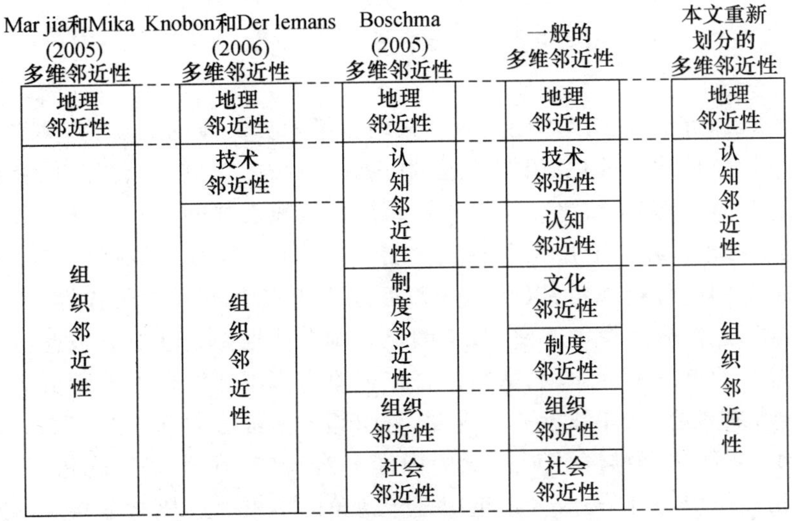

图 2-3　新旧多维邻近性的大致区别

2.2.2　新多维邻近概念框架的优点

与以往的邻近概念相比，本书构建的新多维邻近概念框架具有以下明显优点：

（1）邻近性维度划分明晰。本书将多维邻近性划分为三个维度——地理邻近、组织邻近和认知邻近，三个维度邻近在理论上彼此可分离，克服了以往文献中的邻近维度划分不一、多维邻近概念应用带有随意性和不严谨性的弊端。

（2）邻近性概念界定清晰。地理邻近从主体间的距离（空间维度）进行界定，组织邻近从主体间的“归属”逻辑和“相似”逻辑进行界定，认知邻近从主体间相互沟通时所表现出的行为方式的相似性进行界定。这样，三种邻近性有清晰的内涵，克服了以往文献中邻近性概念模糊、彼此交错重叠的缺陷。

（3）新的邻近概念框架能充分解析组织间（包括区域间）合作创新的驱动机制。地理邻近、组织邻近和认知邻近既独立地作用于组织合作中，又相互组合以不同形式交互作用于组织合作中；既以静态的方式对组织合作创新产生影响，又以动态的方式作用于组织合作中。具体的作用机制将在本书以下各章予以深入探讨。

2.3 本章小结

多维邻近性与创新论题是近年来西方学术界关注的焦点，相关文献中的邻近性包括地理邻近、组织邻近、制度邻近、技术邻近、文化邻近、社会邻近、认知邻近等多个维度。由于不同维度邻近概念之间存在明显的重叠现象，同一邻近性定义有广义和狭义之分，同一邻近性有一般层面和二元层面两个不同的分析视角，以及同一邻近性使用多个不同的名称等，使得现有多维邻近性概念模糊不清，歧义明显。本书依据邻近性概念彼此分离以及邻近性的可测度性原则，从组织合作视角将多维邻近性重新划分为地理邻近、组织邻近、认知邻近三个维度，组织邻近又细分为横向组织邻近和纵向组织邻近，三个维度邻近概念的内涵界定清晰，在理论上彼此可分离。它们相互作用，共同构成基于组织合作视角的多维邻近概念框架。地理邻近、组织邻近、认知邻近既独立地作用于组织合作中，又相互组合以不同的形式作用于组织合作中。

较为清晰的多维邻近性概念框架的构建，为深入探究多维邻近性对创新的影响机制与影响效应做好铺垫。

第3章　多维邻近性对集群创新影响机制的理论分析框架

3.1　集群创新及其主要特征

3.1.1　集群创新的内涵及主体构成

3.1.1.1　产业集群概念的演变及界定

第一个较系统地研究集群现象的是英国新古典经济学家马歇尔。他在1890年的代表作《经济学原理》中从“外部经济”的角度对集群现象进行了探讨，他指出“外部经济”的产生往往是因为“许多性质相似的小型企业集中在特定地区”，并由此而形成“产业区”(Industrial District)。然而，由于长期以来主流经济学对组织空间等生产要素的忽视，马歇尔的产业区理论问世以后并没有得到重视与发展。直到20世纪70年代末80年代初，当西方发达国家经济普遍陷入衰退而某些地区(如意大利的中部与东北部地区即所谓的“第三意大利”、美国的硅谷、德国的巴登—符腾堡等)却呈现出与大势相左的良好势头的有趣现象时，以意大利的巴卡提尼为代表的社会学家重拾了产业区理论来解释这种现象，并提出了“新产业区”的概念，“新产业区是具有共同社会背景的人们和企业在一定自然地域上形成的社会地域生产综合体(Becattini,1990)”。新产业区的显著特征是“弹性专精”(Flexible Specialization)，它虽然与马歇尔的产业区基本相似，都强调社会因素与经济因素的相互融合，但由于新技术革命浪潮而引致区域发展内外环境的巨大变化，新产业区呈现出有别于传统的马歇尔产业区的新特征，如供应商与客商之间的频繁交流；企业之间的合作创新；商会、培训、教育机构及政府服务部门的支撑性作用等。

以迈克尔·波特为代表的战略管理学派的集群经济理论的问世却在国际学术界产生了广泛而深刻的影响，掀起了集群研究史上的第一次高潮。波特在其代表作《国家竞争优势》(1990)及其后发表在《哈佛商业评论》上的“集群与新竞争经济学”中首次明确提出了“产业集群”(Industrial

Clusters)的概念,并对集群经济做了充分的论述。他指出,“集群是在某一产业领域内相互关联的公司和机构在地理上的集中。集群包括一系列相关联的产业和其他一些与竞争有关的实体,如零部件、机器设备和服务的供应商、专用性基础设施的供应商等。集群也经常向下游延伸至销售渠道和客户,并从侧面扩展到互补产品的制造商和在技术、技能上相关或有着共同投入品的公司。同时还包括提供专业化培训、教育、信息研究和技术支持的政府和其他机构”。与马歇尔的产业区及后来的新产业区理论不同的是,波特对集群的理解更多地着眼于竞争联系而非生产联系,认为集群是产业获取竞争优势的组织基础。在波特之后,许多其他学者也从企业之间的互动关系以及企业与社会的相互影响的角度对产业集群的概念做过论述。如罗斯菲尔德(Rosenfeld,1997)指出,产业集群是为了共享专业化的基础设施、劳动力市场和服务,同时共同面对机遇、挑战和危机,从而建立积极的商业交易、交流和对话的渠道,在地理上有界限而又集中的一些相似、相关、互为补充的企业。

波特之后,以欧洲创新环境研究小组(GREMI)为代表的区域经济研究学派,将产业的空间集聚与创新活动联系起来,提出了“创新环境”(Innovation Milieu)概念。创新环境是指高科技和创新密集型中小企业的集聚区,与马歇尔式产业区有异曲同工之妙,只不过在产业性质上更强调高科技背景,而在地理范围上大都局限在欧洲。相对于马歇尔强调企业家个人的自由发展,创新环境理论则更强调产业区内的创新主体和集体效率(Collective Efficiency),强调创新行为的协同作用。创新环境理论的提出无疑给集群研究开辟了一个全新的视角。

在国内,不少学者也从不同的视角对产业集群的概念进行了探讨。仇保兴在其代表作《小企业集群》(1999)中,对企业集群的定义与威廉·姆森笔下的“中间性组织”一脉相承,即视集群为介于纯市场和科层级组织之间的中间性组织,并指出集群内企业建立稳定的持久关系不一定以契约形式来维持,而主要通过“信任和承诺”来进行协作。慕继丰、冯宗宪等(2002)从企业网络的角度来定义产业集群,认为产业集群是许多相互关联的企业及各类机构为解决共同问题通过一段时间的持续互动而形成的发展共同体,它包括三类相互联系、持续互动的组织:相似或相关的企业;政府有关部门和机构及其他中介组织;高水平的研究机构和大学。王缉慈是我国研究产业集群起步较早且研究成果最有代表性的学者。她在《创新的空间——企业集群与区域发展》(2001)中,着重从经济地理的角度研究“地方产业集群”,认为集群不仅包括相互关联的企业,还包括支撑性机构，如大学、研究机构、咨询中介和政府服务部门等，强调地方网络和根植性是衡量集群的两个标准；随着对集群研究的深化，她在《超越集群——中国产业集群的理论探索》(2010)中，强调从行为主体间联系与互动视角来重申集群概念，认为理想的产业集群概念是行为主体间地理邻近、产业联系和互动网络这三方面交织在一起的集合体。

综上，从包含产业集群思想的马歇尔的"产业区"(1890)至迈克尔·波特的产业集群概念(1990)的正式提出，再至近十年的深化研究，产业集群概念经历了一个演变过程，尽管迄今对于集群概念尚未有一个统一的界定，但对于集群的基本内涵已达成共识：第一，相同或相关产业内企业之间的高度分工与合作是集群形成的基础；第二，相关企业在一定地域范围内的集中是集群的空间特征；第三，相关企业及支撑性机构之间基于信任和承诺而形成的交互作用关系网络是集群的本质特征，这种关系网络包括经济关系网络、社会关系网络以及知识溢出与互动创新网络。

鉴于此，本书将集群概念界定为：某产业或相关产业中的众多企业和机构在一定地域范围内的集中，这些企业和机构之间具有产业联系和互动关系，通过长期的竞合关系和交互学习在集聚区内产生外部经济并进而促进创新。规范的产业集群概念应同时具备三个方面的特征(王缉慈，2010)：(1) 行为主体间的地理邻近特征(或地理集中特征)；(2) 产业关联特征；(3) 互动的网络化特征。若仅具有地理邻近特征，则称之为企业"扎堆"；若具有地理邻近和产业关联特征，则称之为"产业集聚"，但不能称之为"产业集群"；只有在地理邻近和产业关联特征的基础上，同时又在长期的交互作用中形成了基于信任的网络关系特征，方能称之为"产业集群"(见图 3-1)。

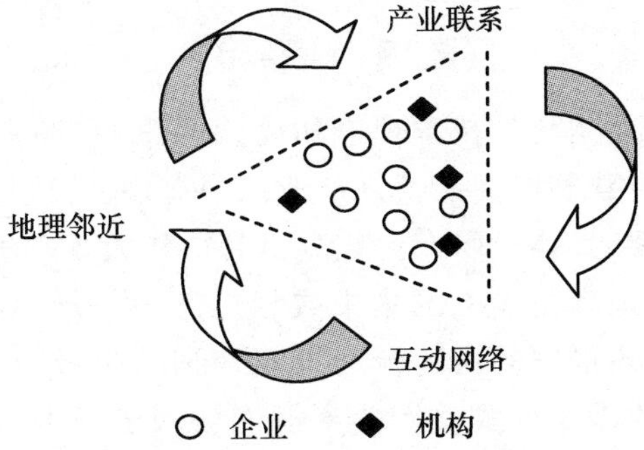

图 3-1　规范的产业集群概念

3.1.1.2 集群创新的内涵

创新概念最早是由奥地利经济学家熊彼特1912年在《经济发展理论》一书中提出,他认为现代经济发展根源于创新。熊彼特认为所谓创新就是“建立一种新的生产函数”,也就是实现生产要素的一种从未有过的“新组合”,其创新概念有五个方面的含义:(1) 引进新产品;(2) 引进新技术,即新生产方法;(3) 开辟新市场;(4) 控制新的原材料来源;(5) 实现企业的新组织。我国著名学者傅家骥(1998)在其所著《技术创新学》中将技术创新的定义概括为:企业家抓住市场的潜在盈利机会,以获取商业利益为目标,重新组织生产条件和要素,建立起效能更强、效应更高和费用更低的生产系统,从而推出新的产品、新的生产工艺和方法,开辟新的市场,获得新的原材料或半成品供给来源或建立企业的新组织,它是包括科技、组织、商业和金融等一系列活动的综合过程。

为了明确创新的确切含义,首先要明确创新的基本要点(见图3-2)。创新并不一定是复杂的探索活动,也不等于是发明和创造,更不必然会出现在高技术产业中。创新和发展高技术,是相关而又完全不同的概念,它存在于产品、工艺以及管理等过程中,既有高技术的,也有低技术的。一个新的想法或技术成果可以称之为发明,但在它们商品化之前不能称为创新,而只有当一种产品或工艺过程达到商品化,才可以被认为发生了创新。所以创新的实质是创造出新的事物,并实现其市场价值(王缉慈,2002)。

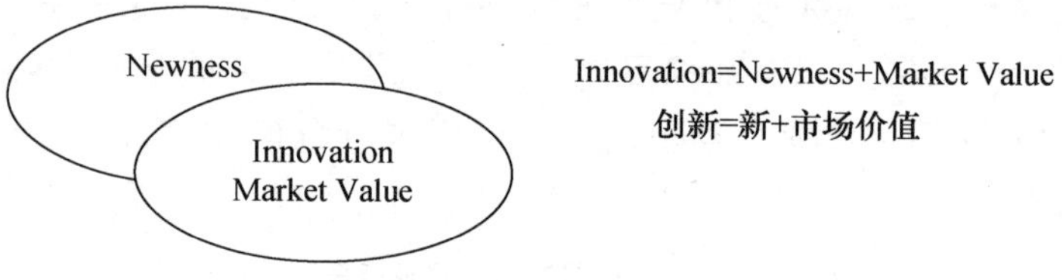

图3-2 创新的含义

简言之,创新就是科学技术理论和设计思想的“商业化”,把有创意的科技成果转化为可获利的商品及其产业。集群创新,可以理解为运用集群优势进行技术创新,具体指以专业化分工和协作为基础的同一产业或相关产业的企业,通过地理位置上的集中或靠近产生创新聚集,形成交互学习机制,实现知识在集群内的快速流动及新知识的生成,从而最终获得创新优势的一种互动式创新形式。产业集群创新和走低端发展道路的本质区别在于前者对企业互动和知识共享的强调。集群传统的发展道路是企业通过本地的投入产出联系,以及通过越来越精确的专业分工而获得降低成本的效果(外部范围经济),也就是获得经济的外部性,重视“经济网络”。

20 世纪 80 年代中期以来,发达国家更加关注促进创新效果的产业集群的概念,重视企业的互动合作和知识的交流,尤其是隐含经验类知识的交流。这里不单单包括“经济网络”,而且还包括“社会(人脉)网络”。由于创新是一种社会化过程,不同的科学、不同产业需要密集互动才能源源不断地产出创新效果(王缉慈,2010)。

熊彼特曾经指出:“创新,不是孤立事件,并且不是在时间上均匀地发生,而是相反,它们趋于集群或者说,成簇地发生。”英国经济学家斯托弗·弗里曼也提出:技术一经范式的变更,伴随着基本创新的集群和新的技术系统,它不仅导致一系列新产品,而且影响经济系统的各部门。集群创新的提出反映了技术创新模式经历了一个从“线性创新范式”到“网络创新范式”的转变。在 70 年代早期以前占主导的是在以熊彼特为代表的创新理论的影响下形成的“线性创新范式”,认为技术创新的过程一般遵循发明—开发—设计—中试—生产—销售等简单的线性过程,对创新的研究基本停留在单个企业内部的技术过程本身的分析。线性模式意味着上游的研发活动很少,或没有机会与下游的顾客或客商之间进行交流或相互学习。后来越来越多的理论分析和实证研究发现,来自外部的信息交换及协调对于创新具有重要影响和作用,它可以有效地克服单个企业在从事复杂技术创新时的能力局限,降低创新活动中的技术和市场不确定性。这样,创新研究的视野从单个企业内部转向企业与外部环境的联系和互动,引致技术创新研究“网络创新范式”的兴起。阿歇姆(Asheim T.,1998)对创新的线性范式与网络范式的特征进行了比较(见表 3-1)。

表 3-1　两种创新范式的特征比较

	线性创新范式	网络创新范式
重要部门	大企业和研发部门	小企业和大企业、研发部门、客商、供应商、技术性大学、公共机构
创新过程中的重要投入	研发	研发、市场信息、技术竞争、非正式实践知识
地理后果	大多数创新(研发)活动发生在中心区域	创新活动在地理空间上扩散
典型的工业部门	福特时代制造业	柔性工业部门

资料来源:Asheim T.,1998。

从关注单个企业内部技术过程的“线性范式”向关注企业与外部环境的互动过程的“网络创新范式”的转变,既反映了研发实践演进的历史逻辑,也反映了相关研究者关注重点的转移,产业集群技术创新是当今经济学界和政府管理部门的热门话题。

同时,根据价值链的理论,本书借鉴 Humphrey 和 Schmitz(2001)提出的关于价值链升级的四种不同层次的模式,将集群中的创新分为以下五种类型:

(1) 工艺创新类:其作用是通过采取新的技术改进工艺过程或者对生产系统进行重组,从而使生产获得更好的竞争力。

(2) 产品创新类:其作用是通过提高产品的档次、增加产品的品种、开发新的款式和功能,创造出更高质量、更优价格的产品。

(3) 组织管理创新类:其作用是运用科学的管理方法,建立高效的组织体系,不断提高主体的运作效率,形成灵活、准确的反应系统。

(4) 功能创新类:其作用是通过不断地调整优化企业的相对优势,从生产环节向设计和营销等利润丰厚的环节跨越。

(5) 价值链创新类:其作用是通过分析环境的利弊和自身的优劣势,适时地从一条产业链转移到另一条产业链上来。

3.1.1.3 集群创新的主体构成

集群创新是由若干地理或行业上相近且相互作用的主体通过互动产生的,这些主体包括:特定供应商、客户以及竞争者和互补者构成的产业主体,提供相关基础设施和公共产品的政府主体,提供相关中介服务的市场中介服务主体,提供专业化人才的教育机构,增强员工职业技能的培训机构,分属于不同组织的研究机构,提供金融服务的金融投资机构等。这些主体在集群创新的系统中相互协作、相互影响、相互作用、不断耦合,共同推动集群创新发展(见图 3-3)。

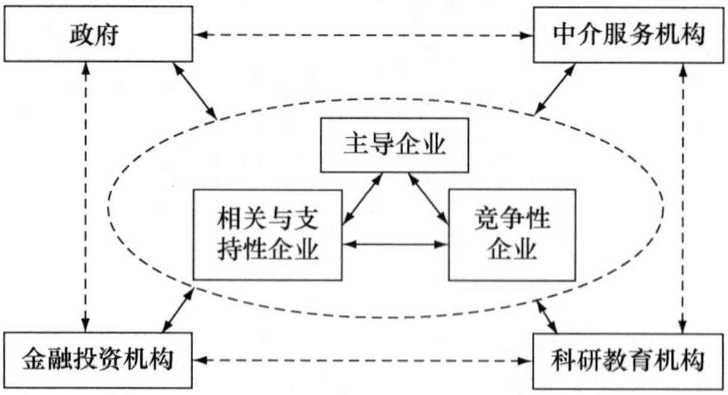

图 3-3 创新主体结构图

1. 企业

企业是集群创新中最主要的行为主体,也是集群创新的最主要实现者，企业作为集群中市场竞争的直接参与者，是集群创新最重要的因素。纳尔逊(1993)对包括日本在内的17个国家的经济进行研究后认为，一国企业的技术能力是其竞争力的关键来源。产业要素具体包括同行业竞争者、产业互补者、供应商、挑剔型客户、国内市场需求、企业家、集群生产率、研发能力和研发投入、资金支持和机遇的把握。

同行业竞争者是集群创造和持续竞争力的重要因素，大量的同行业竞争者的存在会加剧集群的竞争压力，迫使集群内部企业寻求发展竞争力的渠道，削减成本作为一种最低级的竞争手段被许多企业广泛使用，尤其是在技术含量低的非创新集群中更是成为获取竞争力的利器，这个利器具有双刃性，在压挤竞争对手的同时也使自己受到伤害，因为依赖易得的自然资源和低廉的劳动力成本的优势很容易被竞争对手模仿，并且由于对以上资源的过度依赖的直接后果是创新动力的缺失。波特(1998)在对世界各国进行了深入研究后得出的结论是，创造与维持产业竞争优势的最大关联因素是国内市场强有力的竞争对手。

产业互补者是支撑集群发展的必不可少的要素，任何集群的发展均不可能是空中楼阁，其强大的竞争力均可以找到支撑基础。这种互补者可以分为几种类型，即产品互补型、技术互补型、市场互补型。这一点早在第一次工业革命的实践中就已经被证明，若干相关性支持产业的竞争力往往会内化为本集群的竞争优势，如丹麦的奶酪品、酿酒业与其在工业用酵素产业上的竞争力密不可分，日本的照相机技术与其早期在影印机行业的优势有关，以及日本的复印机行业和传真机行业都存在着这种强关联，正是基于在复印机、办公用器材、通信器材和照相设备方面的强大互补性实力，日本才能成为国际市场上传真机的执牛耳者。钟书华(2004)认为，建立企业技术联盟成为不少企业增强集群竞争优势的选择。这种产业互补者并不单单体现在技术上的互补，有时也表现为管理营销能力上的互补，如瑞典生产凿岩机的山域公司(Sandvik)和生产矿场机械的爱特拉斯公司就相互借助对方的营销网络扩大自己产品的销量，在市场上增强自己的竞争实力。微软发展壮大就是得益于其将MSDOS到WINDOWS系列操作系统与IBM的从PC机到商用工作站甚至服务器的捆绑联盟。市场互补型的典型例子是日本的各类集群与日本的商社和传媒产业之间的共生关系，日本的商社拥有完善的全球贸易网络，它们帮助日本的创新集群内的中小企业打入国际市场，同时，商社还是欠缺国际市场经验的中小企业的重要信息来源；日本的传媒产业相当发达，有着包括广播电台、电视台、报纸、周刊等在内的媒体组合，其发达的大众传媒产业为其市场的发展插上了腾飞的翅膀。

2. 政府

政府虽然不是集群竞争中最重要的因素，但却是一项关键因素，政府要素的作用可以是正面的，也可能是负面的。虽然从斯密的《国富论》问世起，经米塞斯、哈耶克，再到弗里德曼的自由主义经济学者都对政府干预经济持消极态度，但是从李斯特开始的国家幼稚工业保护主义经过凯恩斯国家干预主义，到今天的经济全球化迅猛发展，任何一个经济体要将自身超脱于政府要素之外似乎不太可能。集群作为一国经济的重要组成部分，自然也无法将政府要素简单抽离。集群内市场失灵、外部性因素的存在是政府对经济干预的前提。政府主要是通过税收、补贴、教育、资金市场、财政货币政策、规制、政府采购等来影响其集群内的其他要素。洛桑国际竞争力研究报告将政府要素置于第二序位，该报告认为政府在很大程度上决定着企业竞争的宏观环境。同样，摩根索(1995)“国家强权要素”理论也对政府作用进行了定位，他从国际政治学的角度肯定了政府在国力竞争中的作用。可以说学者们对政府在竞争中的作用有着相似的看法。

弗里曼(1987)首先提出了“国家创新系统”概念，其概念明确包含公共和私人部门机构组织的网络，他认为创新的成功与失败取决于国家调整其社会经济规范以适应技术经济范式的要求和可能性的能力，他尤其强调了科技主管部门的作用。伦德瓦尔(1992)在强调公共部门在国家创新系统中的重要性的同时，更加关注系统内用户与厂商之间的关系，其观点具有较强微观倾向。佩特尔和帕维蒂(1994)认为造成国际技术差距在某些国家间扩大的原因在于各国对技术投资的政策存在差异性，而政府部门对于促进国家创新系统中的技术进步起着重要作用。OECD(2001)认为，创新集群就是简缩的国家创新系统，在某些小国家，其创新集群的创新能力和绩效往往就代表了该国的状况，而在一些大国，其竞争力也是由若干创新集群构成。波特在其钻石体系中将政府也纳入其中，他认为政府并非是纯粹的正面或负面，而是两者兼而有之。政府正面作用的例子是日本传真机业的发展，由于日本在法律层面承认传真文件的合法性在客观上促进了该行业的发展。而反面的例子则是意大利金融业的发展，由于该国政府一直对该行业采取消极的保护政策，将该国金融市场置于被保护的封闭状态，在客观上限制了该行业在国际上的竞争能力的发展。但是总体而言，政府不是市场竞争的直接参与者，其作用的发挥有赖于其与集群中其他主体的搭配。

政府过度干预会使集群发展迷失方向。按照斯密的观点，政府应当扮演“守夜人”的消极角色，但是自凯恩斯以来，政府对市场的干预呈现出越来越深入的趋势,政府的规模越来越大,导致维持政府的正常运转需要的支出不断增长,这种支出依靠政府财政收入和各种非税收入来维持,政府的收支规模应当和集群的规模相适应,大量的资金从市场流通中抽离出来用于维持政府运转,无异于从人体大量抽血,抽血的数量过大必将对人体健康造成影响,同理,集群的发展也由于受到釜底抽薪式的剥削而发展后劲不足。这种过度干预由于偏离了市场配置资源的路径,使得经济变得缺乏效率。哈耶克(1944)基于自由主义的立场将国家过度干预视为通往奴役之路。

政府是集群非常重要的客户,由于维持政府的运转需要大量的物质支撑,而大量的物质往往来自政府采购,政府采购的政策、标准、程序和金额将影响到集群的发展。首先,政府采购在一定程度上会起到引导市场的作用,因为政府采购意味着政府对集群产品的认可,树立公众对集群的信心,间接推动集群产品的销售;其次,政府采购可以直接推动集群产品的销售;再次,政府采购标准会影响到集群产品的质量标准的制定,严格的采购质量标准将使政府在客观上扮演波特所说的“挑剔型客户”的角色,带动集群产品质量的提升,从而增强集群的竞争力;最后,政府采购的程序透明度会净化集群的交易环境。

由于集群中同样存在着市场外部性因素,包括集群内的基础教育、职业教育、专业培训、科研活动以及包括高速公路、航空港、海港、河港、通信领域的基础设施等支出规模巨大,非个别企业的财力能够支撑,即便个别企业具有如此财力来完成相关工作,但是其利益却是外溢的,无法为个别企业独享,企业往往缺乏投资动力。此外,集群内部政府对知识产权的保护也会影响到集群竞争力的发展。

3. 中介服务机构

在集群技术创新过程中,企业是创新的主体,政府则从宏观层面对创新给予支持,但是政府在这一过程中的作用相对有限,随着市场化程度的日益深化,集群对创新信息的需求越来越强烈,中介组织是提供创新信息的最佳主体。中介服务主要指在集群技术创新过程中,在技术创新的供方和需方之间起桥梁作用的机构。

科技中介是国家和区域创新体系的重要组成部分,是各类创新主体的黏合剂和创新活动的催化剂(Thomas Anderson et. ,2004)。其主要特征是中间性和非生产性。科技中介组织类型多样,分类多样,从其对科技活动的参与形式,我国科技部技术市场管理中心将其分为三类:一是直接参与服务对象技术创新过程的机构,如生产力促进中心、创业服务中心、工程技术研究中心等；二是主要利用技术、管理和市场等方面的知识为创新主体提供咨询服务的机构，如科技评估中心、科技招投标机构、情报信息中心、知识产权事务中心和各类科技咨询机构等；三是主要为科技资源有效流动、合理配置提供服务的机构，如常设技术市场、人才中介市场、科技条件市场、技术产权交易机构等。

也有学者根据科技中介组织在市场经济中所发挥的作用，将其分为四类：第一类是科技产业的行业组织。主要形式有科技行业的行会、行业协会等，如现在已有的软件业协会、科技咨询业协会、民营企业家协会等。第二类是为科研机构和企业提供专业化、社会化服务，促进技术创新和科技成果产业化的中介服务机构。主要有工程技术研究中心、生产力促进中心、企业孵化器、科技咨询机构、工程咨询机构、项目可行性论证评估机构等。第三类是为促进各种科技要素资源按市场机制进行整合，实现生产要素优化配置的中介服务机构，如技术市场、技术产权交易机构、风险资本市场、人才市场等。第四类是市场行为的监督机构。主要有知识产权评估机构、律师事务所、会计师事务所、公证和仲裁机构等。

4. 金融投资机构

集群的发展离不开资金的支持，除了企业自有资金外，来自外部的资本也是必不可少的。风险投资、银行信贷、资本市场是集群企业资本的主要外部来源。风险投资是指风险投资机构通过一定的途径和方式向机构或者个人筹集风险资本，然后将所筹集的资本投入风险企业，并以一定的方式参与管理，在适当的时候出售其持有的股权以获得高额回报的一种投资行为（李卫国，2009）。风险投资对可编程计算机、晶体管和 DNA 三项发明的商业化起到了至关重要的作用，也是美国硅谷兴起的重要推动力。近年来欧洲许多中小国家的创新集群的发展，风险资本可谓功不可没，在欧洲弗兰德斯的信息通信技术集群中风险资本在各自的目标市场表现非常活跃，为该集群的发展注入了活力（OECD，2001）。

5. 科研教育机构

科研对应于知识制造的环节，新知识产生于科研，科研也往往带来新知识的增长；教育培训则对应知识的分享环节，通过教育和培训可以实现知识在不同主体之间的传播，扩散知识的应用领域；知识利用则对应集群中的生产制造环节。芬兰电子通信集群能在 90 年代异军突起得益于其高校、科研机构与公司的合作，据 OECD 的统计数据表明，1994—1996 年，与高校和科研机构合作的公司占其公司总数的 40%，这一数据在 OECD 中居第二位（OECD，2001）。科研教育机构对集群创新的作用日益突出，表现在:为集群内企业技术创新输送和培训人才,为企业提供知识源(Lawson C. 和 Lorenz,1999)。研究表明,本地员工从学校获得共同的经历,本地学校对集群知识的学习具有促进作用。科研教育机构是知识生产、储备的最关键部门,此外本地学校的基础教育和职业教育对集群内知识的传播具有积极意义。国际上普遍认为丹麦的高等教育质量以及职业技术教育的质量是很高的,其受过高中和高中后应用技术教育的人口比例较高。OECD 的报告认为,丹麦的教育水平比 OECD 的平均水平要高。丹麦哥本哈根理工大学和奥尔堡大学培养了电子专业的学士、硕士、博士,丹麦其他工程类学校从事电子工程学理学士的培养,为技术工人提供合适的课程,为他们提供接受高等教育的机会。这些优良的教育条件为丹麦信息通信技术集群的发展提供了极大的便利。

实现科研成果顺利产业化。一方面,科研教育机构可以直接将自身的科研成果产业化,依托自身实力开办企业,并通过企业衍生的方式实现新技术的扩散,这一发展模式在包括硅谷在内的各国创新集群均有成功实践;另一方面,科研教育机构也可以将其成果转让给企业,由企业实现市场化,帮助企业引进和消化先进技术。集群内企业在研发方面的实力不仅可以带来创新成果的增长,同时也可以提升企业吸收知识的能力(Lucia 和 Cusmano,2000)。演化经济学理论分析了企业相关研究能力在技术政策和研发合作方面所扮演的角色,在企业合作中,企业对知识溢出的利用取决于自身的吸收能力,而吸收能力与企业自身知识存量和研发的投入呈正相关。OECD 认为,芬兰信息通信技术集群的迅猛发展与其在相关领域的研发投入关联密切,其在电子产业的投入份额占私有研发机构支出总额的三分之二,其中诺基亚就占了大约 40%,正是得益于如此高的研发投入,芬兰才能在 1991—1997 年成为创新的收获者,美国批准的芬兰专利的 30% 属于电子技术专利,芬兰成为 OECD 成员中专利数最高的国家(OECD,2001)。

3.1.2　集群创新的主要特征

3.1.2.1　研究现状

具有产业关联性的企业及其相关机构群居于特定区域形成的产业集群,是一种介于市场和企业之间的准市场或准科层组织形式。这种新型组织的形成和发展导致了企业边界的弹性扩张和企业行为的变化。集群中的每一个主体的创新行为不再是孤立的,而要受制于集群结构和集群内部其他主体的影响。集群内部的企业与集群外部的企业相比具有明显不同的创新特征，众多学者从不同的视角对集群的创新特征进行了分析。

蔡铂、吉晓莉(2002)认为由于地缘上的集聚，企业在同一地区的集群化常常分享共同的地区文化，形成相互信任的氛围，促进了社会学习的过程，共同的语言或编码交流，创建了一系列的统一规章和公约，规范了企业的行为和企业间的互动，有利于地区产业集群的集体学习，从而促进了创新。创新的过程中，企业几乎从没有单独地进行创新活动，为了保证创新的成功，创新企业越来越依赖于集群内其他企业和科研机构的知识和诀窍，创新不再是单个企业的活动，它往往从互补能力和不同企业组合中获得协同效应，交互作用和协同发展非常突出。这一过程中伴随着专业化分工的不断深入，企业衍生现象更为突出，合作竞争也更为激烈。

魏江、葛朝阳(2003)从产业集群发展引致技术创新组织、过程和绩效变化的特征出发进行分析，探讨了集群内部的技术创新特征。首先，从集群中的创新组织特征来看，集群属于“多企业单区域分布”的创新组织形态，这种创新组织内部的合作关系，已经不再完全依靠正式的契约，网络成员之间的关系不再是彻底的交易关系，相互的连接也不是单纯的资金纽带或契约纽带，而是充满着社会关系和人际关系纽带。其中导致网络特殊性的根本原因在于，该网络内部存在集群学习，尤其是缄默性知识学习，这使得集群内部各个成员的研究开发活动产生知识溢出效应，从而促进了集群成员创新水平的提升，而网络内部的控制方式在一定程度上克服了市场机制控制和科层机制控制的缺陷，把创新组织的控制方式进化到介于市场和科层之间的中间状态。其次，他们认为集群形式对创新过程的影响，具体表现在创新基础强化、成员间创新活动互动、创新风险降低、创新速度加快等方面。最后，对于集群为什么能促进创新绩效的提高上，他们认为可以从两个方面体现，即产生集群规模优势、成本优势和可以在一定程度上消除市场失灵和政府失灵问题。

蔡宁等(2003)对不同类型产业集群的市场结构进行了研究，认为无论任何类型的集群，群内企业的聚集必然加剧企业间竞争的程度，从而有力地推动群内的技术创新。集群内成员企业不仅面临集群外部的竞争，也同样要面对集群内部的竞争。集群内部的成员企业不仅存在着互补关系，也存在着互相竞争的关系。产业链上同一位置的企业不止一个，它们都是具有独立经济利益的个体，具有规模的相近性、资源的同构性、工艺的相似性、产品的同质性和市场的同一性的特点，它们都要对集群内的供应商、客户、技术工人和其他资源进行选择与争夺。成员企业为了在集群内部获得竞争优势，就需要不断创新。

魏江、王江龙(2004)在分析技术创新过程模式演化的过程中,认为技术创新过程的一体化和网络化将是创新过程未来的发展趋势,而产业集群作为一种新型的创新组织形式,其内部创新网络要素及结构的紧密结合和互动将对集群内部创新过程产生显著影响,使集群内部的创新过程趋于一体化、网络化。在对实例的分析中得出了一种典型的集群创新过程模式——平行的、网状的创新过程模式即平行过程主导的集群创新模式,该模式具有以下三种特征:合作中创新,尤其是供应商参与创新;反馈环短,市场反应灵敏;平行开发,开发周期短,成本低。这些特征反映了平行过程模式主导的集群创新过程模式已经形成了一种网络化创新,创新中供应商与用户之间的频繁互动、紧密合作、积极反馈、平行开发,都极大地缩短了产品开发周期,降低了开发成本,极大地提高了集群内产品的市场竞争能力,也提升了整个集群的技术创新能力。

王雷(2004)从路径依赖理论入手,对产业集群的创新能力的增长进行了论述。他认为产业集群虽然能通过地方结网和资源共享使集群企业突破自身的规模限制,获得较强的创新能力和竞争优势,却并没有从根本上改变企业自主创新能力不足的问题,反而使集群企业自主创新的动机进一步减弱,从而形成产业集群创新能力增长机理的状态依存。这是因为产业集群的创新组织结构具有自我强化的机制,而具有根植性的地方产业文化进一步强化了集群既有的技术变革路线,同时以家族关系为基础的社会关系网络制约了优秀人才的引进,集群的相对封闭性也限制了外部创新资源的引进。

吴利学、魏后凯(2004)从演化论和组织学习的观点出发,认为创新是一个个体和群体共同参与的演化过程,创新一方面是特定部门、特定技术的个体活动,另一方面也是一种集体行动,不同部门、企业之间的互动学习在其中起着重要作用。而产业集群内不仅存在大量有创新压力的企业和研究机构,而且拥有稳定的促进学习、交流和进步的共生机制,因此,产业集群为企业和各种组织的创新活动提供了一种合作过程,为创新活动提供了个体和群体两方面的优势。集群化对企业创新绩效的影响同时表现在需求与供给两个方面,从需求方面看,集群化可以促使在相关产业领域内建立市场优势,从而形成一定的规模效应,而群内大量同类企业的聚集,降低了用户的市场搜寻成本,为用户与企业建立长期合作关系提供了条件;从供给方面看,企业的地域内聚集促进了专业化分工的深化,有利于在某一专门领域内建立较强的能力,促进专业知识积累。因而产业的集群化实际上产生了一种新的创新模式——集群式创新。

张聪群(2005)从四个方面对产业集群的技术创新特征进行了分析,他认为创新优势是产业集群竞争优势的表现之一,产业集群技术创新优势主要源自于集群内部创新机会诱发的创新灵感、集群内部激烈竞争产生的创新动力、集群内部资源的可获得性与共享性获取的创新资源、集群内部合作形成的创新范式。首先,集群为创新提供了容易捕捉的机会,集群内企业能更方便地接近市场,了解市场的需求变化和顾客的消费偏好,有助于形成新产品的概念,丰富产品创新的素材。其次,通过总结熊彼特、卡曼和施瓦茨的研究,得出企业间的竞争是企业技术创新的推动力量。再次,他认为创新资源是形成创新能力的基本要素,创新资源除人才、资金、信息等主要资源外,还应该包括公共基础设施、制度、政策等环境资源。集群内部资源的可获得性和共享性是形成产业集群技术创新优势的重要因素。最后,从技术创新研究范式的转变所引起的企业技术创新行为方式的变化入手,阐述了集群内企业所具有的良好的合作基础与合作愿望。

陈旭(2005)在分析产业集群中得出,集群中创新具有较强的扩散性。这是因为大量中小企业的集聚对创新技术的信息交流和扩散起到了促进作用,同时中小企业的规模降低了采用技术创新的转换成本,又进一步地促进了技术创新的扩散。随着技术创新扩散到集群内的各个企业,使得集群内企业在一定时期内使用相同的技术,这促使面对相同市场的企业竞争激烈,收益下降,进而不足弥补为获得技术创新而投入的成本。所以,虽然技术创新在产业集群内能有效地加速扩散,但也会造成集群内企业技术的同质性和产品价格等方面的恶性竞争,技术创新扩散带来的负面影响可能会扼杀技术创新和阻碍技术创新的扩散。

3.1.2.2 主要特征

受以上相关研究成果的启迪,本书认为产业集群所具有的创新优势来自集群内相关行为主体间的知识流动和交互学习的特性。这一特性在集群创新中具体表现为以下几方面(见图3-4):

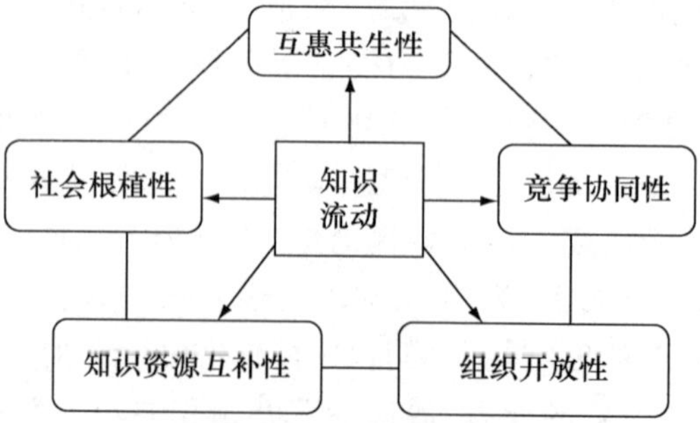

图3-4 集群创新主要特征结构图

1. 互惠共生性

共生经济是指经济组织之间以同类资源共享或异类资源互补为目的而结成的共生体。这种共生体的形成会导致经济组织内外资源配置的改进,促进经济组织效益的提高。现代创新理论认为,企业创新是一个交互过程,单个企业越来越难以依靠自身拥有的资源去完成知识的经济化过程。为了减少风险、缩短进入市场的时间,产业集群中的每个企业只从事创新增值链条上的某一环节的工作,实现专业化分工。集群内的企业由于创新空间的扩大、创新风险的降低、创新周期的缩短等原因而合作形成集群内的创新共生体。作为集群合作创新的参与者,虽然是相互平等的独立主体,但一旦加入创新网络、嵌入创新集群,它的行为就受集群创新目标的引导和制约,形成基于创新的各个网络结点。共生能产生大量剩余,从而使集群内创新网络的参与者取得合作的好处而增强各自的实力,进而取得集群外的竞争者无法得到的创新优势。

2. 竞争协同性

既相互竞争又相互协作是产业集群的主要创新方式。企业的空间集中提高了竞争强度,同行竞争更趋激烈迫使企业通过集群的协作强化创新和降低成本,形成了集群竞争的协同性。产业集群是具有自身优势循环累积特性的经济系统,有极强的自组织、自适应、自增强的性质。随着企业集聚度的上升,集群的协同竞争优势渐趋显现,形成"磁吸效应",大量企业在集群区域自动集聚,随之相关的服务体系和基础设施也不断完善,集群优势进一步增强。集群内的企业尽管相互依赖,但逐利是企业的本性,因而竞争遍存于集群内各个企业之间,使企业始终保持足够的动力和高度的灵敏性,积极参与竞争并在竞争中发展壮大。如果没有有效的竞争,集群将难以生存。然而,这种竞争已不再是你死我活的竞争而是一种协作竞争。产业集群内协同的互动机制会促进信息、技术、人才的合作流转,缓和各企业之间的矛盾,拓展企业间合作的空间,从而推动集群协作竞争的深化。

3. 社会根植性

产业集群的根植性是指集群的经济行为深深地嵌入当地人脉关系、制度结构和文化传统之中,是产业集群的一个根本性特征。产业集群的建立离不开一定区域的社会环境。社会环境中人脉关系、制度结构和文化传统等相互交织在一起,是一种稀缺性的社会资源。产业集群内的企业及其相关机构,在这种社会环境中通过频繁的合作和区域内各种文化传统、人文资源等密切联系在一起,必然形成能够共同分享的社会和文化价值,并以此为基础联结成产业集群社会网络。这种根植于区域社会环境而获得共同价值观的产业集群社会网络具有巨大的认同力和凝聚力，一方面促使集群内企业及相关机构相互间建立起高度的信任和密切的联系，实现资源共享、生产协作，形成竞争优势，提高创新效率；另一方面，极大地增强了区域的吸引力和归宿感，使已有的企业深深扎根于当地区域，驱使外来企业本地化，促进产业集群创新的持续发展，并在这个基础上建立本区域的专属性产业结构和要素集聚，创造具有专一性特征的区域品牌。

4. 知识资源互补性

在资源主导的产业发展阶段，企业的优势是由所处区位、所需资源以及运输成本决定的。在资金主导的发展阶段，企业的优势是由土地和劳动力价格决定的。在知识主导的发展阶段，企业的优势是由创造型人才和创新机制决定的。随着知识更新速度的不断加快，任何一个企业的创新对企业外的依赖越来越强，特别是大量缺乏研发职能的中小企业，外部知识资源是其创新的主要源泉，成功的创新取决于企业和相关机构之间的合作。随着创新难度和成本的不断增加，集群内企业间的网络化和合作能减少交易成本，最大限度地实现知识和技术的互补，使企业能通过与其他企业、科研机构和财团等建立技术合资公司等形式，获得新的知识，加快学习进程，促进创新。

5. 组织开放性

企业创新各个环节既要围绕一定的市场需求为了取得市场效益而展开，同时也需要从市场获取信息、原材料等。这决定了产业集群必须是一个开放的组织系统，要有伸向外部的触角，通过与外界不断沟通和交换以维持其生存和发展。产业集群创新也相应地是一个向集群内外开放、主体间互动、整体创新不断发展的过程。产业集群的形成演进、集群竞争优势的获得，不仅有赖于区域内各主体之间通过频繁有序的互动、生产要素的交流、组织学习与知识创新及柔性制度的渗透来达到内部的有机整合，而且要求集群网络的各个节点不断与区域外的网络节点，发生多方位、多层次的联络，寻找新的合作伙伴，开辟集群外的市场，拓展区域创新空间，以获取远距离的知识和互补性资源，完成集群外部的资源整合。产业集群就是这样在对“两种资源、两个市场”的优化配置过程中，呈现出组织开放性的特征。

3.2　集群创新中的多维邻近性导入

3.2.1　集群创新的一般驱动因素

产业集群创造的良好环境使得企业可以不断进行技术创新,但是究竟有哪些因素会对产业集群创新发生影响呢?国内外学者从多个视角对集群创新的驱动因素进行了研究。

3.2.1.1　国内外研究现状

1. 国外学者的相关研究

最早是 Marshall 等探讨了集群创新的驱动因素。如 Marshall(1890)从"外部经济"角度进行探讨,并认为专门人才、原材料供给、运输便利以及技术扩散是集聚创新的动力;Allen(1983)从"规模报酬理论"角度、Hoover(1987)从"集聚体"的规模效益角度、Krugman(1991)从"规模递增收益"角度等,探讨了集群的创新生成动力。Brown(2000)把这些生成动力归结为自发作用的市场力量,具有不稳定性和孤立性,有些驱动因素随着集群创新的生长呈现此消彼长的趋势,各种驱动因素之间没有稳定的作用关系。

在集群创新动力研究方面,逐渐转变到开始研究动力关系和作用机制的分析(Martin R. 和 Sunloy P. ,2003)。集群创新正是在比较稳定的技术创新、非正规学习、合作竞争、知识共享和溢出、网络协作、区域品牌意识等驱动力的作用下得以发展并显示出强劲的竞争优势(Meyer,1994)。发展动力不是孤立地发生作用,它们一般具有相对固定的协调关系,有明显的作用规则。

一些学者认为集群创新的发展动力是地方化的知识创造以及企业和个人学习新技术、相互信任并共享信息。Saxenian(1992)以硅谷为例,认为当地良好的社会交往氛围加快了新知识的产生与传播;Emight(1996)认为知识外溢和熟练劳动力市场推动了集群创新的发展;Walz(1996)采用增长极理论和创新理论,认为地方化的知识创造所推动的创新是集群发展的主要动力;Best(2001)认为集群创新的发展动力有四种,即集中专业化、知识外溢、技术多样化和水平整合及再整合,它们依次对集群创新发展产生作用,并形成循环状的稳定结构;Swarm(2002)采用实例分析方法分别研究和比较了多个集群创新的发展情况,将集群创新的动力机制描绘成包括产业优势、新企业进入、企业孵化增长,以及气候、基础设施、文化资本等共同作用的正反馈系统。还有许多学者强调知识传播对集群创新的推动作用。Marceau 和 Nauwelaer(1999)认为除了传统的外部经济,知识网络、学习机制和社会资本也是集群创新的发展动力;Pinch 和 Henry(1999)认为 Krugman 所强调的历史偶然性和外部经济只是集群创新演进的外部原因,基于非贸易联系的知识传播才是根本原因;Baptasta(2001)通过理论与实证研究发现,由紧密的个人联系和完备的企业网络、充分的企业间相互作用所促进的知识传播是集群创新发展的内在原因。从总体上看,上述的研究观点都是基于新古典或主流经济学理论的补充和延伸。

还有许多学者从生物学的视角研究了集群的创新动力机制。如 Tichy(1998)借鉴弗农的产品生命周期理论,从时间维度考察了集群创新的演进,并将集群创新生命周期划分成诞生阶段、成长阶段、成熟阶段、衰退阶段;Ahokangas 和 Herd(1999)认为集群创新的发展动力是企业群体在外界环境作用下的自发行为和集体选择过程,所以它也具备优胜劣汰、从低级到高级的进化规律,具有自组织、自适应和协同进化的内在动力机制。

2. 国内学者的相关研究

郭洪晶、赵玉芬(2009)依次从产业集群中政策环境、知识溢出、集聚规模及劳动力素质等方面对产业集群创新绩效的影响做实证评估,得出结论:目前集聚规模、劳动力素质对产业集群创新能力有着直接影响;知识溢出由于多方面的影响以及一些无法定量化的指标使得评价结果表现稍显不足;政策环境并没有表现出很强的相关性,说明了目前产业集群创新能力的发展动力主要来自市场而非宏观环境政策。

孙从军、晁蓉(2008)运用系统分析法从产业集群内企业间的竞争与合作、有效的集体学习机制、创新文化价值观的激励等六个方面对促进产业集群技术创新的内在张力和外部推力两大动因进行探讨,强调技术创新的主体要素、功能要素以及环境要素的共同作用对产业集群发展的重要性。

还有一些学者将目光定位在研究中小企业集群上,认为中国的产业集群中中小企业集群占据了很大比重,中小企业集群在创新方面更具有活力。鲁若愚、徐强(2003)从中小企业集群的创新文化、竞争效应、需求拉动、创新收益和创新积累五个方面剖析集群创新的动力机制。

张秀武、胡日东(2008)通过对高新技术产业集群的研究,认为:(1) 反映知识生产函数投入产出关系的两个基本要素——R&D 资本和人力资源,对区域高技术产业创新产出的作用显著。(2) 区域内和区域间的高技术产业知识溢出都对产业创新产出影响显著。产业集群因素——区域内知识溢出水平对创新产出的贡献相当大，甚至超过了研发资本因素。(3) 政府对技术创新的支持力度变量在两种估计结果中结论不一，政府支持力度与区域高技术产业创新产出之间还没有形成稳定的关系，政府在促进区域高技术产业科技进步上所做的努力还需要进一步加强。(4) 区域高技术产业创新产出具有明显的空间依赖性。

魏江(2003)在对小企业集群创新网络的研究中，对其中的知识溢出效应进行了分析，他认为知识溢出效应之所以在集群中存在特别的作用，其前提条件是相关企业在地理上的集聚。地理上的集聚所导致的信息交流是集群外企业所不能分享的，而知识溢出又成为集群创新发展的根本动力。为了平衡知识溢出的双面效应，解决成员企业对自身知识溢出的控制问题，该学者从知识载体的角度界定了知识溢出的路径，包括人员流动、物的流动和信息流动等，以期帮助企业采取相应策略对知识溢出通道进行有效的监控。魏江、魏勇(2003)从分析集群的不同层次流程的学习机制入手，找出了集群内部知识溢出作用者。首先，集群成员之间人员交换与流动不是最主要的集群学习机制，但工程师和中高层管理人员又是知识溢出的重要作用者，由此得出员工之间正式或非正式的面对面交流可能是集群学习的主要途径。其次，以技术和管理信息源为参数，除了企业自身研发外，公共服务机构和集群内部竞争者是另外两种非常重要的技术信息源，同时，集群外部竞争者、用户、供应商、集群代理机构也是重要的知识溢出源。最后，专用设备的购买与租赁可能是集群知识溢出源之一。魏江、申军(2003)在对传统产业集群创新系统的研究中发现，从知识观的角度看，集群创新系统实际上是一种内部知识的互动，这种互动过程包含两个方面：静态知识基础积累和动态知识互动。静态知识基础积累，指集群内部的知识基是全部集群成员企业及其个人在解决问题过程中所获取的知识经验，以各自习惯的方式为基础进行的积累；动态知识互动是指储存于知识基中的知识要素在集群内部流动和扩散，以此来提升集群内企业的技术创新能力。

王旺兴、李艳(2003)认为，以往对创新的分析过多地关注了钻石模型中各个因素如生产要素、需求条件等对集群创新能力的影响，而对要素之间的知识流动的研究则不够系统和全面。实际上创新过程中各行为主体间的相互作用对于创新绩效才至关重要，创新和技术进步是创造、传播、应用各种知识的行为主体之间错综复杂关系的结果。因此，他们认为对产业集群创新能力的分析应着重以知识或信息的流动为主要指标，并从四个方面(即企业之间的合作、公共私营部门间的相互作用、技术扩散、人员流动）分析了产业集群内的知识流动特点。他们认为产业集群与其他非紧密结合的经济组织形式相比，其内部知识的流动无论是数量上还是速度上都要超过其他经济组织，正是产业集群内各个创新机构之间广泛的协作与合作，即出于集群中的各种要素如知识、信息和人员的大规模、大范围的流动，全面激活了集群企业创新的动力和提高了其创新的速度和效率。

张元智、马鸣萧（2004）在讨论集群中的知识学习与创新活动时，从四个方面探讨了他们之间的关系。首先，他们认为在集群环境下，由于相关企业及机构在地理上的集聚，产业内部形成了细致的分工，从而产生了频繁的委托和外包，这种建立在相互信任基础上的合作关系促进企业和供应商一道共同解决技术问题，分享彼此的模糊知识，这样知识交流不断地发生在纵横交错的人际关系网络中，从而促进了企业的技术创新。其次，相对于其他传递信息、共享知识的媒介来说，面对面的交流在支持经常的往复的思想交流中具有无法替代的优点，特别是在传递模糊知识的过程中。再次，集群内高度的专业化分工具有很强的激励效应，促使每一家企业根据市场需求的变化不断地创新，而这些得益于集群内更为顺畅的信息传递。最后，从知识创新的角度来看，彼此之间的信任、关爱、尊重是知识共享、创新的必不可少的条件和重要的激励因素，而人与人之间的信任具有非常鲜明的地域性特征。

丁焕峰（2004）在对区域创新研究进行总结的过程中，发现创新的绩效大部分由厂商与其所在集群环境的推动而定，这些环境包括与厂商互动的作用者的网络、技术基础设施以及相关的社会资本，也即创新系统所能依据的互动将真实的经济与技术变动、流动及规则等概念化。因而依据特定地区外部经济间的一些差异，可发现厂商采用一种新科技的偏好是源于一种关于规模组织能力与最初采用相关技术的经验，这其中除了空间因素的作用外，知识外溢是另一机制，知识外溢来自知识的公共品性质，厂商为提升自身能力达到适应其他厂商所开发的新技术与理念，会对相关技术进行投资研究与开发，从而获得新知识外部性所带来的收益。在这个过程中，科学家、工程师等知识工作者的流动是知识外溢的主要途径。

谢洪明、金占明、陈盛松（2005）在分析集群中企业行为与企业竞争力的实证研究过程中，从知识管理理论的四个流通过程入手，研究了产业集群内企业的知识流通及其效果对产业集群内企业竞争力的提升作用。他们认为在产业集群内，企业由于地理上的接近与互动，使得彼此间的交易更容易，获取的知识资源也更多。通过理论分析和实证研究，这些学者得出产业集群的聚集程度越高，企业间互动得越频繁，同时企业间的互动、知识流动机制也有利于促使竞争力的提升。

李琳(2005)在研究产业集群竞争优势的过程中,通过对知识进行分类得出了集群中知识流动的相关特征。从产品开发过程中的技术理解角度,将知识划分为元件性知识和系统性知识。其中,元件性知识是由与一个组织系统的可区分的部分而不是系统整体有关的特有的知识资源、技能和技术构成,它一般与产业技术有关,是一种相对清晰的知识,与组织的背景无关;而系统性知识是指与整个组织系统有关的、对系统的元件性知识进行组织与应用的结构和程序。集群内企业专有的系统性知识将留存于企业,并将导致企业之间在元件性知识存量与应用方面的显著差异性,而集群中企业之间的知识流主要是由元件性知识构成,同时尽管系统性知识具有不可流转性,但共同的地理区位使得集群水平的系统性知识为集群内成员所共有,却不能提供给集群外的非成员,从而集群水平的系统性知识存量促进了元件性知识在地方集群范围内不同成员间的转移、吸收和应用,同时减缓元件性知识跨越集群边界向集群外流动,从而提高了集群的知识流动水平,促进了集群的创新水平。在此基础上,李琳(2005)又指出根据知识溢出所处的地理范围,集群知识溢出存在着内部知识溢出与外部知识溢出两种渠道,其中外部知识溢出是指集群所在地理范围之外的企业、大学、研究机构以及其他中介服务机构,向集群内企业提供知识、信息、技术溢出源。外部知识溢出源的获取,对于克服集群技术锁定现象、激活集群创新活力具有非常重要的意义。

张聪群(2005)认为知识溢出是知识的非自愿性扩散,是经济外部性的一种表现。它能够推动产业集群内部成员企业的技术创新和产业集群整体的技术升级,使个体及群体的竞争力都得到提升。尽管集群内部的知识溢出是相互的,然而知识溢出也不可避免地会产生"栽树人"与"乘凉人"不一致,有可能产生由于"栽树人"利益的受损而影响到"栽树人"继续"栽树"的积极性。在强调知识溢出对产业集群积极影响的同时不能忽视其消极作用的客观存在,对知识溢出应予以补偿而不应完全抑制。在产业集群中,知识溢出作为一种公共产品有其存在的必然性和必要性。问题的核心不是完全抑制知识溢出,而在于构建一套切实可行的补偿机制,使得创新者的边际溢出能在边际上得到相应的补偿,以维持创新者和产业集群的持续创新能力。

3.2.1.2　*对现有研究的梳理*

国内外学者从基础设施、外部经济、知识溢出、知识学习、企业网络等多个角度探讨了集群创新的影响和驱动因素。本书根据研究现状和各种因素的特性,将驱动因素分为硬驱动因素和软驱动因素。硬驱动因素内容简单明了,软驱动因素内容相对要复杂,国内外学者对此的研究也比较多。集群创新的核心驱动因素依赖于软驱动因素,因为和硬驱动因素相比,软驱动因素更体现了集群特有的内生增长机制和不可复制性。

1. 硬驱动因素

(1) 基础设施。集群创新的基础设施,是指为集群区域内创新主体服务的公用设施,是建设集群区域创新环境的重要条件。集群创新基础设施包括交通、电力、通信、公用图书馆、公用实验室、公共信息服务机构等有形设施,以及劳动者技术培训、企业家培训等无形服务。这些基础设施具有公共物品的属性,通常是由政府来提供的,并服务于集群中的各个行为主体。集群中的企业通过这些创新基础设施,可以跨越许多无形的障碍,方便快捷地接触到创新思想的来源及知识、信息,从而促进技术创新。基础设施对产业集群有很强的影响,集群中的企业可以获得外部经济和规模经济的好处。因为企业在区域选择上,必然考虑经济性,而基础设施的健全,在很大程度上能节约企业的成本,保证企业运行的经济性。例如在物流和信息流方面,它们的流动性能在很大程度上取决于企业所在区域的基础设施状况,便利的交通能降低物流成本,发达的通信能节约交易成本并提高交易的效率。如果在集群的发展过程中,基础设施的改进无法与集群对其的要求同步,就会制约集群的持续发展。集群内企业会搬离该区域,转而搬迁到其他更具优势的区域。基础设施对集群创新也同样有较强的影响,完善的基础设施是集群保持创新力的一个重要因素。集群中的某些基础设施如公共图书馆、公共实验室等,能提高集群创新的能力,增加集群创新的频率,使企业能更加方便地接触到技术创新所需要的知识、信息等内容。而集群中的另一些基础设施如交通、通信等,则会影响到创新资源的流动。因此,创新资源聚集的地区往往也是交通便利、通信设施先进、公共服务完备的地区。

(2) 资本投资。企业作为一个经济体,追求的目的是获取更多的经济利益。产业集群作为一个主要由企业构成的组织形式,也是为了获得外部规模经济和外部范围经济,为了实现利润的最大化。而企业的产生和发展过程中都需要一定的资本投入,以维持企业正常的发展需要。在集群内企业的知识和技术创新过程中,资本投入也有很大影响。它直接影响了科技成果的技术研发、技术交易、技术学习和技术商品化等过程,决定了企业技术创新能力的强弱,这在高新技术企业中更加明显。一般的资本多来自产业投资,贯穿于产业发展的全过程。对于集群创新活动的开展,尤其是高技术产业集群创新活动的开展，风险投资越来越重要，逐渐成为一支不可忽视的力量，像硅谷、128 号公路等美国高新科技园区的发展就得益于风险投资。

（3）人力资源。人力资源作为现代经济中最为重要的资源，其在产业集群创新过程中也同样发挥着重要的作用，成为影响产业集群创新的一个主要因素。本书一般衡量产业集群内人力资源，主要是从集群内劳动力的供应和劳动力在集群内的流动性两个方面来考虑。由于产业集群内存在着大量的相同和相关企业，拥有大量的熟练技术工人和高素质的科学家、工程师等，使得该地区的劳动力相对集中，劳动力供给和需求都大大增加。这会在一定条件下促使相关的劳动力市场的繁荣，不仅当地的人才通过其进行交流，而且还能吸引更多的集群外的专业人才的进入。这对于集群创新的发展，发挥着重要的推动作用，也不断增强着区域的竞争优势和技术创新的潜力。

集群内的劳动力具有高流动性的特点。这种高流动性对集群创新也有重要的作用。人力资源在集群内企业间的流动促进了特定性知识的扩散，并促使了集群内创新的发展，而外部人力资源的流入则方便了外部知识的传入，对集群创新系统内部原有知识进行重新组织与更新。集群的人才流动程度越高，知识更新的速度就越快，集群的创新能力就越强（王博武，2004）。

2. 软驱动因素

（1）社会文化。集群的社会文化因素包括集群内成员的风俗习惯、价值观念、社会风气等内容。它代表的是本地的社会文化环境，直接影响着人们是否有追求创新的热情，人与人之间是否能建立起相互信任、相互合作的关系。集群创新是与地域的文化背景、群体的价值观念甚至宗教信仰密切联系的，尤其是家庭观念、教育观念、经济观念、接受挑战和冒险意识等对集群区域内的创新行为影响十分深远。事实证明，具有本地文化特征的知识和语言文化背景对产业集群的发展以及创新行为主体的集聚越来越重要。对这些因素进行具体分析如下：

根植性文化。任何区域的文化都有明显的本地化特征，其产生和发展都植根于当地的社会历史背景，具有不可移植性，表现为一系列本地化特色的风俗习惯、规范和准则，对社会经济的发展起着规范、引导作用。根植性文化既是集群形成和演进的重要影响因素，同时也深刻影响着集群的创新。一般来说，根植性文化通过以下机制来影响集群创新，即人力资本集聚机制、交易成本降低机制、企业家精神培育机制、知识溢出与共享机制和制度保障机制等。

社会网络。社会网络是指个人、企业及机构间的关系。产业集群的形成并不依赖于契约关系，而更多地依靠社会网络来维系。如集群内的企业在资源共享、技术创新及市场开拓等方面都是基于一定社会网络来实现的。产业集群的空间接近融合了产业相关性和组织协调，从而使得本地化的经济网络与社会网络交织在一起。在我国现实的中小企业中，很多都是由同宗、同姓、同乡、同学等关系来紧密联结，形成一种有系统的合作关系，而这种信任和协作关系是企业合作创新、知识扩散的基础，它们支持着集群内部企业的创新过程(梁宏,2004)。

(2) 技术环境。技术环境是指集群区域范围内的技术发展轨迹和技术水平，它是本区域企业技术创新和技术发展的基础。企业在集群社会技术环境中获取所需的知识，推动技术创新和协同创新行为的发生，促进技术发展水平的提高。综观国内外的相关文献，产业集群技术环境的优越性主要表现在以下几个方面：① 本地知识库(Knowledge Base)，即创新活动所要求的知识存量。在集群的发展过程中，集群中积累了丰富的、相关的知识库。这些知识往往以经验、隐性知识等未编码化的形式存在，难以模仿和移植，在集群内部常以非正式交流的形式传播，技术创新活动体现出地域集中的特征，创新活动依赖于集群。Riddel 和 Schwer(2003)通过1987—1998 年美国 50 个州的技术创新数据分析，发现创新活动的知识存量对新技术的创新有一定的影响。而我国现阶段以模仿创新为主，这个影响将更大。② 新技术转化。集群中往往包括实力强大的科研院所、大学等科研机构，这在高技术集群中更加普遍，这些科研机构是集群新技术的源头。集群中的企业可以更加快捷地得到新技术发展的信息，能够优先地获得这些新技术，为集群的创新提供基础，更易于实现新技术的商业化。

(3) 市场专业化。产业集群内，诸多的同行企业集聚，从而拥有的市场份额较大、市场集中程度较高，能够吸引众多精明和专业的消费者和客户。这使产业集群内的企业有更多的机会接近客户，能够更清楚、更迅速地觉察到客户的新需求，能从客户中寻找技术创新的源头。因而，产业集群中的企业更能迅速地认清客户的需求和市场发展的趋势，从而推动技术创新。市场除了有效地配置资源以外，还能有效地进行专业化分工，形成生产和销售的专业化，也能形成创新活动的专业化。市场的需求会吸引企业进入某一个产业，随后在市场容量允许的情况下，会有大量模仿企业进入，促使产业集群的形成。随着市场的发展，其需求开始出现多样化，这时单一企业很难满足这种多样化的需求，产业集群内部必然开始出现分工，或者叫柔性专精,以满足市场的变化。原来由一个企业独立完成的生产,在市场多样化的条件下,会逐渐开始分解其生产过程,实现生产的专业化。而这时候企业创新活动也围绕着企业的产品,逐步实现创新专业化。

3. 现有研究的不足

集群创新最本质的原因是知识溢出和交互学习。不论是硬驱动因素还是软驱动因素都是为知识溢出和交互学习机制的建立而服务的,有利于集群创新的硬驱动条件的建设固然要重视,但是集群创新过程本身的网络化互动特征决定了发挥根本性作用的还是软驱动因素。知识创新必然要求知识在相关主体间扩散,知识特别是隐性知识的扩散将引致相关主体间产生协同创新。知识不可能无成本或无障碍获取,交互学习需要在一定条件下才能顺利地发挥应有的作用。以上诸多学者从信任关系、人员流动等多个侧面来阐释集群中各主体间如何进行知识交流和创新。尽管这些阐述具有一定的解释力,但基本都是偏重于每个或某几个单因素的探讨,很难充分阐析和全面把握集群创新中众多行为主体间交互作用的复杂的社会化过程机理,故以上学者的阐述显然是不够的;在软硬驱动因素探析中,尽管简要明朗,但却忽略了对知识交流的创新生成机理的解析,无法解释知识交互学习过程中的机会主义和不确定性问题的解决途径机制,同样缺乏说服力。因此,本书需要从一个既可自成理论体系又能深入刻画集群创新机理的全新视角去探究集群创新的动力机制理论。为此,本书在集群创新中导入了多维邻近性分析视角。

3.2.2　多维邻近性:集群创新驱动因素的全新视角

“多维邻近性”概念是从“单一地理邻近性”发展而来的,持“单一地理邻近”观点的是 LKS(本地知识溢出)学派,强调地理邻近在企业(或区域)学习和创新中的重要影响(Amin 和 Wilkinson,1999),但却忽视文化、组织和制度、知识基础等一系列软性驱动因素对创新的影响。其后,法国多维邻近学派(the French School of Proximity)针对这一缺陷,提出并探讨了多维邻近论题,认为邻近性是一个多维的概念,除了地理邻近之外,还包括组织邻近、制度邻近等。

根据本书所构建的多维邻近概念框架(见第二章),多维邻近性可划分为地理邻近、组织邻近和认知邻近(李琳、韩宝龙,2009)。其中地理邻近性,反映主体间空间距离的远近性,这种距离不再单纯从空间距离衡量,还需要考虑运输时间与成本因素。组织邻近性,反映组织间组织特征的相似性,包括组织结构、组织文化、组织所受的制度约束、组织所处的社会关系与地位等特征上的相似性。认知邻近性，反映主体在相互沟通时所表现的行为方式（沟通方式、处事方式）的相似性，包括经验、语言、习俗、价值观、知识基础、技术。由此可见，多维邻近性的分析视角涵盖了集群创新的软和硬驱动因素，但主要侧重于软驱动因素，这和软驱动因素对集群内知识流动和交互学习的作用更为重要是相一致的。

地理邻近涉及一定空间范围内的集群内企业的密集度和集群内企业主体相互间距离两个层面，对集群创新的影响也涉及两个方面。其一是集群内部企业的集聚促进了集群内知识特别是隐性知识的交流和学习，从而实现创新；其二是集群内部领军企业对集群外部知识的吸收能力，由于得益于信息通信技术条件下的临时地理邻近性，这种吸收能力将会不断增强。组织邻近性强调组织所处的社会关系和地位的相似性或归属性，本书将从组织结构、社会关系、组织所受制度约束等多个视角阐述组织邻近对知识流动及集群创新的影响。认知邻近涉及方面较多，强调主体间沟通方式和行为方式的相似性，本书将从技术邻近、知识基础、价值观念等多个视角来分析其对集群创新的影响机制。

3.3 多维邻近性对集群创新影响机制的分析框架

本书认为，地理、组织和认知三种邻近性在一定程度上可独立作用于集群创新中，但更多情形下是以不同组合形式交互作用于集群创新中；在信息通信技术（ICT）迅猛发展的背景下，集群创新过程中的地理邻近具有“临时性”维度，地理邻近的创新影响效应可细分为两种不同的分析视角，即传统视角下[①]的永久性地理邻近和 ICT 背景下的“临时性地理邻近”，永久性地理邻近和临时性地理邻近可共同作用于集群创新过程中；地理邻近与组织邻近的组合、地理邻近与认知邻近的组合将对集群创新产生交互影响；地理、组织、认知三种邻近性的组合将动态作用于集群创新生命周期的不同阶段，即三种邻近性的组合对集群创新影响机制与影响效应将随集群演化的阶段变化而变化。

基于此，可按以下思路建构本书关于多维邻近性对集群创新影响机制的理论分析框架（见图 3-5）：

① 传统分析视角主要指“LKS”（本地知识溢出）视角和“LIS”（本地创新系统）视角，都强调基于行为主体间共同地理位置或行为主体间位居邻近的永久性地理邻近在创新中的重要作用。

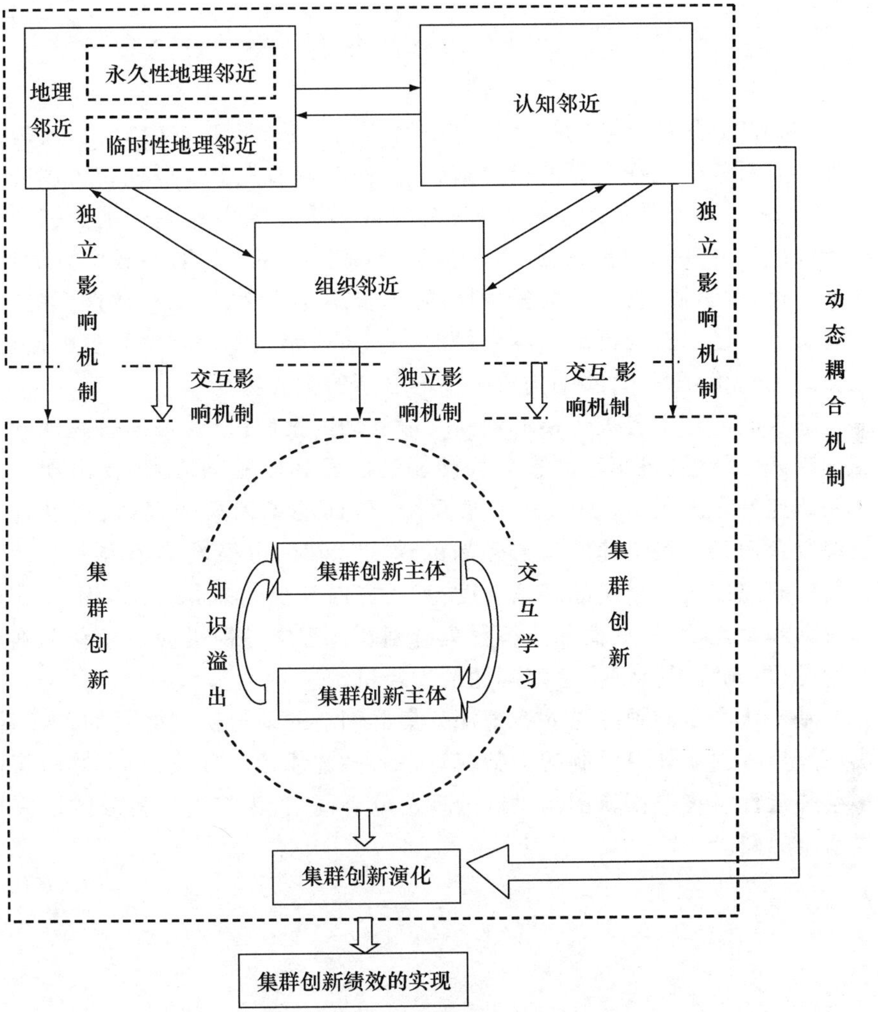

图 3-5　多维邻近性对集群创新影响的理论分析框架

解析传统"LKS"视角下的地理邻近创新效应论的主要观点及其局限性，探析 ICT 背景下的永久性地理邻近与临时性地理邻近对集群创新的共同影响；探究地理邻近与组织邻近的组合对集群创新的交互影响机制；地理邻近与认知邻近的组合对集群创新的交互影响机制；地理、组织、认知三种邻近性的组合与集群创新能力演化的动态耦合机制。

以上内容将在接下来的第四、五、六、七、八章中分别予以一一探讨。

3.4 本章小结

简析产业集群概念的演变，界定产业集群概念与基本内涵；在梳理国内外学者对集群创新内涵的研究基础上，提出本书关于集群创新内涵的界定，并简析了集群创新的主体构成；在回顾与梳理国内外关于集群创新主要特征的研究现状的基础上，将集群创新的主要特征归纳为五个方面：互惠共生性、竞争协同性、社会根植性、知识资源互补性、组织开放性，并认为这五个方面是由集群创新的本质特性——知识流动和交互学习引申而出，且彼此之间相互影响，共同构成了集群创新的主要特征。

梳理国内外学者关于集群创新一般驱动因素的研究，根据研究现状和驱动因素的特性，将驱动因素分为硬驱动因素和软驱动因素；指出现有的相关研究一方面仅关注某一（或某几个）侧面的单因素的探讨，很难合理解释复杂而又发展迅速的集群创新的现实，同时，也很难将集群创新动力机制的研究推向一个新的理论高度；另一方面忽视了集群创新的本质是知识流动和交互学习，从而无法解释集群创新过程中各种机会主义和不确定性问题，更无法提供解决这些问题的途径机制。

基于从本质刻画并深入系统探究集群创新的动力机制之目的，本书提出探究集群创新动力机制的全新视角——多维邻近性分析视角，进而简析多维邻近性对集群创新影响机制的理论分析框架，为接下来各章的研究提供清晰思路。

第4章　地理邻近与集群创新：LKS视角下的文献回顾与审视

4.1　LKS视角下的地理邻近与创新

4.1.1　文献回顾

本地知识溢出(Local Knowledge Spillover,简称LKS)是指一定地域范围内的知识外部性,即在一定地域范围内的个体或组织自发流出而不需要给知识流出所有者以补偿的知识。最早的LKS观点可追溯到1920年的Marshall的"弥漫在空气中的秘密"的经典语句。但"LKS"问题真正引起国际学术界的重视是在20世纪80—90年代,是随着世界范围内知识经济的蓬勃兴起尤其是知识密集型高新技术产业集群的快速涌现而产生的。来自创新地理学(Innovative Geography, IG)、新经济地理学(New Economic Geography,NEG)和新产业地理学(New Industrial Geography,NIG)的众多学者从不同角度对"LKS"论题进行了探讨,并得出一个基本的结论:知识溢出具有明显的地理有界性,呈现出明显的距离衰减趋势(Jaffe A. B. ,et al. ,1993;Anselin L. ,et al. ,2000;Bode E. ,2004);地理邻近是获取外溢知识进而促进创新的必要与充分条件(Gallie,E-P. ,2003)。

相关研究大体沿着以下思路展开:在一定理论假设基础上,通过大量的经验性研究来证明知识溢出的本地化特征以及知识溢出的创新促进效应。本地知识溢出的假设起源于马歇尔的外部性理论。克鲁格曼(2000)将马歇尔外部性(Marshall Externalities)概括为三个方面:(1) 专业化经济,即集群区内大量专业化的机械设备、专业化中介组织与服务供给,给区内企业带来明显的低成本优势;(2) 专业化劳动力市场,即集群区内吸引并建立了具有相近技能的劳动力蓄水池,可为群内企业提供快速的较低成本的劳动力供给;(3) 知识外溢,即基于集群区内特殊的产业氛围使区内企业更容易获得"弥漫在空气中的秘密"并进而促进创新。遵循马歇尔的外部性,建立LKS的基本假设(Breschi S.和Lissoni F. ,2001):(1) 外溢知识是“弥漫在空气中”,可以无成本地自由获取;(2) 基于外溢的知识大多为隐性知识,难以长距离传播,是一种本地化的公共物品;(3) 企业或大学等研发机构的创新可以通过某种方式传递给其他企业。

基于以上理论假设,相关研究通过测度知识外部性能覆盖到的最大距离试图证明地理邻近在知识传播中的作用,进而想当然地认为位居邻近即永久性地理邻近在知识传播和创新中发挥重要作用(Gallaud,D. 和 Torre,A.,2005)。

测度知识溢出及其空间范围的经验研究大体可分为三个不同视角(Autant-Bernard C. 和 Massard,N.,1999),即基于专利引用的知识外部性视角(Jaffe et al.,1993)、基于创新的地理集聚视角(Audretsch 和 Feldman,1996)、基于知识溢出的地理一致性视角(Jaffe,1986; Jaffe,1989;Anselin et al.,1997)。

Jaffe ,Trajtenberg 和 Henderson(1993)利用专利引用数研究知识溢出的地理效应,结果表明知识溢出具有显著的局域特征,知识溢出效应随距离增大而衰减。Jaffe 和 Trajtenberg(1999)通过比较专利引用的区位来研究技术知识传播,结果发现美国专利更多的是被美国本地引用,这表明技术和知识的产生具有明显的本地性,这也证实了 Jaffe ,Trajtenberg 和 Henderson(1993)发现的知识溢出的局域特性。

Audretsch 和 Feldman(1996)从创新的地理集聚视角对地方产业集群的知识溢出效应进行了开创性的研究。以州为空间观测单元,采用美国小企业管理创新数据库 SBAIDB(Small Business Administration's Innovation Data Base)的创新活动数据中的新产品作为创新产出指标,采用 R&D 与销售额的比率来测度知识溢出,通过计量分析发现,美国的高新技术产业如计算机软件、制药、新材料、生物技术等产业的创新活动明显多于传统产业;高新技术产业的集群化现象更明显,对新知识投入依赖性越强的行业,创新活动的产业集群倾向越显著;对基础研究依赖性较强的高新技术产业往往与基础科学知识的发源地(如大学、公共研究机构等)位居邻近。由此推测,产业地理集聚的倾向与产业活动的知识需求之间存在某种直接的联系,进而引致产业与公共知识供给者在地理上的邻近。

Feldman 和 Audretsch(1999)尝试着对集群区内专业化和多样化以及垄断和竞争对于知识外溢和技术创新的不同影响效应进行研究检验。他们同样采用 SBAIDB 中创新的数据,并将大城市统计区域(Metropolitan Statistical Area,MSA)或竞合并调整的大城市统计区域(Consolidated Metropolitan Statistical Area,CMSA)作为地域观测单元。回归分析表明,在任何特定的产业中大城市倾向于产生更多的创新，多样化而不是专业化对知识溢出与创新更具导向性；本地化竞争而不是垄断会促进知识溢出与创新产出。

Jaffe(1986)对研发绩效及知识溢出进行了开创性的研究。他运用企业专利、利润与市场价值等数据及知识生产函数，构建了三个方程，即专利方程、利润方程和市场价值方程，对美国私人公司专利活动的研发溢出效应进行研究。假设知识是一种公共产品，则其他企业的技术研发投入可使本企业以较少的成本支出获取更多的研究成果，即知识溢出效应。计量回归结果发现：如果所在行业的其他企业从事大量的研发活动，则平均而言，企业给定的每一美元研发投入都意味着未来能够申请更多的专利，而且以会计利润和市场价值衡量的研发报酬相应也会高些。这说明知识外溢对企业的效应。在此基础上，Jaffe(1989)又做了一个有关大学科研商业性外溢的拓展性研究。研究表明，私人企业的专利申请活动与来自大学科研的商业性外溢正相关。企业的专利申请活动不仅随企业自身的 R&D 投入的增加而增强，而且同时与州内大学 R&D 投入有关。研究还表明，地理邻近对源自大学的知识溢出具有影响，但仅有较微弱证据表明知识溢出由于大学与研究实验室的地理一致性而更加顺畅。

Anselin，Varga 和 Acs(1997)在 Jaffe(1989)研究的基础上，利用改进的 Jaffe(1989)的知识生产函数，对从大学到集群区的知识溢出做了进一步的研究。结果表明，大学研究和创新活动显著正相关。并发现，如果不考虑企业的 R&D，大学研究到创新的知识外溢通常会从创新中的大都市区(MSA)延伸至周围 50 英里的范围。

所有这些研究得出结论——知识溢出存在且知识溢出的地理范围是有限的。这一结论解释了区域企业的集聚，为地理邻近是知识扩散进而是促进创新的重要条件的观点提供支撑。然而，有两个方面的因素限制了此类研究的实际意义：一是知识溢出的地理范围仍处于争论中；二是有关知识溢出传播途径的研究凸显了“LKS”相关研究的理论假设的缺陷，尤其是在信息通信技术迅猛发展的背景下(永久性)地理邻近是知识溢出和创新的充分与必要条件之观点面临严重挑战(Autant-Bernard 和 Massard，1999；Gallaud 和 Torre，2004)。

4.1.2　相关研究的局限性

4.1.2.1　知识溢出的地理范围的测度仍处于争论中

上述提及的相关研究并不是真正意义上的知识溢出的空间外部性的

检验,作者使用预先确定好的地理空间,是预先假设而不是去证明外部性的存在。因此,这三种方法(专利引用、地理集聚、地理一致性)并没有提供真正意义上的外部性的测度,先假设知识溢出存在,再构建知识溢出效应模型,实际上它们测度的是集聚现象。总之,这些方法通过使用预先确定的地理空间凸显本地维度的作用:国家(Jaffe, 1999;Feldman,1994;Moreno et al. ,2005)、省域(吴玉鸣,2007)、都市区(Jaffe et al. ,1993)和县(Anselin et al. ,1997)。当距离被引入引力模型和可达性指标时是预先规定的。例如,根据 Anselin(1997)等的测度,R&D 溢出范围在参照县周围半径 50 或 75 英里之内;根据 Moreno(2005)等的研究,专利和 R&D 活动的空间溢出限定在国界内 250 公里(约 155 英里)的范围内。

最近的相关研究,利用地理信息系统(GIS)构建模型测度技术外溢的空间范围。如 Wallsten(2001)利用 GIS 分析邻近于受政府创新支持的企业也从这种支持获益的可能性。研究中定位企业的地理位置而不是使用预先确定好的地理区域,结果表明获得金融支持的企业彼此位居邻近,大约在半径十分之一英里范围内,通常位于城市的边缘地区。然而,这些研究虽然不是使用预先确定的地理空间,但地理范围却是不同作者间众说纷纭、差异明显(从 155 英里至十分之一英里不等),这样留存较大揣测的空间。最重要的是,直到 Orlando's 的作品问世之前(2000)相关研究都未能提供同时测度外部性和距离的方法。

4.1.2.2 "LKS"视角下的地理邻近效应论的缺陷

有关知识溢出和创新的相关经验研究都支持"知识溢出具有明显的本地局域特征"的观点,他们由此推断位居邻近(永久性地理邻近)是获取外溢知识进而促进创新的必要与充分条件。这一结论所依据的理论假设:外溢知识是弥漫在空气中的,本地成员可以无成本地自由获取;企业或大学研究机构的创新(外溢知识)可以通过某种方式传递给其他企业,这一假设本身存在明显缺陷(Rallet 和 Torre,2000;Gallaud,D. 和 Torre,A. ,2005;Gallie,E-P. ,2003)。知识不是一种纯公共产品的观点已被广泛认同,知识的认知特征使其区别于信息,获取知识必须付出努力和成本;并不是所有企业都能从外溢知识中获益,只有具有一定吸收能力的企业才有可能获取外溢知识;外溢知识不是"弥漫于空气中",而是"存在于网络中"(Gallie,E-P. ,2003),地理遥远的"认知社团"或"实践社团"可以获取隐性知识。由此可得出,地理邻近不是获取外溢知识的充分条件也不是必要条件;必须从吸收能力与交互作用视角来分析方能打开知识外溢扩散过程的"黑箱"(Zucker et al. ,1994;Cockburn 和 Henderson,1998; Gallaud,D. 和 Torre,

A. ,2005;Gallie,E-P. ,2003)。

Zucker 等(1994)是第一个从交互作用视角质疑本地成员可以无成本地自由获取外溢知识之观点的学者。他强调外溢知识扩散中有效交互作用的重要性,认为地理邻近不是促进企业从知识外部性中获益的充分条件,这一结论也得到了 Cockburn 和 Henderson(1998)的认同。Cockburn 等认为只有当企业与科学家存在联系的情形下(如相互合作发表文章)才能获取外部性。Audretsch 和 Stephan(1996)对上述观点展开后续研究,并发现中小企业与科学家之间的联系的 70% 不是本地性的而是根据科学家承担的主要任务的不同而不同。Zucker 等(1998)采用表征企业创新不同阶段的三个指标测度了与“最高产科学家”(亦称“明星科学家”,根据出版的文章数量来定义)的联系对企业创新产出的影响,这三个指标分别为研发的产品数、推向市场的产品数以及就业的净增长量,结果表明,只有以合作研究的方式的产学联系才会对企业的创新绩效产生显著的正影响。因此,企业与大学比邻而居并不是获取外部性的充分条件,必须有效地与本地科学家合作才能获取外部性并促进企业创新绩效提升。可见,交互作用的概念表明地理邻近效应是有限的,因为它还涉及邻近性的某种组织或认知维度(Gallaud,D. 和 Torre,A. ,2005;Gallie,E-P. ,2003)。

因此,对于外溢知识传播过程的研究引致我们重新审视假设的地理邻近正效应观点,使得我们不得不去考虑中小企业与大学、研究机构之间合作中的有效交互作用的影响效应。组织约束或认知维度被加入到地理因素中,企业能够无成本地享受到研发结果的观点被产学或企业与科学家间联系中的分歧组织约束所替代。假设知识是“弥漫于空气中间”,那么外部性就能无成本地享受到,地理邻近就是获取外部性的充分条件;然而,当知识嵌入到人力资本之中时,它的可传递性就会大大降低,昂贵的知识扩散就不得不进行组织约束。这就是为什么必须考察行为主体间实际发生交互作用的原因,尤其是有关知识外部性的获取问题,以便打开知识交互作用的“黑箱”。

4.2　地理邻近、吸收能力与集群创新

4.2.1　地理邻近、企业吸收能力与外溢知识获取

由上述 LKS 视角下的地理邻近创新效应论的局限性分析可知,要打开外溢知识扩散的“黑箱”,必须从 LKS 的知识无成本的扩散分析视角转

化为交互作用与吸收能力视角。试图从知识外溢中获益的企业必须依赖于具有相关知识的代理商之间的联系,不管这种联系是基于知识市场还是基于更直接的交互作用。然而,要使得这种交互作用富有成效,企业必须具有充足的内部能力以吸收、理解或整合外部获取的知识,即企业应具有充足的吸收能力。“企业吸收能力”(Absorptive Capacity)概念最早由Cohen和Levinthal于1990年提出,意指企业“评价、消化和应用新知识于商业目的的能力”。后来一些学者(Zahra, George, 2002; Gergana. Todorova, Boris Durisin, 2003)在Cohen和Levinthal的基础上对企业吸收能力概念内涵进行了深化。Zahra和George(2002)指出,企业吸收能力是“一个组织惯例和战略过程集合,企业通过这一集合可以获得消化、转化和开发知识以实现价值创造”。由此可见,Zahra和George更强调在企业战略灵活性的动态能力背后隐藏的消化所获取的知识,以开发创造新知识的能力。吸收能力由知识获取能力(Acquisition Capacity)、知识消化能力(Assimilation Capacity)、知识转化能力(Transformation Capacity)和知识开发能力(Exploitation Capacity)组成。

随着吸收能力内涵的明晰与深化,学者们对于吸收能力的影响因素的关注从个体、组织层面到组织间层面转变,即从关注个体、组织内部静态因素到组织间动态的交互作用视角转变。Cohen和Levinthal在个体层面的探讨主要集中在个人作为组织的“守门人”(Gate-keepers)或组织与外部环境的“接口”角色上。“守门人”有两大功能:其一,通过监控外部环境来评价企业可能需要的相关知识;其二,向组织内部成员转移获取的知识。他们认为,组织内的某个成员的专门知识与组织外的知识源的专门知识越相似,该成员越适合充当“守门人”的角色。Nootboom et al. (2007)论证了员工之间的认知距离与企业吸收能力存在倒“U”形关系,即不同知识背景、对问题看法各异的员工在一起工作时,多样化的知识有助于员工发现机会、识别外部知识的价值;但当达到一定水平后,个体认知的差异就会减少对外部机会和外部知识的识别,并对知识的应用产生阻隔作用。

在企业层面,Cohen和Levinthal,Van den Bosch et al. (1999)等认为企业先验知识、研发活动R&D投入、学习强度等影响企业吸收能力。

(1)先验知识。一个企业对外部知识的吸收能力是企业先验知识的函数。这一观点暗含两层意义:第一,学习是一个累积的过程,当要学习的知识、技术与已有的先验知识发生联系时,学习效果可以达到最佳状态。第二,知识的多样性同样对于学习具有重要的作用。在一个有着不确定知识领域的环境中可能会出现潜在的有用知识,由于新知识与先验知识的相关性,多样性的知识背景可以为学习提供一个强大的知识基础。

(2) R&D 投资。企业以前的研发活动投资是影响企业知识吸收能力的又一重要因素。Cohen 和 Levinthal(1990)认为,企业的研发活动具有两种功能:创造新知识和开发吸收能力。通过研发活动的投入,企业将可获得更多有关产品与技术相关的知识,这类由制造经验积累的知识内涵将有助于企业进入比较深层次的技术学习。在 R&D 活动中,企业可以通过自学方式或"干中学"(Learning by Doing)方式来积累后续学习的获取能力。而且,企业在某个阶段通过 R&D 投入活动所积累的知识获取能力将会使下一阶段的知识积累更为有效率。正如 Cohen 和 Levinthal 所指出的那样:企业利用外部知识的能力是企业研发活动的副产品。

(3) 学习强度。除了先验知识、R&D 投资规模影响企业的外部知识获取能力外,企业本身投入在学习上的用心程度,也会影响企业获取外溢知识的效果。学习强度(Learning Force)可定义为:企业对于引进与学习新知识的迫切程度,因此当企业在外溢知识的获取过程中,投入学习新知识的强度越大,则学习外部知识的效果就会越显著。与学习强度有关的影响知识吸收能力的另一因素还有学习方法。"干中学"(Learning by Doing)、"试错中学习(Learning by Failure)",都是学习与获取新知识的重要手段和必要的过程。

企业层面的吸收能力除了受先验知识、研发活动 R&D 投入、学习强度等因素影响外,企业组织结构、企业战略、企业整合能力等因素也会影响企业吸收能力,而且这些因素不是彼此独立而是相互联系的。更重要的是,随着创新过程是相关主体间交互作用的社会化过程的观点被广泛认同,以及知识网络的越来越深入化与普遍化,学者们对吸收能力因素的关注从个体、企业层面转向企业间层面,并认为知识溢出方与知识接受方之间的组织结构的相似性、彼此间的熟悉程度等对企业吸收能力产生显著影响。Lane 和 Lubatkin(1998) 从"学生企业"和"老师企业"的双边关系来分析吸收能力,认为两者具有相似的基本知识时,"学生企业"的吸收能力最强。Dyer et al. (1998)指出,特定关系的吸收能力是合作双方重叠的知识基础的函数,知识的识别和消化在很大程度上取决于知识接受方与知识溢出方知识基础的重叠程度,这一观点得到了 Ahuja 和 Katila (2001)的认同。此外,知识溢出方与知识接受方之间的类似公司政策、近似主导逻辑等对企业吸收能力产生影响。主导逻辑(Dominant Logic)是指公司对产品的市场地位、产品周期阶段等问题所持有的战略倾向以及对项目的特定类型、规模和风险水平的偏好程度。这些偏好使企业运用知识、信息来解决组织问题时发展了一套固定的模式，因而公司的主导逻辑决定了公司如何应用外部知识。由于制定战略、处理问题的相关知识往往是难以清晰表达的、隐含、复杂的，Lane 和 Lubatkin（1998）认为，如果接受企业更熟悉溢出企业在处理问题、项目投资上的倾向与偏好，则其会更容易从知识溢出方那里获取知识并加以应用。

可见，从 Cohen 和 Levinthal 以及后续研究者的“吸收能力”视角看，知识溢出方与接受方之间的知识基础的相似性（认知邻近性）是获取外溢知识的必要条件，而且从 Cohen 和 Levinthal 最初仅强调知识获取与应用中的认知维度因素，到后续研究者（如 Lane 和 Lubatkin，Dyer 和 Singh）同时强调知识基础的相似（认知邻近）和主导逻辑的相似（组织邻近）。在他们看来，并不是所有企业都能获取外溢知识，只有达到关键的 R&D 门槛并拥有与外溢知识源技术邻近的知识基础的企业才能从外溢知识中获益。但无论是 Cohen 和 Levinthal 还是后续深化者都未涉及过外溢知识获取过程中的地理维度。由此我们可引申出两个基本结论：其一，地理邻近不是获取外溢知识的充分与必要条件；其二，“企业吸收能力”与交互作用视角是打开外溢知识扩散途径的有效分析工具。

4.2.2 地理邻近、集群吸收能力与集群创新

上述对企业层面的吸收能力论的梳理与分析表明，地理邻近不是获取外溢知识的充分与必要条件，认知维度或组织因素必须加入到地理因素中方能充分解释外溢知识获取及扩散的途径机制；这一结论也适用于集群层面吗？或者说地理邻近是集群外部知识获取、扩散及创新的充分必要条件吗？我们试图从集群吸收能力视角来回答并解析这一问题。

“集群吸收能力”（Cluster Absorptive Capability，简称为 CAC），由“企业吸收能力”概念演变而来。Elisa Giuliani（2002）将 Cohen 和 Levinthal 的企业吸收能力概念应用于集群或地区分析层面，指出集群吸收能力是指“集群识别、消化、利用来自集群外部知识源的能力”。集群的吸收能力取决于集群内每一个行为主体对外部知识源的吸收能力以及他们之间的交互作用。而集群内每个行为主体对外部知识源的吸收能力是有差异的。因为行为主体的吸收能力是以其现有的知识积累水平与技术能力为基础的，而知识的积累是时间、经历、实践、努力的函数，而且知识积累是一个渐进的、路径依赖的过程。因此，尽管集群中的行为主体处于同一宏观运行环境，经历相同的时间，但由于发展的实践、经验、努力的程度以及历史等方面的差异性，他们之间具有不同的知识积累水平与技术能力。借用 Cohen 和

Levinthal(1990)的“守门人”(Gate-keepers)的概念,将集群中具有较高知识积累水平或技术能力的行为主体(可以是个人、企业或机构代理商)称之为“技术或知识守门人”(Technological or Knowledge Gate-keepers),而将集群内知识积累水平较低的行为主体称之为“非技术守门人”(Non-technological or Knowledge Gate-keepers)。“技术守门人”扮演组织与外部环境的“接口”角色,发挥两大作用:一是对外的,监控外部环境,评价组织可能需要的相关知识,这是反映组织吸收能力的评价能力维度;二是对内的,向组织内部成员转移、扩散所获取的知识,这是反映组织吸收能力的消化能力维度。“技术守门人”的吸收能力在很大程度上决定了组织的吸收能力,但并不完全等同于组织的吸收能力,因为组织的吸收能力还涉及知识从“守门人”向组织的其他成员转移的效率(李琳,2005)。

因此,集群的吸收能力主要受两大因素的影响:一是“技术守门人”的吸收能力,二是“技术守门人”与“非技术守门人”之间的交互作用。这两大因素共同决定了集群对外部知识源的吸收、扩散及集群创新过程(李琳,2005)。

具体地讲,在集群的知识获取与扩散过程中,“技术守门人”充当外部知识的“接收器”(Gambardella,1990)的作用,在一定程度上发挥“译码器”(Decoders)的功能,通过“技术守门人”与“非技术守门人”之间的交互作用,将外部知识源扩散到集群内其他行为主体,从而增加整个集群的知识积累和提升集群技术能力。在集群对外部知识获取与扩散的整个过程中,“技术守门人”对外部知识的获取起关键性作用。而“技术守门人”对外部知识的获取能力又主要受其先验知识、R&D投入强度以及“技术守门人”与外部知识源的知识基础的相似性、与外部知识源的组织结构、组织惯例等的相似性等因素的影响。这就是说,集群外部知识的获取必须从“技术守门人”与外部知识源的认知维度或组织维度来分析,但并不一定要涉及地理维度。因为外部知识源与“技术守门人”不必位于同一较小地理区域(外部知识源一般位于集群区外),地理距离遥远的“认知社区”或“实践社区”可以获取外溢知识包括隐性知识。由此可得出,地理邻近不是“技术守门人”获取外溢知识的充分或必要条件。

“技术守门人”对外部知识的获取能力固然在集群的外部知识获取与扩散过程中起关键性作用,而外部知识在集群内部成员间的扩散,则取决于集群成员(主要指“非技术守门人”)的学习强度与组织学习机制。集群成员学习的动力越足,学习强度越大,则学习效果越好。另外,组织的开放程度、学习激励机制都会影响集群成员的学习效果,从而影响“技术守门人”获取的外部知识向集群内其他成员扩散的效率，并进而影响集群的技术创新。因此，集群中“技术守门人”的吸收能力及其与“非技术守门人”之间的交互作用方式，决定了集群的知识获取、扩散、积累和新知识的生成的过程，并最终影响集群的创新能力。

对于“技术守门人”与“非技术守门人”之间的交互作用影响集群内知识扩散的创新效果的观点已达成共识，并认为交互作用的方式主要有两种类型：一种是基于非正式交流的知识扩散途径，另一种是基于协作关系的知识转移[①]途径 。这两种模式都强调集群内中小企业（即“非技术守门人”）只有与“技术守门人”建立某种联系才能有效获取后者扩散出的知识。Dahl 和 Pedersen（2004） 基于对丹麦无线通信设备产业集群中 342 个工程师的问卷调查研究表明，员工之间的频繁的非正式接触是获取其他企业隐性知识的重要途径。Owen-Smith 和 Powell（2004）的研究进一步指出，“技术守门人”与中小企业员工间频繁的面对面交流和互动无形中交换了各自的技术诀窍、工作经验等知识，形成了“技术守门人”知识向中小企业的溢出。属于“技术守门人”的熟练工人向中小企业转移也会促进集群内部知识的扩散。同时，不少相关研究表明，“技术守门人”通过建立不同的供应关系能够有意识地调整知识转移的有效性和速度，通过构建与小规模的供应商和销售商之间的协作关系不断转移先进的技能和生产知识，激励这些企业效率的提升和创新发展。

“技术守门人”与中小企业之间的正式或非正式联系都能促进集群内知识转移或扩散，但知识扩散并不一定产生创新效应，知识扩散的创新效应还与中小企业的吸收能力息息相关，只有具备一定吸收能力的中小企业才能将从“技术守门人”那里获取的知识消化吸收并有效转化为创新。根据“企业吸收能力”论的观点，企业更容易吸收与自身已有知识基础较接近的知识。一般来说，集群内“技术守门人”与中小企业之间的知识相似性使得知识更易扩散，从而提升企业以及集群整体的创新绩效；但企业之间过度相似的知识也会因为缺乏新知识可供吸收利用而不利于企业创新。基于此，有学者（杨菊萍、贾生华，2009）提出集群内知识扩散的创新效应模式应根据中小企业的吸收能力的强弱而进行差异化选择，对于吸收能力较弱的中小企业应该选择基于与“技术守门人”非正式交流获取溢出知识的模仿式渐进创新模式，而对于吸收能力强的中小企业应该选择基于与

① 根据 Fallah 和 Ibrahim（2004）观点，知识溢出的无意识传播即为知识扩散，知识交流有意识地发生于人或组织间则是知识转移。

“技术守门人”正式协作的创新促进模式,这一观点得到相关实证研究的佐证。

以上对“技术守门人”与中小企业之间的交互作用模式分析表明,集群内企业之间的地理邻近为外溢知识的扩散提供了便利,但并不一定就能获取“技术守门人”的外溢知识,中小企业与“技术守门人”之间的非正式或正式的交互作用是获取外溢知识的必要条件。可见,集群内的知识扩散并不是像“LKS”论所强调的那样,弥漫在集群区内的每个角落,每个成员都能自由获取;外溢知识的扩散并不一定促进企业及集群创新,外溢知识扩散的创新效应还与中小企业的吸收能力相关,吸收能力较弱的中小企业适宜通过非正式交流方式获取“技术守门人”的外溢知识并进而实现模仿创新,吸收能力较强的中小企业适宜通过正式的协作方式获取“技术守门人”的外溢知识并进而促进合作创新。可见,集群内知识溢出扩散的创新效应是以“技术守门人”与中小企业间的交互作用以及中小企业的吸收能力为前提条件的。由此我们可得出两个基本结论:其一,地理邻近不是集群内知识扩散进而促进创新的充分必要条件;其二,集群内“技术守门人”与中小企业之间的交互作用及中小企业的吸收能力(与认知维度或组织维度相关)是打开集群内知识扩散的创新促进效应“黑箱”的有效分析工具。

4.3　本章小结

基于 LKS 视角的相关研究认为,知识溢出具有明显的本地局域特征,地理邻近是获取外溢知识进而促进创新的充分与必要条件。对外溢知识传播途径的研究凸显了以上观点所依据的理论假设本身的明显缺陷,并认为必须从交互作用与吸收能力视角来重新审视 LKS 视角下的地理邻近创新效应观点,由此打开外溢知识扩散途径的“黑箱”。

“企业吸收能力”论认为,知识溢出方与接受方之间的知识基础的相似性(认知维度因素)是获取外溢知识的必要条件,因此,并不是所有企业都能获取外溢知识,只有达到关键的 R&D 门槛并拥有与外溢知识源技术邻近的知识基础的企业才能从外溢知识中获益。但无论是 Cohen 和 Levinthal 还是后续深化研究者都未提及过外溢知识获取过程中的地理因素。由此我们可引申出两个基本结论:地理邻近不是获取外溢知识的充分与必要条件;“企业吸收能力”与交互作用视角是打开外溢知识扩散途径的有效分析工具。

对集群吸收能力、外溢知识扩散与集群创新的相关研究的梳理与分析表明，地理邻近不是“技术守门人”获取外溢知识的充分或必要条件。集群内企业之间的地理邻近为外溢知识的扩散提供了便利，但并不一定就能获取“技术守门人”的外溢知识，中小企业与“技术守门人”之间的非正式或正式的交互作用是获取外溢知识的必要条件；外溢知识的扩散并不一定促进企业及集群创新，外溢知识扩散的创新效应还与中小企业的吸收能力相关，只有当外溢知识的扩散路径与中小企业的吸收能力相匹配时方能促进创新。可见，集群内知识溢出扩散的创新效应是以“技术守门人”与中小企业间的交互作用以及中小企业的吸收能力为前提条件的。由此我们可得出两个基本结论：地理邻近不是集群获取外溢知识以及集群内知识扩散进而促进创新的充分必要条件；集群内“技术守门人”与中小企业之间的交互作用及中小企业的吸收能力（与认知维度或组织维度相关）是打开集群内知识扩散的创新促进效应“黑箱”的有效分析工具。

因此，LKS视角下的相关研究的文献回顾与审视的结果引申出以下结论：单一的（永久性）地理邻近分析视角具有明显的局限性，地理邻近因素必须加入认知维度因素或组织维度因素，方能充分解释集群创新中的相关行为主体间的交互作用特征与机理；在当代信息通信技术迅猛发展而引致的高流动性背景下，地理邻近有它的临时性维度——“临时性地理邻近”，临时性地理邻近有时能以更灵活的方式作用于集群创新过程中。

第5章　地理邻近与集群创新：ICT背景下的新思量

5.1　ICT背景下的“临时性地理邻近”的提出

5.1.1　集群创新中的单一永久性地理邻近分析视角的局限性

LKS视角下的地理邻近是指众多企业集聚于某一特定区域内彼此间位置邻近，即“永久性地理邻近”(Permanent Geographic Proximity)。地理位置越接近，行为主体间频繁的面对面交流及信任关系的形成越容易，进而有利于知识尤其是隐性知识的溢出与扩散(Maryline Filippi, Andre Torre, 2003)。隐性知识的扩散有助于构建企业间共同的背景知识平台，有效降低协调成本，从而促使交互学习和技术创新。而对于显性知识来说，虽然可远距离地传递，但是要更好地吸收应用需要隐性知识作为基础。Howells指出，“编码知识的理解和吸收也需要一定的隐性知识，因此也要求有空间上的邻近”(Howells, 2002)，尤其是专业性比较强的知识，非本专业方面的个体成员通常很难理解，因而要花费更多的时间成本。基于此，面对面是一种更有效的交流方式，它能使得外溢知识尤其是隐性知识能更好更快地被吸收利用，进而有利于创新，这就是LKS视角下的地理邻近创新效应论的基本逻辑。此外，LKS论还认为，众多企业的空间集聚使企业能受益于丰富的专用人力资本资源，并且以这些人力资源为载体，许多企业能建立起横向和纵向的联系，使得学习和创新变得更容易发生(刘杨根，2008)。这就是为什么已经位居于某一特定区域的企业不愿意再轻易迁离，“地理上的邻近有助于企业在创新网络体系中获得正外部性”(Saxenian, 1994)。

然而，随着信息通信技术(ICT)的迅猛发展，以前基于地理空间距离的企业间合作的主要问题(如会谈交流、知识传递)被ICT逐渐破解(李福刚、王学军，2007)。ICT的发展和应用使得知识的远程可交流性和可编码程度提高，这样就构成了虚拟世界的邻近，这能在一定程度上替代物理空间中的邻近。视频会议等通信手段能把地理位置相距遥远的企业紧密地联系起来,合作企业也可以通过电话、传真等远程通信技术有效地安排灵活的会谈日程,进而实现频繁的短暂性的面对面交流。而另一方面,原本需要面对面才能实现隐性知识的交流,由于可编码程度的增加,使得部分隐性知识较易显性化,进而可以实现远距离的传递,因而对传统意义上的永久性地理邻近的依赖性减弱。随着对地理邻近研究的深入,一些学者开始质疑基于“LKS”视角的地理邻近效应,永久性地理邻近的局限性逐渐被发现和证实。

LKS 视角下的永久性地理邻近强调同一区域内企业可以获取本地知识溢出效应,从而促进集群合作创新。但是知识溢出的扩散机制却被视为“黑箱”,这一点是永久性地理邻近创新促进论最明显的局限。它未能结合企业的知识吸收能力具体地分析本地知识在企业间的扩散途径,也没有明确阐析知识溢出效应对集群内企业合作创新的影响机制。而事实上,在ICT 快速发展的今天,企业区位选择考虑更多、更复杂的因素(如交通、信息、政策、市场容量、产业配套等),很多企业并不需依赖于简单的地理位置上的彼此邻近,而这并没有明显地影响到这些企业的创新绩效和知识吸收能力。因此,单一的、永久性的地理邻近分析理论对现实状况的解释越来越乏力。

同时,为了获取本地知识溢出效应,永久性地理邻近要求众多企业在空间上的集聚,而企业的集聚程度过高会对集群创新带来一些负效应,LKS 视角下的地理邻近创新促进论往往忽略了这一点。

由于集群内众多企业集聚在同一区域,管理这些企业很有难度,而一旦产业集群处在一个缺乏制度规则、管理混乱、缺少标准化的阶段,并且处于市场自然发育或政府行政性促进的时期,整个集群往往因很难形成规模而过早地夭折。浙江永康保温杯企业集群的失败,就是盲目追求集聚而缺乏规则和标准化所造成的结果。这种地理邻近的负效应主要产生在产业集群诞生阶段,而永久性地理邻近的局限更易出现在产业集群的成熟期和衰退期。

在产业集群成熟期,过强的永久性地理邻近、企业集聚程度过高在很多方面影响和制约集群创新,具体表现在:

(1) 市场重叠影响集群企业合作创新积极性。过多企业集聚在相同的区域,所面临的市场区无可避免地会重叠,并且有着大致相同的辐射范围。市场的拓展进度难以跟上集群生产规模的增加,而产业集群可持续竞争优势发挥的前提就是要有足够的市场空间。如果市场需求不增加,但同时同类产品却大量生产,就必然导致集群企业间的恶性竞争,企业为了求得生存而选择不遵守行业和市场规则,低端模仿甚至剽窃研发成果,严重影响集群合作创新的积极性和成果收益,无序竞争引发同行业企业竞相大幅降价、以次充好,短期内会出现劣币驱逐良币现象,激烈的价格竞争使企业无力在技术开发上投入足够的精力,这严重影响集群整体的研发能力,损害所有企业的长远利益乃至阻碍整个产业集群的健康发展。

(2) 资产专用性降低合作创新的效率。在产业集群内,由于永久性地理邻近的原因,各企业逐渐趋向于沿着产业价值链的纵向进行专业分工,这就使得各个环节前后衔接和依赖程度较高(黄建康,2004)。从博弈论的角度分析,这无疑增加了企业间自由合作创新的难度,前后相互依赖程度较高的企业更容易形成合作创新关系,但由于缺乏全新知识和理念的植入,这并不是最有效率的合作创新。因此,在集群内部,尽管通过增加企业资产的专用性可以在一定程度上巩固企业间的合作关系,但是它会催生集群内企业依附于产业价值链的"行径依赖",直接影响合作创新的效率。另外,集群企业拥有的专用性资产越多,对环境的应变能力就越弱。当产业集群价值链上某一环节出现问题时,就有可能产生"多米诺骨牌效应"而威胁到整个产业集群的生存。

(3) 知识溢出滋生集群合作创新惰性。地理邻近产生的知识和技术溢出效应在促使产业集群获得外部经济性的同时,也滋生着集群内部的创新惰性。知识溢出使集群内企业面临两难困境:一方面知识溢出不仅决定了集群的规模,而且影响集群组织内企业的生产函数;另一方面知识溢出在高强度的地理邻近条件下就会导致"搭便车行为",造成集群整体上知识开发和创新的停滞,导致集群内部产品的雷同和恶性竞争的发生。产业集群技术创新惰性的滋生,不仅大大削弱了企业的合作创新活力,而且严重削弱了产业集群应对外部环境变化的能力。

(4) 公共资源不足增加合作创新成本。众多企业的高度集聚自然会引起该区域公共资源供给不足,土地资源快速消耗从而导致地价房租上涨;道路建设不足和交通拥挤增加企业合作交流成本以及货物的运输成本;生活用水紧缺以及污水处理难度加大,自然环境遭到不可修复的破坏,等等(Andre Torre 和 Alain Ralletb, 2005)。这些公共资源的过度消耗和供给不足很大程度上限制了企业规模扩大,难以发挥规模效应降低成本,企业合作创新成本的上升减弱了产品研发创新的利润实现能力,不利于引导企业广泛参与合作创新,影响集群的创新能力。

而在产业集群衰退期,永久性地理邻近的局限性集中表现为本地联系的“锁定效应”，即如果一个区域内各主体变得过分的邻近，那么其知识存量趋同一致，学习能力减弱，对外部知识的吸收能力降低，进而阻碍创新的产生。正如 Malmberg 和 Maskell 所言，“过于地理邻近和本地化程度过高会导致区域锁定状况，即本地结构狭隘地嵌入于特定类型的经济活动，从而无法转换和升级至新的发展轨道”（Malmberg 和 Maskell，1997）。集群内各行为主体应该和外界环境建立系统的信息联系，保证外部的重要市场核心技术信息能顺畅地流入该环境中，否则就会出现信息淤塞危险。但是，当相同文化背景下的集群企业习惯于信任的网络化交易后，就会形成本地联系锁定和一定的路径依赖，即形成太靠近的、太排外的、太僵化的本地联系，渐渐地不想或不敢与集群外企业进行交易活动，使产业集群逐渐出现衰退效应。众多高度专业化的企业集聚，它们间的联系合作形成一个网络系统，在从中享受本地知识溢出效应的同时，这个网络也容易逐步变成紧密的和刚性的。这个网络对外界而言几乎是封闭的，或者说对外界新知识的接受度和应变能力很低。如果地理邻近过强，网络内部的成员主体共享的背景知识往往高度隐性化，形成对外部很强的排他性，这很不利于该网络与外界的交流和学习（Boschma，2005）。

因此，正是永久性地理邻近的这些局限存在，并且在 ICT 快速发展过程中愈发显现，以 LKS 为基础的集聚经济最终可能会被逐渐侵蚀，而“非集群内部企业也许对新的发展状况能保持更好的适应性，因为它们不会被区域锁定效应所羁绊”（Pouder 和 Stjohn，1996）。

5.1.2 ICT 背景下的“临时性地理邻近”的提出

由于 ICT 快速发展和广泛应用于企业间合作，地理位置对企业影响作用逐渐减少。事实上，在现代交通和通信技术的推动下，人们感觉整个世界的距离都被不断缩小。相反，永久性地理邻近的局限不断凸显，于是就有学者质疑地理邻近性存在的必要性，他们认为距离对于知识的获取和传递已不是主要的影响因素，ICT 的应用同样能实现 LKS（Cairncross 和 Frances，1997），更有学者甚至提出“地理死亡论”（O'Brien，1992）。当西方学界为地理邻近在合作创新中的作用争论不休时，法国多维邻近动力学派（French School of Proximity Dynamics）提出了全新的观点，一种基于 ICT 的地理邻近的全新概念，即“临时性地理邻近”（Temporary Geographical Proximity，简称 TGP），以别于传统视角下的永久性地理邻近。

临时性地理邻近并不需要企业选址上的区域聚拢，因此不会产生过度集聚的负效应。临时性地理邻近以个体频繁出差的方式来满足合作创新过程中面对面交流的需要，暂时性是其重要特点之一。这种地理上的邻近是由人员流动而产生，随时间不同而变化的。根据“临时性地理邻近”论观点，企业可以通过互派人员以参加贸易展览、共同研发、举行会谈等多种方式来满足知识溢出效应的获取过程以及企业合作创新过程中面对面交流的需要，因此，地理位置在空间上的邻近不会成为合作伙伴选择的首要条件，也不一定是合作创新的伙伴之间面对面交流的必要条件（Andre Torre，2009）。

当企业放弃永久性地理邻近而选择远距离合作创新时，ICT 有助于临时地理邻近在解决远距离协调问题中发挥作用。ICT 的迅猛发展在很大程度上减弱了合作创新过程中面对面交流对永久性地理邻近的依赖，但却强化了对临时性地理邻近的需要。ICT 通过增强个体的流动性来实现临时性地理邻近在远距离合作创新中的作用效应。根据 Aguilera 等（2008）的观点，ICT 应区分为两大类，即传统通信技术（电话、邮寄、传真）和新型技术（电子邮件、视频会议、计算机支持的协同工作工具）。在地理上遥远的合作伙伴之间，个体流动性和信息通信技术使用之间存在一个替代效应。当从一个地点前往另一个地点成本较低时，企业普遍选择个体流动的协调模式，面对面交流过程中也会使用大量传统的信息通信技术，新型技术的使用相对较少。但是当成本过高时，就会使用新型技术来替代个体流动。因此，并不是信息通信技术的使用减少了流动性，而是由于距离产生的成本的原因，信息通信技术可以用来结合流动性使用，但并没有降低流动性的频率。相反，由于信息通信技术的使用，联系更加便捷，方便做出更多关于合作的调整，反而增加了个体流动性。与此同时，全球定位系统和可移动的计算机终端给导航提供了便利，从而这些技术的应用也提高了个体流动的效率（李琳、梁瑞，2011）。

流动性的提高增加了面对面交流的频率，从而更频繁地实现了临时性地理邻近。此外，信息通信技术支持的流动性使得个人即使处于流动过程中也对临时性地理邻近产生积极影响。第一，信息通信技术将停工时间转变为潜在的生产时间。在临时性地理邻近的背景下，会议是全球性的，出差是实现这一目的的方法之一。信息通信技术支持的流动性使得出差过程中仍然可以传递文件、交流信息，甚至做出决策。这意味着出差已经不是非生产时间了，在此期间价值完全可以被创造。第二，信息通信技术创建了共同存在的远程连接形式。永久连接、无处不在和个性化的终端产生了一定程度的相互依存，虽然这种依存的内容的丰富程度远远小于物理上的依存，但是它与物理上的依存有一种共同特征：沟通可以反复进行（李琳、梁瑞,2011)。

5.2 集群创新中的永久性地理邻近与临时性地理邻近

5.2.1 集群企业合作创新类型与特征

国外学者对于在不同主体之间进行的联合创新行为所给出的定义不尽相同,除合作创新(Cooperation Innovation)外,还有技术联盟(Technical Alliance)、研究合伙(Research Partnership)、研发合作(R&D Cooperation)、合作研发(Cooperation R&D)、研发联盟(R&D Consortia)等。而国内学者对合作创新这一术语的翻译也有所不同,如协作创新、协同创新、联合创新、组合创新等。但是无论怎样定义联合创新概念,它们的本质都是基于分工的一系列创新活动,本书将其定义为合作创新。

5.2.1.1 集群企业合作创新类型

1. 合作创新的概念及类型

对于合作创新概念的界定,国内外学者有不同的说法。

Fusfeld 和 Haklisch(1985)提出,合作创新是企业为了共同的研究开发目标投入各自的优势资源而形成的合作契约安排,它是创新活动的一种组织形式。这种合作形式是获取市场前景不确定、难以转移并且具有特定用途的资源所必需的组织工具。Fritsch, Michael 和 Lucas(2001)认为在创新过程中某一阶段存在着其他创新行为主体的参与,就可认为是合作创新。

我国学者傅家骥(1998)认为,合作创新是企业之间或企业、大学和科研机构之间的一种联合创新行为。合作创新通常以资源共享或优势互补为前提,以合作伙伴的共同利益为基础,在创新的过程中合作各方共同投入、共同运作、共担风险、共享收益。合作创新具有明确的合作规则、目标和期限。合作创新一般集中在高新技术产业中,以合作为主要形式进行研究开发。他认为,模仿创新的缺点是模仿具有被动性,影响创新效果。自主创新的缺点是存在高投入、高风险、创新周期长、知识产权可能存在争议等问题。另外,由于我国有 95% 的企业是中小型企业,面临着人才缺乏和技术创新能力薄弱的现状,因此合作创新是解决该问题的重要手段。合作创新不仅有利于在不同的合作主体之间实现优势互补和资源共享,还有利于缩短创新周期,更有利于企业分摊创新成本、分担创新风险。因此合作创新是企业提升竞争力,适应世界经济区域一体化趋势的战略选择。

郭晓川(1998)指出合作创新是指多个企业,经常还包括部分科研机构和大学所形成的技术合作契约关系,由多个企业共同投入资源参与到一个创新过程中,针对共同的创新成果再进行后续的差异化创新,它是一种反复交易的行为。罗炜(2002)指出合作创新有广义与狭义两种。广义的合作创新,是指企业之间或企业、研究机构与大学之间的联合创新行为,在形成新构思、开发新产品以及产品商业化等某阶段的合作,都可看作合作创新。狭义的合作创新,是指一种基于创新的以合作研究开发为主的技术合作契约关系,是企业、研究机构与大学之间,为了共同的研究开发目标,投入各自的优势资源而形成的合作契约安排。

苏敬勤、王延章(2002)认为,合作创新是合作技术创新的各个要素主体,以提高企业能力为标志,以各种合作方式为手段,以各个参与方的效用函数取得一致或各个参与方的效用函数的主要分量取得一致为目标的一种创新活动。许庆瑞(2002)对于创新管理的研究有所突破,详细阐述了全面创新管理的内涵和如何培育企业的核心能力,指出组合创新理论,是以增加价值为目标,以提高企业竞争力为导向,以战略、管理、组织、制度、文化、市场等各种创新组合与协同或合作创新为手段,通过有效的创新管理方法与机制,在世界范围内整合创新资源,从而提高产品附加值,增强企业持续的核心竞争力。他的研究成果在很多著名企业,如中集集团、宝钢集团、海尔、惠普等得到运用。

借鉴以上研究成果,本书将合作创新定义为:合作创新是两个或两个以上主体之间,以追求共同利益为根本,以互相信任为纽带,以资源共享、风险共担为前提,为共同进行联合开发而形成的一种契约关系。参与合作创新的主体一般包括企业、研究机构、高等院校和政府等,由于这些主体的合作动机和自身特点各不相同,因而合作创新的类型也多种多样。

国内外许多学者从不同的角度对合作创新的类型进行了研究。

国外学者 Porter、Fuller(1986)根据合作的紧密程度将合作创新分为股权型和非股权型,前者如研发合资企业、创业投资公司等,后者有技术授权、交叉许可等形式。Mody(1992)依据生产循环的不同阶段,将合作创新分为三类:竞争前期型合作创新,主要是联合开展基础研究和共性技术研究;产品开发型合作创新,主要着眼于开发新产品;标准制定型合作创新,共同合作建立产品的统一标准。Chan,Hride(1993)根据企业合作伙伴的不同,将合作创新联盟分为五种类型,即用户联盟、供应商联盟、竞争者联盟、互补型联盟、促进型联盟。Vinod(1995)则将合作创新区分为同业之间的水平型合作创新和上下游企业之间的垂直型合作创新,该分类进一步延伸到同业及上下游企业结成的混合型合作创新。

国内学者罗炜根据合作创新参与主体的不同将合作创新分为企业间合作创新、企业—大学合作创新和企业—研究机构合作创新。郑逢波(2006)认为大学和研究机构在组织特征和社会功能方面具有相似性，于是将它们归为一类，以大学作为代表，同时考虑到各国政府也经常作为活动主体参与企业间的合作创新，从而进一步细分出政府参与型合作创新。由此，他以技术开发和技术转让作为研究对象，将合作创新分为企业间合作创新、企业—大学合作创新以及政府参与型合作创新，其中企业间合作创新又细分为优势加强型、优势互补型和学习型三种类型，而企业—大学合作创新很明显是优势互补型的。

由于研究的视角的不同，国内外学者对合作创新类型的观点不一。本书的主要研究对象是集群企业合作创新，对于集群而言，活动的经济主体主要包括企业、高等院校和研究机构、金融机构和地方政府等主体。因此本书结合合作创新的参与主体和同行业内外合作创新类型的分类方法，将合作创新类型分为横向合作创新、纵向合作创新和产学研合作创新。

2. 集群企业合作创新类型

集群内存在功能和地位不同的市场角色，即生产商(中心企业)、供应商、研究机构等。这些企业或机构互相之间建立各种垂直和水平的合作关系。大体来讲，主要包括以下三种类型的合作创新：

(1) 横向合作创新。横向合作关系是指集群内生产相同或者类似产品的企业之间的关系。横向合作关系表现为两个层次：合作和集体行动。初级的横向合作仅表现为相互借用工具，主要发生在两个或几个企业之间；高级的合作关系是集体行动，表现为企业之间具有共同目标，而且形成一个团体或组织来实现企业的集体目标，这时所有生产商加入到这个组织中。在初级的合作中，企业是通过观察、聊天以及劳动力在企业之间的转移等途径来学习其他企业的创新思想的；在高级的合作中，企业主动联合在一起，共同探索创新趋势，研究整个市场需求变化的应对策略，形成联合行动。在集群中，生产同类产品的企业既有竞争又有合作，在集群的初级阶段，竞争和合作的关系往往是以竞争为目的，合作为手段。但随着初级合作水平上升到高级合作水平，企业竞争的目标发生改变，视野从集群内的竞争转移到外部竞争，而且正是这种竞争关系，促进了创新活动的展开。

从产品生产过程角度看，波特(Porter, 1988)认为集群中企业之间的激烈竞争为企业的创新和产品差异化提供了强大的激励。而且，竞争还能带来组织模式的创新，竞争保持了集群组织系统的丰富性，为新的组织提供更具有多样性的模仿对象。水平竞争关系在集群形成的初期很重要。这时生产企业之间不一定有很密切的联系,更没有密集的投入产出关系,它们的共存仍然给彼此带来好处。由于这些企业共存于同一个区域内,生产条件基本相同,企业非常熟悉竞争对手产品的特征,了解它们的产品质量和要素构成。这就使企业能有效地进行相互比较,有利于企业学习对方好的经营方式,于是一种好的生产管理方式可以在集群内迅速地扩散开来。在集群内,企业根据系统的观察和对竞争企业相关信息的比较,刺激企业对产品进行差异化,这种刺激是技术学习过程的基础。这种创新活动的先决条件使企业活动存在一定程度的重叠,而且它们了解其他企业的成本和生产条件,即它们必须分享同样的知识基础,也就是 Lundvall 和 Gertler(1993)所说的集群内的水平联系能够极大地获得地理邻近和文化(制度)邻近带来的好处。即使缺少联系,企业也会了解到竞争者的情况,而且理解它们的行为,因为它们是在同一个规则下经营。

(2) 纵向合作创新。在纵向合作中,企业提供的产品是互补的,它们通过由供应商、服务商以及顾客关系形成的网络纵向联系对集群的持续发展很重要。一旦集群企业从事的产业确定,该集群内的企业就会产生对专业服务和投入品(如资源和机械设备)的需要,吸引专业化的供应商靠近这些企业。因为这些企业已经形成了重要的市场,从而使供应商获得规模经济,产品的分销成本大大降低(Krugman, 2000)。集群内产生了对专业劳动力的大量需求,增加了对这些劳动力的吸引力,而这些专业劳动力反过来又吸引新的企业进入该产业。随着集群内产业逐渐形成竞争能力,会向下吸引顾客到集群内采购商品,以产品制造为基础的纵向联系就形成了。

大量文献研究说明复杂的创新过程很大程度上依赖供应商、生产者、使用者的相互作用以及相关的学习过程。因此,创新可以看成是一系列社会关系和行动的结果,而不是个人努力的结果,经济行为根植于一定的社会关系结构中。企业不是独立的个体,而是在一定社会环境中相互联系的。生产商与供应商、顾客及所处环境的制度之间也是相通的,其关系在不断地进行调整。许多生产商与其重要的供应商和客户之间建立了长期紧密的联系,这种联系建立在反复的交往和信任基础上。尽管根植性本身并不是纯粹的空间现象,但是其形成基础一定是企业之间的地理邻近。

(3) 产学研合作创新。在产业集群中,大学和科研机构是合作创新网络中的一个重要节点,是产业集群中重要的创新源。高校和科研机构的人员素质高,具有较强的科研能力,因此一直是中小企业合作创新的最佳伙伴。这种合作创新由集群内中小企业联合出资并提出创新要求,高校和科研机构依靠自身优势进行创新(骆建栋,2009)。产学研合作一般有四种方式:① 大学和科研机构提供技术成果转让给企业,企业将其市场化和产业化;② 以企业为主体,根据市场需求,委托或联合大学开发进行合作,并将其推向市场;③ 大学和科研机构教育和培训出科学家、工程师和技术人员等脑力劳动者,这些脑力劳动者在集群内的技术创新和本地的劳动力市场的集聚与发展中发挥作用;④ 以具有较强科研实力的大学为依托,建立大学科技园,将大学的综合智力资源优势与其他社会优势资源相结合,从而促进高校科技成果转化。一般来说,高校和科研机构都是处在技术探索的前沿,因此可为企业创新提供理论和技术上强有力的支持,辐射和带动集群产业的发展。

5.2.1.2 集群企业合作创新特征

集群内企业合作创新主要有如下基本特征:

(1) 合作创新是不同主体之间进行的联合创新行为。合作创新是以企业为主体,联合其他企业、科研机构或高等院校进行的。由于合作创新的各成员主体是相互独立的,其行为是基于自身利益最大化前提下自愿选择的行为,任何一种强制性的规则,由于违背了某个主体的利益目标,因而常常会遭到其反对。委托—代理理论认为,个体总是追求自身效用的最大化,而制度安排强调在满足个体理性的基础上,实现集体效用的最大化。因此要实现合作创新,必须要有建立激励机制的契约,从而使得合作创新的各成员主体自动选择对创新目标最优的行为,这时的契约称为有效的合作性契约。需要强调的是,合作创新所取得的成果,必须通过企业的生产系统,才能转化为各方都能获得的利益。而科研机构与高等院校间的合作研发,不能称为合作创新,只能称为科技成果。因此,这里指的合作创新必须有企业的参与(王慧军,2010)。

(2) 合作创新的动机是共同获得利益。合作创新主体间联合共同开发的目的就是共同获得利益。一项成功的合作创新所带来的利益,既包括显性的可度量的利益,也包括隐性的不可度量的利益。显性的利益,是指通过合作创新给各个主体带来经济的增长,如销售收入、利润增长等;隐性的利益,是指合作创新所形成的专利、知识产权等知识成果。共同获得利益是创新主体合作的根本,而利益如何分配则是合作创新取得成功的关键。毕竟参与合作研发创新比较有风险,各成员主体自然都要求有高收益、高利润。有关研究也表明,如果技术创新有20%左右的成功率,那么创新一旦取得成功,不仅能回收投入的全部成本,而且能取得较高的利润回报。这是因为,技术创新成功所获得的新技术、新成果,使企业拥有技术上的优势,形成技术垄断。这种技术优势或技术垄断,经过商业化的生产环节,实现了市场应用,同时伴随而来的便是高额的垄断收入。合作创新的最终目标是共同获得高额收益,这也是合作创新能够开展的根本驱动力。

(3) 合作创新的前提是资源共享或优势互补。合作创新活动是在一定的资源下进行的,创新资源包括有形资源(如资金、设备、人才等)和无形资源(如信息、专利和专有技术等),而在知识经济时代,知识、技术和创新成为产业集群发展的重要条件和创新要素。随着知识更新速度的加快。资源的稀缺性和高成本性,使得企业难以独自承担重大创新活动。相比之下,在产业集群中,通过合作创新,可实现技术创新资源共享和优势互补,使新开发的技术成果超越依靠自身力量能够达到的水平。

(4) 合作创新存在不确定性,必须共担风险。技术创新具有高成本、高风险的特点,而且知识的快速更新、技术的迅速发展,使产品的生命周期不断缩短,单个主体独立进行创新开发的风险也逐步加大。合作创新虽然比单个主体创新存在很多优势,但是同样存在创新的不确定性。所谓不确定性,是指企业对于未来的经济状况(尤其是收益和损失)的分布范围和状态不能确知。由于合作创新往往涉及多个主体,企业很难对创新活动持续的时间、创新的发展趋势做出准确的预测,也无法预知创新的最终结果。所以,不确定性存在于合作创新的每项决策、每个环节之中,也就是说,合作创新的技术方案、市场前景、收益分配和环境等,都存在众多的不确定性。所以合作伙伴之间必须相互信任,共同分担研发的风险,只有这样,才能保障合作创新的顺利进行,加快技术研究与产品的市场化进程,从而达到共同获得利益的目标。

从本质上讲,集群创新过程就是相关行为主体之间的交互作用过程,是企业与企业间或企业与大学、研究机构之间的协同合作创新过程。有学者从博弈的角度说明企业结成技术联盟是有利于创新的(潘志忠、高闯,2006),而企业对于各自利益最大化的追求也必将促进合作的形成与发展,集群内企业更倾向于加大研发投入,增强知识产权保护意识,将合作双方的相关信息内部透明化,以推动合作来最大化自身收益。同时,企业间良性的合作关系将减少磨合成本,从而形成一种好的合作机制,给合作双方带来正外部效应,并为合作创新的持续发展提供有效的动力机制。促进集群企业间合作创新关系良性循环,使企业在利益分配中占据更有利的地位。尤其是产业集群内的中小企业,研发能力和技术水平较弱,更有合作的要求和可能。多个拥有分散知识的企业相互合作,专业知识领域的分工能提高创新效率。

从集群合作创新的特征分析中，我们不难看出集群内企业合作创新与集群外企业相比有其明显的优势。主要表现为：

（1）产业集群增加了产业链体系（企业）的创新能力。集群是培育企业学习与创新能力的温床。集群能够为企业提供一种良好的创新氛围。在产业集群中，企业彼此接近，由于存在着竞争的隐形压力，迫使企业不断进行技术创新和组织管理创新，以适应迅速变化的市场需要。同时企业间密切合作，通过实地参观访问和经常性的面对面交流，一家企业的知识创新很容易外溢到区内的其他企业，有利于各种新思想、新观念、新技术和新知识的传播。由此形成知识的溢出效应，增强企业的研究和创新能力；集群发展与知识技术扩散之间存在着相互促进的自增强关系。产业集群由于地理邻近性和共同的产业文化背景，容易将外部新的人员、技术、公司机构吸引到集群中，从而引发知识技能的聚集过程。知识技能的聚集作用将引发新一轮更大规模的知识技能的扩散过程。知识技能在产业集群中的聚集和扩散作用的循环进行，不仅将进一步提升产业集群的创新优势，而且还有助于产业集群的创新优势的可持续发展；集群可以降低企业的创新成本。由于相互关联的企业及其支撑企业、相应辅助机构有规律地聚集在一起，形成一种柔性生产综合体，长期发展起来的集群模式不仅可以加强显性知识的传播与扩散，而且更重要的是可以加强隐性知识的传播与扩散，并通过隐性知识的快速流动进一步促进显性知识的流动与扩散。这使集群区域化生产体系减少了动态不确定性因素，增加了企业决策的可靠性和前瞻性，使集群内专业化小企业学习新技术变得容易和低成本（李新安，2007）。

（2）产业集群促进中间性组织模式发挥持续创新优势。类似于竞争活力与规模经济之间的“马歇尔冲突”，有人也将技术创新活力与创新规模经济性之间的矛盾称为“熊彼特冲突”，中小企业由于体制的灵活以及竞争的压力往往具备较强的创新意识，而且由于不存在太高的技术转换成本使反应更加迅速，因而具有明显的行为优势，但脆弱的经济技术基础使中小企业的技术创新难以实现。相反大企业具备较充足的创新资源，具有技术创新的资源优势能获得较高的技术创新规模经济效益，但垄断地位和企业层级组织的刚性会阻碍创新的涌现，创新活力不足。大量的事实证明，如果在一定的环境下那些相互关联的中小企业能够形成空间集群，实现集群式创新，既不会损失单个独立的中小企业所具备的创新行为优势，又可以获得大企业才拥有的创新资源优势，从而达到创新活力和创新规模经济的有机结合。而大企业置身于激烈的市场竞争空间，既保证了大企业的资源优势，又获得了小企业才具备的行为优势，形成一种中间性体制组织。这种组织既可以克服由于单个企业规模扩张而产生的企业内部组织成本过大、市场反应刚性等问题，又可以降低纯市场机制缺陷引起的市场交易费用，使得企业资源的配置趋于合理。

（3）产业集群有利于形成创新优势的"区位品牌"。区位品牌是众多企业品牌精华的浓缩和提炼，由企业共同的生产区位产生的无形资产，具有更广泛、持续的品牌效应。集群合作创新促进了本地区的学习能力和创新能力，构成了区域的核心竞争力，使政府更愿意投资于相关的培训、检测和鉴定等公用设施。随着集群所依托的产业和产品不断走向区外，自然就形成了一种全国甚至世界性的区域品牌。如法国的香水、意大利的时装、瑞士的手表、温州的皮鞋等。而单个企业要建立自己的品牌，需要庞大的资金投入。然而企业通过集群内企业的整体力量，利用群体效应，更易形成共享的"区位品牌"，从而大大增强群内企业的比较竞争优势，使每个企业都受益。

5.2.2　集群企业合作创新阶段划分

在产业集群内，同类企业的横向合作、上下游企业的纵向合作以及产学研合作创新都极大地提升了集群整体的技术创新能力。而一个具体的企业合作创新项目的大致流程是：从察觉潜在市场需求到寻求合作伙伴进行具体研发，到最后研制出新产品并投放市场。以实质研发作为中心点，整个合作创新过程按照研发前期、研发阶段和研发后期分为三个不同阶段、八个具体环节（刘荣，2010）。三个阶段包括合作伙伴选择阶段、资源投入和创造阶段和成果分享阶段；八个环节包括理念形成、搜寻选择、达成协议、开发探索、试验研究、应用测试、生产销售和售后反馈等环节（见图 5-1）。

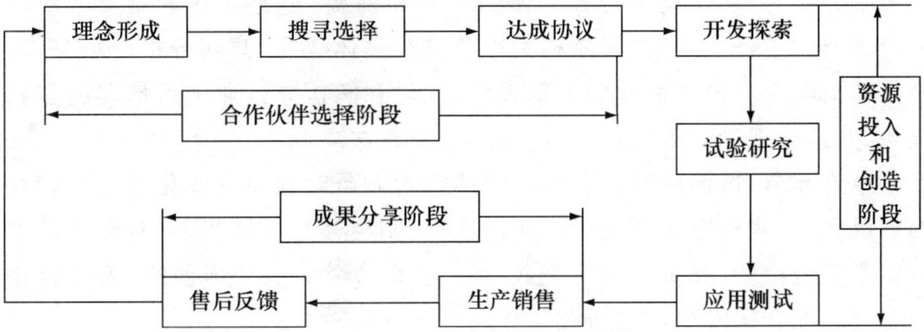

图 5-1　合作创新的阶段划分

5.2.2.1 合作伙伴选择阶段

在这一阶段,主要完成研发前期准备工作,合作创新不同于简单的技术转让,它是关于未来在技术上和市场上能否成功实现仍存在不确定性的技术成果的事前市场交易,所以合作的前期准备工作显得尤为重要。

第一环节:创新理念形成。合作创新的起点多数源于新的技术和理念。而创新理念又是来自市场需求、技术发展或是两者的结合。企业察觉到市场的潜在需求动向,进一步做出技术和市场评估,对筛选出的创新设想进行技术、市场、经济、组织管理等方面的调研,在调研的基础上做出立项决策,确定继续研究开发的项目。

第二环节:搜寻选择合作伙伴。出于对技术外部性的考虑,企业要搜寻在技术上互补或者比自己更成熟的企业作为合作对象。而企业对潜在合作伙伴(包括企业、大学、研究机构)的能力往往并不了解,因此需要花费大量的时间、精力进行搜寻,并与它们进行交流、沟通。结合合作项目的性质和特点以及各个备选合作伙伴本身的特点,从中挑选出最合适的合作伙伴。

第三环节:达成合作协议。达成合作协议是合作创新的实际起点,在确定合适合作对象后,经过接洽双方就合作的细节进行谈判和敲定,进行有关具体合作形式、内容等方面的会谈,确定合作框架,包括管理权责制度、财务控制明细规则、产权分配方案等,最后达成合作协议,以确保企业实质性的研发合作顺畅进行。

5.2.2.2 资源投入和创造阶段

这一阶段是企业合作创新的核心时期,一般来说企业合作研发可以分为三个具体的实施环节。

第四环节:开发探索。由于合作各方拥有的市场信息和掌握的产品技术上不完全对等,这既是各方合作的基础和前提,也是合作的难点。所以在合作研发过程中,各方要就相关细节进行具体磋商,共同分析市场需求,合作成员间交流分享彼此的创新设想,探讨和解析同行业中可借鉴的创新成果,并进行理论上的可行性分析。

第五环节:试验研究。合作企业的技术人员对预期商业化前景比较好的项目,进行实验室研究、设计,初定原型,制出样品或样机,并对新产品进行质量安全检验,开发制造工艺技术。这个过程是十分烦琐的,需要合作企业全力配合研发团队的研究工作。

第六环节:应用测试。研究成果出来之后,需要将成果转移到区域市场中进行测试。产品的市场测试是在实验室的研究开发与正式生产定型之间的技术经济活动,包括进行一系列技术的、生产的和市场的试验活动,以解决有关生产技术(如工艺、原辅料选择、质量控制)等方面的问题,将生产出的小批量产品在一定的市场范围内试销,取得可靠的数据和将试验研究结果进行总结,并开始投入实际批量生产中。整个研发阶段是比较漫长的过程,需要合作各方严格执行合作协议,才能保证最终的研发成果。

5.2.2.3　成果分享阶段

在这一阶段,编纂合作知识成果,合作各方依照合作初期拟定的产权分配方案确定研发成果的知识产权权属,并达成相关保密协议,并将研发产品投放市场,接收反馈信息。

第七环节:新产品生产销售。应用测试成功后,要达到规模化生产,必须选购或制造设备、建造厂房、培训工人,一般都要形成新的生产线甚至新建企业。为实验室研究合作开发的各个环节中,合作各方都投入自身具有相对优势的资源,并以不同方式共同组织创新活动,新产品上市销售的过程就是获得利润回馈各参与主体的过程。

第八环节:售后反馈。在顾客购买后,通过建立服务网点向顾客提供售后服务,如产品保养、维修,常见故障解决等。同时,认真听取顾客对产品外观、性能等的评价及与同类产品比较,为进一步改进产品的研究设计提供信息,并反馈给合作各方,以便对新研发产品在生产运用中遇到的一些问题进行探讨,修正研发阶段做出的有偏差的结论。

企业合作创新的整个过程伴有知识的流动和传递、组织网络结构的协调和重建。合作各方在获取所需创新资源后共同进行技术再创造,也就是在共享资源的基础上进行合作创新,空间上的邻近和共性背景知识无疑会对其产生重要的影响。在下面章节里,我们结合集群企业合作创新的不同阶段,尝试分析永久性地理邻近和临时性地理邻近是如何影响集群企业的合作创新的。

5.2.3　永久性地理邻近与临时性地理邻近对集群企业合作创新的动态影响

企业合作创新无论是在企业与企业之间还是在企业与大学、研究机构之间都伴随着知识转移的过程。在知识转移过程中,永久性地理邻近发挥了重要作用。实际上,不仅创新活动出现在同一个地方,创新人员也更倾向于出现在同一个地方。这种现象有两方面的原因:首先,创新人员在技术上有互补的必要性；其次，当技术达到一个相近的成熟度时，创新人员也更加愿意合作。这也解释了大量互补或者竞争性的发明在同一时间、同一地点大量涌现的原因。可见创新活动不是孤立的简单的线性过程，而是多主体交互作用的社会化过程。无可否认，面对面的关系在合作创新中仍然是不可缺少的。然而，ICT 的发展使得临时性地理邻近对企业合作的影响越来越大，永久性地理邻近的面对面交流的作用被削弱，企业合作对这两者需要的强度随合作创新阶段不同而变化。

在合作创新初期，企业要广泛地甄选合作对象以便确定合适的合作伙伴，频繁地参加各种展览会议，积极接触集群内的其他企业，掌握最新发展动向。当企业之间的面对面交换知识是在同一区域内进行的时候，互动可以在低成本条件下不断地重复。而如果不是在同一区域，它们之间的互动频率就会降低。这是因为距离导致的交流成本增加，这些成本包括交通费用、时间成本等。正因为面对面的交流在合作初期是必不可少的环节，合作框架的制定需要大量的协商议价工作，而单单依靠电子视频会议等远程交流手段或短暂性访问都是远远不够的。因此，在这一阶段企业位居同区域或邻近区域就能体现出更大的优势，即体现出明显的永久性地理邻近效应。由于相同的规则体系和隐性知识环境的存在，永久性地理邻近能有效降低创新研究的前期调查费用以及减少构建合作网络的固定成本，这在不同行业的企业参与组建技术联盟等类似的纵向合作中显得尤为突出（Richardson, 1972）。

当完成合作框架、签订合作协议之后，就进入实质性的资源投入和创造的研发阶段，由于未知的技术世界，合作各方需要在一起共同探究，共享彼此的技术基础，构建完整的合作知识平台。其中就涉及很重要的一部分——传递隐性知识，隐性知识是很难直接学习到的（Polany，1966）。其难以模仿性具体表现在以下三个方面：一是过程性，隐性知识是在共同的实践过程中与其他主体面对面交流而习得的，若没有参与这一过程，则很难体会到此隐性知识的存在，因而无从传递；二是混合性，在经济行为中隐性知识多与显性知识混合出现，他人很难将其完全区分开而辨析出其隐性知识；三是模糊性，一个经济行为的出现通常有多种原因，他人很难明确知道何种隐性知识是促成其发生的根本原因，因此只有在高强度的地理邻近条件下才能实现有效传递。当构建完成共享的知识网络结构后，就可以顺畅地组合原有知识以寻求创造新的知识成果，这些都严格地要求技术人员之间面对面地交流，并且是长时间的、频繁连续的，也就是说必须要有永久性的地理邻近,不然很难产生新的知识成果和技术突破。

一旦研发实验形成实质性成果,即进入应用测试环节以后,合作各方企业已经共同经历了一个比较长时间的学习实践过程,因而企业已经构建完善一个隐性知识网络。通过这些隐性知识和地方文化、制度、惯例等的共享,合作各方能在这个新建的创新系统中进行广泛而积极的交流与互动,研发成果逐渐被编纂成册,这些知识是可以进行远距离传输的,也就是说,从这一阶段开始,在合作各方之间需要传递和分享的更多的是编码知识。同时,合作企业也为了防止不必要的信息泄露而应该选择开始恢复或保持适当的距离。可见,在这一阶段中,永久性地理邻近的需要强度迅速下降,视频会议或中短期的访问等临时性地理邻近手段就足够提供合作伙伴交流所需的信息了。

在成果分享阶段,由于签订合作协议时就约定了合作企业之间的产权分配方案,所以不再需要为产权权属问题而进行大量协商工作。合作各方可以自主进行新产品的生产,并投放市场销售。这些环节都不再需要合作各方地理位置的邻近,短期会议和商谈等临时邻近行为就可以满足合作各方信息交流的需要。在研发成果形成后,面对面交流的频率和时间都是为大家所明了的。在合作后续时期里,合作企业之间的交互作用主要通过远程通信技术(电话、传真、网络)或者短期访问来实现,并且彼此遵守它们合作初期制定的协议,尽量依靠临时性地理邻近途径来解决问题和冲突,从而可以避免永久性地理邻近的局限约束。每次合作各方面对面会谈时会重申合作协议,讨论售后反馈的产品问题。如果意向达成,可以制定远距离合作长期计划时间表。

因此,永久性地理邻近和临时性地理邻近动态影响着企业间的交互学习和合作。一般而言,在合作过程的开始阶段,永久性地理邻近的作用显得更为重要,因为规则确立与流程和项目的设计达成一致正是在这一阶段完成的。而在合作的后期,当隐性知识交汇形成了新的可编码知识时,需要的就是临时性地理邻近,它们依赖于通信技术的使用以及临时性地理邻近计划安排表的建立。也就是说在合作后期,起主导作用的地理邻近由永久性转换成了临时性。由于长期的永久性地理邻近会形成邻近性的“锁定效应”,对合作创新产生负效应,及时地转向临时性地理邻近能使集群内企业摆脱这种局限性,从而更为有效地促进创新,永久性地理邻近的作用逐渐减弱,而临时性地理邻近的影响随着合作的不断深入日趋增强(见表5-1)。

表 5-1 合作创新中的临时性地理邻近和永久性地理邻近

<table>
<tr><th colspan="2">合作创新阶段</th><th>地理邻近性主导作用</th></tr>
<tr><td colspan="2">合作伙伴选择阶段</td><td rowspan="3">永久性地理邻近</td></tr>
<tr><td rowspan="3">资源投入
和创造阶段</td><td>开发探索</td></tr>
<tr><td>试验研究</td></tr>
<tr><td>应用测试</td><td rowspan="2">临时性地理邻近</td></tr>
<tr><td colspan="2">成果分享阶段</td></tr>
</table>

需要指出的是地理邻近性的主导作用（永久性，临时性）对不同规模的企业有不同的影响（Delphine Gallaud 和 Torre, 2005）。事实上，公司越大，就越容易调整自己的本地化程度以满足不同强度的地理邻近的需要。因为在合作初期大企业可以在特定区域内设立分支机构，让一部分人员完全本地化，与该区域内的合作对象形成永久性的地理邻近。当合作进行到中后期，只需要临时性地理邻近时，可以撤出相关工作人员甚至是整个分支机构，脱离永久性地理邻近。这些解决方案由于大企业丰富的人力和财力资源而行之有效。然而，对于小企业而言，研发与探索的永久性地理邻近在起初阶段的需要经常成为其选址定位的决定性的因素，它们不得不靠近其他公司或研究中心，即使它们只是在某一阶段的研发工作上需要永久性地理邻近。而在邻近性强度过大，永久性地理邻近的局限不断涌现或者本地知识溢出效应逐步减弱消退时，小企业由于人力、财力等资源有限而被迫继续留在该区域，继续维持永久性地理邻近关系。这种情况经常是约束小企业本地化的因素。这就是为什么小规模企业的创新网络高度本地化的原因，而大企业却不尽然。

5.3 本章小结

集群创新中的单一永久性地理邻近的分析视角具有明显的局限性，这种局限性在 ICT 迅猛发展的背景下愈发凸显。ICT 的快速发展催生了“临时性地理邻近”的产生，临时性地理邻近以个体频繁出差的方式满足合作创新中面对面交流的需要，而不必依赖于合作双方永久性地理邻近。

在简析集群企业合作创新类型及合作创新的特征的基础上，分析了企业合作创新的阶段。以研发时期为中心点，企业合作创新过程可划分为三个不同的阶段，并结合 ICT 的发展背景，将永久性地理邻近和临时性地理邻近的作用机理嵌入到企业合作创新的各个阶段来进行分析。得出结论：

在企业合作初期,由于隐性知识的传递需要高强度本地化的面对面交流,所以永久性地理邻近起主导和促进作用;在企业合作的中后期,共享的知识网络构建完善,为了及时化解永久性地理邻近的局限性,临时性地理邻近逐渐发挥主导作用;大企业组织更易适应地理邻近性的动态需求,而小企业更可能受永久性地理邻近的约束。

基于本章论述,得出以下结论:在 ICT 的支撑背景下,随着集群企业间合作创新的不断推进,永久性地理邻近的作用逐渐减弱,而临时性地理邻近的作用逐渐增强,两者动态影响着合作创新过程。

第 6 章　地理邻近、组织邻近与集群创新

6.1　组织邻近对集群创新的影响机制

6.1.1　相关文献回顾

法国多维邻近学派提出的“组织邻近”概念及展开研究的“组织邻近与创新”论题与新经济社会学、社会学关注的“根植性”理论及“社会资本”理论论题有着不可分割的渊源关系。以下，试图回顾与梳理有关根植性及社会资本相关论题的主要文献与观点，为组织邻近与集群创新研究提供理论启迪。

6.1.1.1　关于根植性的研究

从相关文献检索看，关于根植性的研究主要集中在以下几个方面：一是根植性理论发展渊源及其宽泛意义上的作用；二是产业集群中的根植性；三是根植性与集群创新。

1. 根植性的内涵及其作用

根植性(Embeddedness)是新经济社会学体系中最为核心的概念之一，由经济史学家 Polanyi K. 在 1968 年首次提出，经 Granovetter M. 发扬光大，并在 Piore，Sabel，Harrison，Saxeniaa，Dayasindhu，Glameier 和 Uzzii 等学者的努力下不断完善丰富。Polanyi K.（1968）将根植性定义为：“人类经济植根或者嵌入在经济或者非经济的制度中，非经济制度的引入是非常重要的。因为在分析经济的有效性时，宗教和政府可能像货币或减轻劳动强度的工具与机器的效力一样重要。”他还针对不同制度环境就根植性的形态进行了区分：在非市场经济环境中，经济体制（互惠、再分配和交换）根植到社会和文化结构当中，这种原始的经济是基于互惠的交换体制，即交易者植根在具有信任的长期关系当中；而在市场经济环境中，经济体制会“去植根化”，就是不再受社会和文化结构的影响。随着新经济社会学的发展，Granovetter M.（1985）在 Polanyi K. 研究的基础上将根植性的概念更加的具体化，认为一切经济行动都根植于社会网络中，他把根植性定义为经济

行为对特定区域环境关系(如制度安排、社会历史文化、价值观念、风俗、隐性知识、关系网络等)的依赖性。Granovetter M.(1992)在陈述了社会学家、人类学家、政治学家和历史学家关于市场社会与非市场社会根植性强弱争论的基础上,提出了自己的看法。他认为:经济行为的根植性水平在非市场社会中没有实体主义者和发展理论家所宣称的那么高,市场社会中也没有他们认为的那么低,而是比形式主义者和经济学家所认为的高。他在评论经济学家的"社会化不足"和古典社会学家的"过分社会化"观点基础上,提出人类有目的的行动是根植在具体的、不断变化的社会关系之中的观点同样也适用于对经济行动的分析,可以用经济生活的信任和欺骗以及市场和等级两对概念来分析经济行动的根植性问题。此后,Piore,Sabel,Harrison,Saxeniaa,Dayasindhu,Glameier 和 Uzzii 等学者在 Polanyi K. 和 Granovetter M. 根植性理论的基础上,做了大量的理论探索和实证研究,进一步推动了根植性理论的发展。

为探究根植性宽泛意义上的作用,Polanyi K. 和 Granovetter M. 做了许多有意义的探索。Polanyi K.(1968)强调"根植性"对于经济社会的发展十分重要,认为当经济行为"没有植根"或是没有被社会或非经济权威控制的时候,它们变得具有破坏性。资本主义真实的问题,是经济决定社会而不是社会决定经济,是社会关系植根于经济系统中,而不是经济系统植根于社会关系中。因此,经济必须被重新"根植",而且对于经济的政治控制也要被重新建立。Granovetter M.(1992)将根植性分为两种形式,即关系性根植和结构性根植,并把这种根植性的分析方法用于连接分析经济生活的宏观与微观理论;经济行为在内容和方式上很大程度受到其行为发生的社会环境及其社会结构影响,特定的经济制度是其社会结构的一个重要组成部分。经济生活中的信任和欺骗根植在具体的不断发展变化的社会关系体制中:一方面,社会关系网络根植到宏观的社会结构当中(集体层面);另一方面,社会关系网络为信任和信任行为提供一个前提条件,或者说信任和信任行为根植在社会关系网络当中(个体层面)。

2. 产业集群中的根植性

国外关于产业集群与根植性的研究最早出现在20世纪80年代,而国内相关研究在20世纪90年代后期才开始起步。Piore 和 Sabel(1994)为探究地区产业集群与根植性的关系,对意大利的产业区进行了研究。结果表明:"第三意大利"的成功在于其"弹性专精"的生产组织方式。但这种方式需要具有该地区社会整合度高、信任氛围浓厚的文化特征提供外部支持。Dei Ottati(1994)在研究"第三意大利"地区产业集群形成机理时,也得出了相似的结论:企业家精神、信任氛围等历史传统是集群形成的决定因素。据此,他认为,培育当地积极的社会资本、创造信任文化是区域集群政策的重要内容之一。Harrison(1989)沿着波特强调集群内部竞争是集群成长动力推动力的逻辑,认为集群内部竞争的核心基础是企业间的信任、团结以及合作文化,是一种由经济、社会和社区关系交互作用形成的紧密关系。Saxenian(1994)对比研究了硅谷与波士顿128公路高新技术产业集群的区域文化与集群优势,发现硅谷地区的发展,归功于区域内由产业合作网络、社会关系网络与人际关系网络所构成的区域创新系统的发展,其中社会关系网络和人际关系网络尤为重要。Dayasindhu(2002)在对印度软件行业中的嵌入性、知识性传播与全球竞争力问题进行新探析时发现集群内部信息、隐性知识的传播能力是影响印度软件业全球竞争力的决定因素,而影响前者的优势集群内部的文化变量及根植性程度。据此,他提出五项政策建议:一是创造尊崇信任的组织文化,以增强根植性;二是要发展组织之间的关系;三是要设计有利于隐性知识传播的生产流程;四是推行导师计划,通过高级技术人员这一知识扩散源的“传、帮、带”实现知识的流动效率的提升;五是要提高集群的整体管理能力。Glameier(1997)以20世纪80年代瑞士Jura地区钟表业集群为研究对象,探究其衰退的原因,着重阐述面对外部技术急速变迁,集群如何因为内部文化、制度、网络所表现出来的路径依赖,延缓了整个地区学习新技术的时机,从而导致该地区在整个80年代衰退的过程。

国内学者也从多个角度对集群的根植性进行了研究,庄晋财(2003)用根植性来解释企业的空间行为特征及其根源,侧重从外部经济或规模经济、共同承担风险、减少机会主义、降低交易成本等经济学角度来解释产业集群的地域根植性。鲁开垠(2006)对产业集群社会网络的根植性做了研究。他指出“产业集群是一个经济系统,又是一个社会系统,产业集群的经济行为根植于社会网络之中,产业集群的根植性是产业集群社会网络的一个根本性特征。产业集群的核心能力构筑在社会网络根植性的基础之上”。同时指出产业集群社会网络的根植性特征是乡土性和扎根性,社会网络的根植性内容则包括文化的植根:文化创造信任、增强信心、创造各种诱发归属感的联系纽带;产业集群模式的根植性:我国产业集群发展有几种典型模式,即浙江的温州模式、广东的珠江三角洲模式、河北的清河模式、北京的中关村模式;产业的根植性:产业集群内企业一般以小本经营起家,结合本地资源和市场从事劳动密集型产业,具有“靠山吃山,靠水吃水”的特点;社会资本的根植:社会资本则是多种主体间多种关系结合而形成的网络关系。中国人的“关系网络”——非正式的人际关系（社会资本），在经济活动中成为一种具有稀缺性的经济资源，同时又是一种具有要素配置功能的特殊资源。

3．根植性与集群创新

关于根植性与集群创新的相关性，国内外不同学者的观点不尽相同，以 Uzzi 和 Markkusen 为代表的学者认为，根植性与集群创新存在负的效应。Uzzi（1997）根据对 Manhattan 地区服装业进行研究的发现，首次提出“根植性悖论”概念，且较为全面地概括了社会网络可能给集群带来的各种“锁定效应”。Markkusen（1996）认为产业集群在产生和发展过程中既有集聚经济效益方面的原因，同时又深深根植于当地历史和社会文化当中。通过企业在本地的扎根和结网所形成的地方聚集，可以使企业构筑起交流与合作的系统，从而增强技术创新的能力和竞争力。但是，由于产业集群根植性的固化作用，也会导致产业集群内部形成一个不断僵化和惯例化的制度体系，从而导致集群陷入核心刚性（Core Rigidity），并最终锁定（Lock-in）集群的创新能力。他明确指出：集群越成功越倾向于发展成为一个封闭的系统，进而逐步丧失应对市场变化的能力，导致竞争力不断下降，直至集群消亡。李志刚（2009）在总结美国 128 公路高新技术产业集群、20 世纪 90 年代中期浙江永康保温杯产业集群、温州桥头镇纽扣产业集群发展状况的基础上，将产业集群出现衰退的原因归为内部和外部两大因素，其中内部因素包含根植性、资产专用性、市场失灵，外部因素包含产品需求变化、国际优势转移等。王静华（2007）以温州产业集群的地方根植性为例，研究了地方根植性与产业集群衰退之间的关系，认为地方根植性虽然可以对产业集群的兴起和发展起极大的促进作用，但也可能成为产业集群发展的羁绊，甚至成为产业集群创新机制僵化的根源。以 Camagni（1991）、Burt（2001）和 Amara（2005）为代表的学者认为根植性在对产业集群内组织之间的内部协作或协同的确具有正面的作用。他们认为，根植性的重要意义在于它提供了通过非正式的安排来增强创新和地方才智的方法。因为在不完全的信息世界里寻找合作伙伴的过程在很大程度上取决于企业间最初的关系以及其他企业之间的相互关系。所以，地方根植性的存在有助于减少交易成本，如信息收集/交易、习惯、偏好、社会资本、信任、人际关系等，且在整个交易过程的不同阶段起到简化交易程序或降低交易成本的作用。国内学者耿建泽（2008），在对 20 世纪 80 年代瑞士侏罗地区钟表业集群的研究展示了在外部技术变迁情况下，集群过度依赖以往的演进轨迹，从而导致本集群被锁定于原有技术路径的现象，从而得出结论：集群的适度根植性有利于其竞争力的培育，根植性好的产业集群会表现为一种区域品牌，从而会进一步强化集群的竞争优势；集群的强根植性将导致集群的锁定效应。地方化的产业集群失去活力的效应称为锁定效应，产业集群一旦捕获某种机遇形成区位优势，由前向和后向关联效应产生累积效果，就会沿着这种轨迹发展下去，但这也可能是一种非最优资源配置，只是根据经验和习惯选择一种熟悉的发展路径，成为一种"锁定"(Locking-in)现象。集群的锁定效应是由于集群的强根植性引起的；产业集群的弱根植性将导致集群的流动，最终集群变成"空洞集群"。如果集群的根植性太弱，群内企业更倾向于与群外企业、机构联系，将会造成对外部资源的严重依赖从而削弱集群的自主创新能力。因为强的外部联系可能控制本地区的环境，本地企业间的密切交流减少，集群赖以存在的许多优势将减弱，企业会选择离开集群，最终地方集群变成"空洞集群"。

由此可见，根植性对产业集群内组织之间的内部协作或协同的确具有正面的作用。同时也注意到，地方根植性发展到特定程度将会成为地方经济发展的束缚因素，产生所谓的"根植性悖论"或负效应。

6.1.1.2 关于社会资本的研究

从相关文献的检索看，关于社会资本的研究主要包含以下几个方面：一是社会资本理论发展渊源及其宽泛意义上的作用；二是产业集群中的社会资本；三是社会资本与集群创新。

1. 社会资本理论发展渊源

"社会资本"这个词最早是由法国著名社会学家皮埃尔·布迪厄(P. Bourdieu)提出来的。1980 年他在《社会科学研究》上发表了题为"社会资本随笔"的短文，正式提出了"社会资本"这个概念。布迪厄认为，"社会资本是一种通过体制化关系网络的占有而获取实际的或潜在的资源的集中"(包亚明，1997)。美国社会学家詹姆斯·科尔曼(1988)从功能的角度来界定社会资本，他指出："所谓社会资本，是指个人拥有的以社会结构资源为特征的资本财产，社会资本由构成社会结构的各个要素构成，存在于人际关系的结构中。"并在此基础上形成了他的"经济社会学"理论(邓方译，1999)。Bourdieu(1985)首次将社会资本概念引入到社会学语境中进行系统研究的当属对文化资本的研究，他将资本划分为经济资本、文化资本与社会资本三种类型，并将社会资本定义为"实际的或潜在的资源的集合体，这些资源同对大家共同熟悉或认可的制度化关系的持久网络的占有联系在一起。这一网络是大家共同熟悉和得到大家公认的，并且是一种体制化的关系网络"。经济学家 Loury(1977)首次将社会资本的概念引入到经济学之中。他在对有关种族之间收入不平等的新古典经济学进行批判的时候就引入了社会资本这一概念,并在《种族收入差别的动力学理论》中将社会资本定义为"促进或帮助获得市场中有价值的技能或特点的人之间自然产生的社会关系"。Coleman(1988)认为社会资本具有两大特性:一是社会资本存在于人际关系结构中,由结构的各个要素组成,它不依附于独立的个人,更具有公共物品的性质;二是社会资本只为结构内部的个人行动提供便利,它具有不可转让性。继 Bourdieu,Loury 和 Coleman 之后,Portes(1993)对社会资本进行了较深入的研究,并将社会资本看做"个人通过他们的成员身份在网络中或者在更宽泛的社会结构中获取稀缺资源的能力。获取资源的能力不是个人固有的,而是个人与他人关系中包含着的一种资产,社会资本是嵌入(embeddedness)的结果 。Nahapiet 和 Ghoshal(1998)认为社会资本是一个多维度的概念。它既可能产生于个人之间,也可能产生于组织(或企业)之间。Gulati (2000)等从战略网络的角度深入阐释了企业社会性质问题及其与外部组织之间的社会关系对企业行为和经营绩效的影响。

国内对社会资本的研究起步较晚,张其仔(1999)最早研究社会资本对经济增长的影响,围绕社会网络范畴进行。他认为社会资本从形式上看就是一种关系网络,试图探讨社会资本对经济增长、劳动力转移、技术创新和制度创新的影响,并将企业的社会资本分为三种类型,即存储于工人之间的社会资本,存储于工人与管理者之间的社会资本以及存储于管理者之间的社会资本。他认为企业的社会资本对企业的经营绩效存在着显著的影响。陈劲、张方华(2002)从企业的纵向关系资本、横向关系资本和社会关系资本三个维度对企业社会资本与技术创新绩效的关系进行了深入的研究。周小虎(2005)将企业社会资本定义为"那些能够被企业所控制的,有利于企业实现其目标和实现目标活动的,嵌入于企业网络结构中显在的和潜在的资源集合",并从企业网络嵌入的结构性、关系性和认知性三个维度来探讨如何通过对企业知识创造起作用来影响企业的持续竞争优势。他认为,企业要在竞争过程中持续性拥有竞争优势的地位,就必须以企业知识创造为导向,对企业社会资本进行战略性管理。

为探究社会资本宽泛意义上的作用,国内外学者做了大量的研究。Kormend 和 Meguire(1985)最早探讨社会资本和经济绩效的关系,他们采用了《国际金融统计》1950—1977 年 47 个国家的样本数据,将增长和投资作为因变量进行回归分析,检验了在控制收入收敛、人口增长、政府规模、贸易开放度和通货膨胀的假设前提下,公民自由与经济绩效的关系。结果表明,公民自由对经济增长有显著影响(科尔曼著,邓方译,2008)。Scully(1988)运用115个国家1960—1980年的数据,通过控制资本—劳动比率的变化,检验了公民自由(政治自由、经济自由)对收入增长的显著影响。他发现拥有更多公民自由的国家的收入增长是拥有较少自由权力的国家的两倍(弗朗西斯·福山著,刘榜离等译,2002)。Bowles (1991)运用暴力测量工具来衡量国家社会资本水平,发现在1960—1985年,两类暴力测量工具(平均每年发生的革命或政变次数、平均每年发生的政治暗杀事件次数)都与经济增长和私人投资在GDP中的比率存在显著的负相关。Fukuyama(1995)通过定性描述的研究方法,表明各国经济绩效的差异来自各国信任水平和"自发的社会性"的不同。在他看来,信任不仅有助于降低个体之间的交易成本,而且也可以通过宏观政治机制来影响经济效率。Knack(1997)对Fukuyama的假设进行实证检验,他们所用的数据和本书所用的数据来源一样,均来自"世界价值调查"。Brunetti(1997)和他的同事通过构建一个国家水平的"规则可信度指数",对41个国家进行测量,在控制初始收入和受教育程度的前提下,发现1983—1994年"规则可信度指数"与经济增长和投资之间具有显著的关系。

2. 产业集群中的社会资本

将社会资本理论引入产业集群是近年来学者分析产业集群问题的一个创新点,社会资本理论的引入开阔了产业集群理论的研究思路,社会资本以其独特的优势,决定与影响了产业集群的区位和发展速度,同样产业集群又进一步优化了集群内企业内部、企业间、企业与相关产业及机构间的社会资本。社会资本与产业集群之间的这种双向互动,大大减少了产业集群内的交易成本,提高了产业集群的经济效率,强化了区域的持续竞争优势。而且,这种双向的互动,一方面使得社会资本加快了产业集群的发展,使产业集群这种组织形式更加健全完善;另一方面,产业集群的成长无形中优化和进一步发展了社会资本。盖文启、王缉慈(1999)和魏守华等(2002)都认为社会资本是形成区域创新系统的关键环节。仇保兴(1999)分析了企业集群发展的人文环境,认为以"信任"和"承诺"为核心的社会资本"不仅加强了小企业集群的稳定性,而且也会加速小企业的形成"。他认为"人文网络实际上是小企业诞生的生态环境,无论在什么地方一旦形成了这种人文网络,就可以繁育出一大批小企业。樊圣君等(2001)认为,企业集群内的社会资本能够:① 提高生产率;② 降低信息获取成本;③ 降低交易成本,增进合作;④ 快速产生和传播创新。金高波、李新春(2001)构建出一个三层次的控制与信任框架,研究了包括中小企业集群在内的网络组织中信任与控制的发展态势。

3．社会资本与集群创新

国外对于社会资本与集群创新的研究主要围绕外部资本对集群创新和内部资本对集群创新的研究。其中在外部资本方面：Landry 等（2002）假设创新是非离散且复杂的过程，将创新的决策视为两阶段决策过程，第一阶段，企业决定是否进行创新；第二阶段，企业选择创新在多大程度上进行。Cooke 和 Wills（1999）评估了政府促进中小企业之间合作的规划，这些规划旨在通过合作网络提高社会资本从而提高企业的创新能力。Wu 和 Wei（2004）基于社会资本的视角对于协同发展背景下企业的竞争优势进行了分析，认为企业通过与外部知识源和信息源建立广泛的社会关系网络可获取技术创新优势。Powell 等（1996）认为，创新能力强的产业通常都具有组织间网络紧密、合作关系普遍、信息传递和获取意识强烈等特征，即拥有社会资本多的产业创新能力强。Kraatz（1998）指出，社会资本能促进组织间合作和组织间学习，促进企业的知识积累。Anand 等（2002）认为积累社会资本是企业获取外部知识的有效途径，与客户、供应商、竞争对手及其他非市场主体所组成的网络和联盟是创新的关键来源，同时也是降低成本、风险，获得规模经济，减少新产品开发时间的有效途径。Maskell（2000）认为社会资本不仅与企业内部的知识产生相联系，同时也与企业间临时或长期有某种生产相关联结的知识交换相联系。Seung. Ho. Park（2001）则将关系看做企业的社会资本，对我国企业的关系网络做了实证研究，并探讨了关系对公司绩效的影响。他们指出：为了克服竞争和资源有限的约束，我国企业通过与供应商、客户、竞争对手和政府等外部组织进行各种形式的合作来实现优势互补，进而将发展各种社会关系作为企业的一种发展战略。Hagedoorn 和 Duysters（2002）在研究创新能力的外部来源时指出，作为创新补充的外部网络联系对内生能力而言是一种补充，有助于企业通过共享资源来掌握复杂技术，由此提升学习能力和创新能力。Inkpen 和 Tsang（2005）认为社会资本的三个维度（结构、认知和关系维度）对于网络成员之间知识转移具有促进作用。在内部资本方面：Tsai 和 Ghoshal（1998）分析了大型跨国企业业务部门中社会资本的结构、关系和认知维度之间的关系以及这些维度与资源的交换和产品创新之间的关系，提出社会交互作用（结构维）和信任（关系维）显著地影响了部门间资源交换的程度，从而影响了产品创新。Gabbay 和 Zuckerman（1998）认为，社会资本能够通过作用于企业研究与开发工作的开展，从而推动组织内部资源与信息的交换，并促进创新。Greve 和 Salaff（2001）将企业社会资本视为嵌入社会结构的各种联系网络,它能提高企业的吸收能力。

国内学者也在社会资本与集群创新方面,做了大量的研究。陈劲和张方华(2002)将社会资本理论融入技术创新理论,认为企业竞争能力大小关键在于企业如何将内部资源与外部资源进行有效的整合,从而提高企业知识创造和技术创新的能力。高建(1996)以问卷调查为基础,通过系统、全面地对我国企业技术创新进行测度和实证分析,提出了影响企业技术创新成功的内部因素和外部因素。周小虎和陈传明(2004)认为社会资本为企业知识活动提供了便利,它从结构因素、关系因素和认知因素三个维度影响知识创造过程,并提出企业要在竞争过程中持续性拥有竞争优势地位,必须以企业知识创造为导向,对企业社会资本进行战略性的管理。吴晓波和韦影等(2004)从社会资本的结构、认知和关系三个基本维度出发,提出社会资本在企业开展产学研合作中的作用主要体现为信息收益、有效沟通和建立信任基础三个方面,并且基于我国制药企业技术创新的现状,认为制药企业通过利用与科研院所和其他制药企业之间的社会资本可以促进企业技术创新能力的提高。顾新和郭耀煌等(2003)指出社会资本在知识链中发挥着重要的作用,它能促进组织间交互学习,减少交易费用,提高知识链整体的创新能力,形成知识链的竞争优势。郑胜利和陈国智(2002)认为,企业内部社会资本的积累一方面促进企业成员的沟通与交流,另一方面加强企业各部门的协调和联系,从而有利于促进企业的知识转移。郑美群和蔡莉等(2005)提出,社会资本不仅有利于降低高技术企业的交易成本,而且还有利于提高企业的创新能力。马金书(2003)将企业网络视为企业社会资本的重要内容,从企业外部和内部网络两个方面论证了企业社会资本是企业创新的关键因子。李红艳等(2004)将社会资本理论应用于对技术创新扩散过程的研究,指出社会资本在促进隐性知识的传递与扩散、提高资源配置能力与技术创新扩散的速度、潜在采用者范围和采用者总量以及技术创新的数量和能力等方面有积极作用。罗荣桂和李文军(2004)指出技术创新能力除了可由企业内部积累之外,还可以通过企业之间的技术合作得到提高,在高新技术产业中,企业间的技术合作对于合作双方的技术创新能力起到一定的正强化作用。武志伟(2003)也认为企业的社会资本能增强企业的创新能力 。他指出,建立在信任基础上的与供应商等合作伙伴良好而积极的关系是推动企业创新的重要动力。丁树江(2004)用 logit 函数模型说明了社会资本中各要素对集群式产业创新的影响差别:关系资产、参与资产与研究网络资产对创新各阶段的影响最为显著,其他不明显。张元智和马鸣萧(2004)认为集群形成的企业网络,促进了企业之间的知识共享,频繁的互动增强了相互信任,为知识创新提供了丰富的社会资源。

目前社会资本对产业集群的积极作用已经得到广泛认同:社会资本能够促进产业集群形成,能够提升产业集群的竞争能力及优势,并且对产业集群创新机制具有正面影响。这种作用难以复制:一方面,集群内部网络的发展促进了分工和专业化,提高了生产率,而网络及其所孕育的关系和专有技能则成为集群经济的核心竞争优势;另一方面,社会资本促进知识和资源的积累,保证高流量的经济活动得以实现,有利于合作与创新,而创新又会吸引相关企业形成集群,但是路径依赖原理决定了它不易效仿与复制,这就引出了"根植性"的概念。作为解释经济和社会发展的一个重要变量,社会资本是根植于社会架构、社会网络和社会文化之中的非市场因素,根植性是社会资本的一大基本特征。从根植性的视角也许能更好地解析非正式制度对集群创新的作用机制。

6.1.1.3　研究评述

以上,分别从根植性理论与社会资本理论两个视角梳理了国内外关于产业集群与创新的相关文献。不难发现,根植性理论、社会资本理论的研究与产业集群以及集群创新有着密不可分的联系。大量的学者分别从不同角度来解析根植性、社会资本与产业集群、集群创新的相关联系。根植性理论视角侧重于强调一切经济行为都根植于它所处的社会网络、环境之中,根植性有助于减少交易成本,如信息收集、交易习惯、偏好、社会资本、信任、人际关系的成本等。但学者对于根植性与产业集群的发展、集群创新之间的关系存在着不同的观点;而社会资本理论侧重于强调由社会资本与产业集群之间的互动所带来的交易成本的降低、集群创新能力的提升乃至区域可持续竞争优势的实现。根植性理论与社会资本理论虽然侧重点有所不同,但在很大程度上存在着交叉重叠,根植性是社会资本的一大基本特征,发源于社会网络关系理论;而在分析社会资本因素对集群内技术学习和创新的内在逻辑时,也会涉及根植性这一概念。通过对不同视角下相关理论的梳理、整合发现,二者基本内涵是一致的:在相同的制度安排、社会历史文化、价值观念、风俗、隐性知识、关系网络的环境下,位于同一区域或同一集群内的主体通过强联系、弱联系、结构洞等非正式关系,促进了彼此间信任机制的形成,进而推动了知识共享机制和交易费用降低机制的发展,从而使得产业集群内企业获得资源优化配置绩效和提升创新绩效。这些基本观点可为下文探析组织邻近在集群创新中的作用提供思想启迪与理论支撑。

6.1.2 组织邻近对集群创新的影响

根据本书的界定,组织邻近是指,主体间(包括个体间、组织间)组织特征的相似性和组织成员的归属性的程度,包括组织结构、组织文化、组织所受的制度约束、组织所处的社会关系与地位等特征上的相似性与归属性。

就组织邻近的组织结构安排维度来看,组织邻近可由在组织安排中运用的自主权和控制权的大小来衡量,在这个维度,某种连续系统被假设,连续区间从一个极端——低组织邻近性,如纯粹市场中的成员之间没有任何联系,到另一个极端——高组织邻近性,如固化在强关系中的等级制组织企业或网络。最松散的组织邻近可以称之为市场,或低度组织邻近,属于弱联结或没有联结;其次为网络型,例如合资行为,属于中度的联结,组织邻近程度大于市场;强联结诸如科层组织,具有高度组织邻近。相关研究普遍认为,集群是一种介于市场与科层之间的网络组织,这种基于组织安排维度的组织邻近能促进集群主体间的交互学习和创新,因为这种组织安排不仅可给集群内企业间的交易提供协调机制,同时还可为企业间信息和知识的有效转移提供载体(Davenport, 2005)。

就组织邻近的制度约束维度来看,集群内单个企业单纯依靠自己的研发部门,创新成果受到局限,且不能适应组织管理、体系结构和企业家才能等方面的创新,而这些非产品创新也是产业集群创新的重要组成,影响着企业的生产绩效、创新绩效及集群整体的创新绩效。虽然单个企业可以通过市场购买获取创新成果,但因涉及高的交易成本而使创新行为受到限制,合作创新往往成为集群内企业从事创新活动的明智选择。而在合作创新过程中会出现不确定性和机会主义,需要较强的控制机制来确保所有者权利(知识产权)和对投资新技术足够的激励(经济收益)。市场通常不能提供这些,因为这涉及过高的交易成本;若确立详细正式的合同,则当条件发生变化时想要做出更改将很困难(慢且成本较高)。原则上,一个成员间联系较紧密的网络组织通过提供所有成员都遵守的非正式规制可解决这一矛盾 (Boschma,2005)。集群就是这样一种网络组织,群内企业在长期的非正式交流与交易过程中形成一套共同遵守的游戏规则与集体规制,进而形成了基于集体规制约束的一定程度的组织邻近性。这种基于集体规制的组织邻近一方面激励群内企业合作创新的动机,另一方面能有效控制合作创新过程的机会主义现象。

就组织邻近的社会关系维度来看,当行为主体牵涉到基于朋友关系、亲属关系以及共同的经历而形成的信任关系时，他们之间的关系就是社会根植的。组织学习和创新的能力需要邻近的社会关系。主要原因之一是基于信任的社会关系促进从本质上讲很难通过市场交流和交易的隐性知识的交换。Lundvall(1993)认为，社会关系激励是一种社交的、开放的“交流理性”态度而不是单一的、精于计算的狭隘的朝向最小化成本的市场导向。这通常被认为是交互学习的前提条件。集群内企业间基于血缘、地缘、学缘等而形成的较紧密的社会关系，易于使群内企业形成一种本地根植性，进而形成社会关系维度的组织邻近。这种社会关系维度的组织邻近有利于群内企业之间的相互沟通与相互理解，有利于隐性知识的扩散和交互学习能力与效率的提升，进而促进创新。同时，基于社会关系的组织邻近，还有利于集群跨越地理限制获取外部知识，即通过集群内“技术守门人”与外部知识源建立互惠互信的长久的社会关系，持续有效地获取外部知识尤其是外部的隐性知识，进而促进集群创新。

Peter Franz(2009)在对组织邻近性的解释中提出横向(水平)组织邻近性和纵向(垂直)组织邻近性两个维度，但仅仅停留在提出这种划分说法，至于如何定义、区分，以及衡量这两个角度的组织邻近性则尚未提及。本书从横向和纵向这两个视角进一步解析组织邻近性对集群创新的影响。集群合作创新指集群内企业之间以及与外部企业、研究机构、高等院校在技术、原材料采购平台、营销以及组织管理等方面的联合创新行为。这种合作创新可以归结为两个层面：第一个层面是创新主体通过正式的协议而建立的、高层次的联合创新，这种合作主要发生于企业与大学及研究机构、上下游企业和龙头企业之间；第二个层面是建立在非正式交流产生溢出效应基础上的、低层次的联合创新，即企业间对彼此的模仿采取一种默许的态度，这是通常意义上的集群创新(金祥荣、叶建亮，2001)。由于产业集群是众多相互关联企业围绕某一特定领域集聚发展的，因此，集群的发展方向始终是产业链纵向与横向的拓展，据此集群内合作创新模式主要可分为两类：同一产业链、价值链上下游企业间或同一集团总部与分公司之间的创新，我们称之为纵向合作创新模式；同一价值链环节的竞争企业间，如不同集团下的子公司之间，或同一产业集群中不同企业之间的合作创新，我们称之为横向合作创新模式。当然合作创新也可能发生在企业与研究机构之间，以产学研合作创新的模式出现。此模式下集群内企业更多地从外部学习并获取创新力量，且经常以学习联盟或者技术联盟，与外部的大学和实验室建立产学研联合体等形式吸收其创新知识。所以与认知邻近的联系更为紧密，此处不予讨论。

纵向合作创新模式:集群内的企业从纵向上看是供货与客户关系,虽然在价格方面存在利益竞争关系,但是在产品设计、质量、技术等方面有共同的需求。下游企业产品的竞争力与其供货商提供的产品高度相关,上游企业也可以提供其产品的新用途等信息。因而长期来看,它们更是一种共生共荣的合作关系,在产品、技术、市场、成本控制、企业管理等方面可以开展多方面合作,在合作中不仅可以实现合作预期的目标,而且由于有不同生产环节、质量要求、产品用途等不同背景的企业人员参与,因而可以互相启发,知识外溢的效果更加明显。在这些纵向合作创新的情况下,邻近互动扮演了关键性的角色。一般来说,在纵向合作的研究阶段需要较高频率的互动,因此信息能否在集群内企业间及时、准确地传递将对产业集群合作创新效率构成关键影响。与之相对应的纵向组织邻近,有助于同一企业不同部门之间更好地进行管理、交流和控制,有着相同的管理控制制度,也有利于产业价值链中企业总部与各个子公司之间或同一集团总部与分公司之间企业内部的逐级管理与交流。

横向合作创新模式:集群内处于同一价值链环节的企业之间的关系是一种竞争合作关系。作为争夺同一市场的竞争对手,它们的产品和技术高度相同,因此它们会尽量避免对方获取本企业的技术和产品信息,同时这些企业与竞争对手之间又存在一种相互依赖的关系,当这些企业面对同样一个严峻挑战或者同样一个诱人的创新机会而没有任何一家企业具有足够的资源实力来独立开展创新活动时,为了降低风险,集群内企业就会通过参观本地同行业的企业,或者拆解竞争对手的产品进行单向模仿学习,在产品创新、生产工艺设计、技术设备引进、管理制度与市场策略等方面向竞争对手学习,甚至与竞争者进行合作解决技术难题,开展双向的合作研发,从研发中学习。企业之间的合作研发形式主要包括合资研究、交叉许可协议、技术直接投资、外包等。通过这种合作的学习,同行企业之间可以分享创新的成果,使各自的价值创造功能都有所提高,从而使所在价值环节得到优化。与之相对应的是横向组织邻近,在横向合作的情况下,创新主体间拥有类似的知识结构背景、相似的语言和理解能力,所以拥有较高的横向组织邻近,更有利于创新主体之间相互沟通与相互理解,以及在认知上更易达成共识。虽然相对于非正式学习而言,正式学习所获得的知识更加系统、全面和具体,但由于同行之间有明显的竞争和利害冲突,因此有意识的合作相对而言是比较困难的,由组织邻近带来的非正式途径在横向合作创新模式中因此更为重要,如企业家的私人网络、技术人员之间的交流以及人力资源在成员企业之间的流动等,使企业家或技术人员头脑中的隐性知识更有效地在群体之间传递。

然而,过多的组织邻近也可能不利于学习和创新。第一,存在特定交换关系锁定的风险。网络成员间规模和力量不同形成的不对称的关系,可能会对特定投资关系的交流和理解产生较强的依赖性。此外,组织内和组织间的网络关系可能会演进成一个封闭自守的系统。过分相似的组织结构或经营管理使得企业间的差异性减少,缩小了企业间相互学习的空间,阻塞了创新的源泉,抑制了创新的发展。第二,创新的实施需要组织具有一定的灵活性(Blance 和 Sierra,1999)。反映在等级治理结构中的组织邻近,不太可能提供这种灵活性。组织安排关系越紧密、依赖性越大,主动原创就越不可能发生与被鼓励,进而对灵活性以及创新产生副作用(Frenken 和 Valente,2002)。而且组织的既得利益团体也会想方设法阻碍任何可能削弱其地位的改变,使得想要打破锁定效应更加困难。第三,在横向组织邻近较高时,组织结构上的相似性可能导致过度的知识溢出,同类竞争企业以较低成本就能获得创新企业的创新成果,损害了原企业的利益,不利于知识产权的保护。所以在集群内紧密的社会关系和组织关系将导致核心竞争力的丧失。总之,过多的组织邻近将伴随着灵活性的缺失,而过少的组织邻近又可能导致控制不足而出现投机主义的危险。

为解决组织邻近过多或过少导致的问题,Nooteboom(2000)等提出了松耦合系统。耦合原是计算机领域的概念,松耦合指降低系统部件和部件之间的耦合性,也就是降低部件的依赖性,使部件之间相对独立。组织间的松耦合也类似,即保持集群组织内成员间的相对独立性,降低彼此间的依赖性,其实质类似于 Granovetter (1973)提出的“弱联系”。松耦合能保障组织内和组织间的组织自主权,并进而保障灵活性。例如,更少地涉及繁文缛节、官僚主义和正式义务。此外,它保证了组织内和组织间的网络联系,并由此保证了互补信息源的可得性。一个组织,需要企业拥有一个扁平的网络结构,以及相对分散的成员,来加强其探索新知识的能力。同样也需要集中的合作使不同的成员集聚在一起以促进互动式学习,并将新知识整合成为组织的常规保证对新知识的开发利用(Lawson 和 Lorenz,1999)。因此,一方面,松耦合系统确保了一定程度的组织差异。它对多种信息源是开放的,意味着学习的界面更广。此外,它也能提供一定的灵活性,即独立自主的成员能更加方便地更改目标和策略。根据 Grabher 和 Stark(1997),“在松耦合网络中,元素的鉴别和分离是被保护的,网络能潜在地保留与紧耦合系统相比更多的突变和更新颖的解决办法”。另一方面,松耦合系统拥有组织邻近的一些优点。它通过中心集权的合作,构成了一个对互动和交流来说几乎稳定的结构。网络的权力,或者说强合作(如通过大的核心企业)保证了真实改变的实施。对较大的且由多种利益团体和复杂关系构成的网络来说更是如此(Mcnaughton,2000)。如图 6-1 所示。

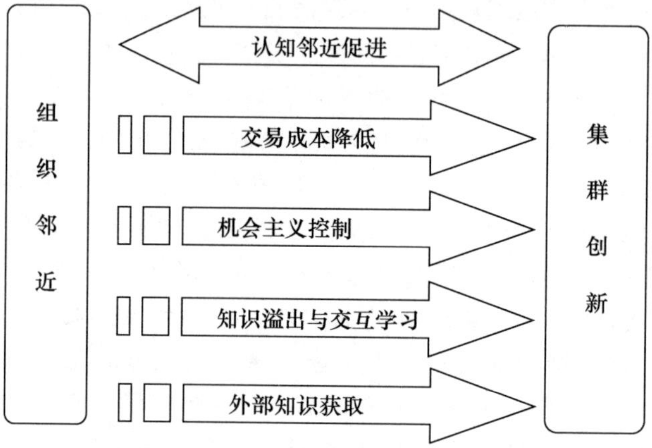

图 6-1 组织邻近对集群创新的影响机理

综上,组织邻近对集群创新的影响机制可概括为:相似的组织结构、组织文化、组织制度使组织之间的合作"内部化",有效地降低了交易成本;使组织合作中往来交流的信息资源不必经过过多的加工便可直接应用于生产活动,降低了生产成本;组织邻近可以使企业最大可能地获取并利用与组织管理创新相关的知识溢出,使创新在集群中企业内化,促进集群内企业的集体创新;组织邻近既可以激励集群内企业合作创新,同时为合作创新过程中可能产生的机会主义提供有效控制机制;组织邻近能有效地纾解隐性知识转移中的"黏性"阻力,使集群能跨越地理区域获取外部知识;同时组织邻近促使合作双方的认知结构和认知环境相似,从而促进了认知邻近的产生和发展。但过度的组织邻近也会产生负面效应:首先,组织内部或者组织之间交互的网络关系可能演变成为封闭的、内向锁定的系统;其次,过度的组织邻近将会缺乏创新所需的组织灵活性;再次,组织结构上的相似性可能导致过度的知识溢出,不利于知识产权的保护,损害企业利益。根据 Nooteboom 和其他学者的观点,松耦合系统能反映组织邻近的适宜程度,能同时保证可控性和灵活性。这样的一个组织结构也能产生一个令人满意的认知水平,意味着组织邻近和认知邻近可能存在互补关系。

6.2　地理邻近与组织邻近的组合对集群创新的影响机制

6.2.1　地理邻近在集群创新中的作用

6.2.1.1　地理邻近对集群创新的影响

本书认为，地理邻近对集群创新的影响主要表现在以下几个方面：其一，集群内企业间的地理邻近便于组织间频繁的面对面交流，促进隐性知识传播，进而可能促进创新活动的产生；其二，地理邻近有利于企业间原材料、中间产品等物质资源的近距离、低成本运输，降低企业生产成本、提高生产效率进而有利于开展创新活动；其三，地理邻近通过提高集群内组织间的交流频率和交流效率，强化组织间的认知邻近和组织邻近性，进而间接地促进集群创新（Malmberg A.，Maskell P.，1997；Boschma，2005）。

过多的地理邻近对于集群中组织间交互学习和创新会产生负面影响。当一个区域集群变得过分空间邻近时，区域内主体的学习能力会减弱到不能对外部的变化做出反应的地步，造成经济系统的自封闭性，不利于外部知识的流入，即产生所谓地理邻近"锁定"的负面效应，这种空间的锁定状况使区域内集群出现闭塞的风险。

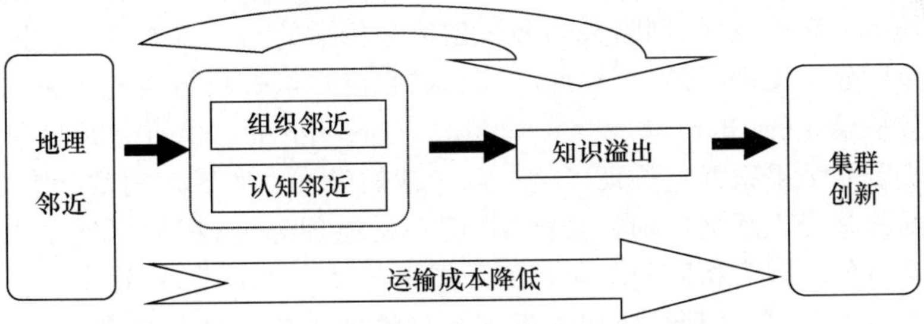

图6-2　地理邻近性对集群创新的影响机制

6.2.1.2　地理邻近不是集群创新的充分与必要条件

地理邻近的确能够促进集群创新，但地理邻近既不是集群创新的充分也非必要条件（Boschma，2005），理由如下：

首先，地理邻近不是集群创新的充分条件。为证明这一点，我们假设一个仅与地理有关的，不涉及其他任何邻近形式的纯粹知识外部经济的情况。在这种特殊的情况下，知识的转移不通过成员间明确的互动或协调发生。Maskell（2001）指出，完全开放的集群中相似活动的本地化可以保证其他本地企业的成功试验能被观察到，并能不费成本地占有。这是空间外部经济的典型例子：该地理空间中的知识源越多，每一本地成员的潜在收益就越大。这与 Gordon 和 Mccann(2000)提出的“纯粹集聚”很类似，即假定本地企业间不存在正式的稳定的关系，只要集聚能向每个本地企业提供“开放会员制”，分布在同一区域中的每个企业原则上都能从外部经济中获益。在这种情况下产生的知识外溢是地理固定的，地理邻近也就成了必需，即地理邻近是成为该集群成员的前提条件。然而，即便在这种情况下，仍必须指出的是，集群网络是一种社会结构，不管是否为本地成员，它都具有排外性(Hudson，1999)。而且，很难想象通过监视实现的模仿学习能在没有认知邻近的情况下发生(Antonelli，2000)。这意味着除地理邻近外，本地企业若想获取最大的外部经济效应需同时具备吸收和应用外部知识的能力。跨国公司试图打入本地商圈而往往不成功的实践佐证了这一点。因此，地理邻近不能被视作隐性知识交流的充分条件，也不能成为集群创新的充分条件。

其次，地理邻近不是集群创新的必要条件。Rallet 和 Torre(1999)认为，隐性知识可以通过其他形式的邻近实现远距离传播。他们指出，当精确的任务经强权中央协调被明确划分后(组织邻近)，或成员共享相同的认知经验时(认知邻近)，对地理邻近的依赖性明显减小。隐性知识的交换仍需要面对面的交流，然而，面对面交流的需要可以通过不定期出差的方式得以实现，而并不需要永久性地理邻近。随着信息交流技术不断进步和互联网的高速发展，网络成为知识创造和传播的又一重要载体。网络的定义和划分是无疆界的，如果此时我们仍假定知识外溢与空间有关就是错误甚至是误导的(Bunnell 和 Coe，2001)。Breschi 和 Lissoni(2002)对专利申请的研究结果很好地佐证了这一点。他们发现发明者之间的社会联系，或者说其基于人际交往的社会网络，而不是地理邻近，在知识外溢中扮演着重要角色。因为相同的工作经历为知识传播提供渠道，促进交互作用和创新活动的产生。因此，地理邻近不是隐性知识交流的必要条件，其作用可以被组织邻近、认知邻近以及临时性地理邻近等替代。

因此，单一的地理邻近分析视角无法充分解释集群内企业交互作用互动创新的机理；必须将地理邻近与其他维度邻近结合起来，综合考察不同维度邻近组合对集群创新的交互影响机制(Boschma，2005；Albino，2007；Torre，2008)。

6.2.2 地理邻近与组织邻近的组合对集群创新的交互影响

如上文所述，组织邻近是影响集群内行为主体交互学习与创新的一个重要维度,而地理邻近虽能影响集群创新但它既不是集群创新的必要条件也非充分条件,它通过强化其他形式邻近的作用来影响创新(Boschma,2005)。那么,地理邻近与组织邻近的组合是如何影响集群创新的?它们的交互影响效应又是怎样?西方一些学者尝试着对此问题进行了探讨。

在理论研究方面,Gallaud 和 Torre(2004)指出,仅主张地理邻近在企业合作创新中的重要性而没有考虑达到这种效应的组织条件的相关研究是具有明显缺陷的。他们认为,企业合作创新过程中存在矛盾冲突,永久性地理邻近和临时性地理邻近在合作创新的不同阶段以不同的途径机制在解决企业间冲突上发挥作用,临时性地理邻近与组织邻近的组合可以避免和解决企业合作创新中的矛盾冲突。Hausmann(1996)认为,对于组织间交互学习,社会或组织邻近比空间邻近更重要,虽然空间邻近仍能促进互动学习;地理邻近可以在建立和强化社会、组织、制度和认知邻近的过程中起到补充的作用。这与 Howells(2002)所说的地理邻近"更间接和微弱的作用"相似,也与 Boschma(2005)所强调的地理邻近通过强化其他形式邻近性的作用来影响创新的观点相吻合。地理邻近能促进非正式关系(Audretsch 和 Stephan,1996),也就是说,位置相近的企业间拥有更多面对面接触的机会,能更容易地建立相互信任,反过来也能促进企业间产生更多的人际关系和根植性关系(Harrison,1992)。地理邻近能促进诸如标准或习惯等影响互动学习和创新的制度的形成和发展。一些学者认为诸如技术协会、行会等组织机构,通过创造机会使协会成员经常聚集在一起交流(更多的是一种非正式交流形式),使得成员之间可以分享经验与专门技能(Gertler,2001),进而促进隐性知识在成员之间的扩散与共享,而不管这些成员是位居邻近还是相距遥远。在这种情形下的隐性知识流动,组织邻近比地理邻近更为重要(Amin 和 Cohendet,2000)。假如有足够的虚拟社区邻近,隐性知识就可以在一定程度上实现跨区域的流动。但是,地理上的邻近是有效促进这种社区发展的重要条件(Breschi 和 Lissoni,2001)。以上理论分析倾向于表明集群创新过程中地理邻近和组织邻近可发挥互补效应。

在实证研究方面,Tremblay(2004) 对蒙特利尔地区高科技集群中企业的邻近性和创新之间的关系进行了调查与统计分析,结果表明,关系或组织邻近性对企业创新产生显著影响,而地理邻近性的作用并不明显。

Marja Hyypia(2005) 在对知识密集型商业服务(KIBS)的研究中发现,以组织邻近性为基础,地理邻近性能促进企业间互动;对企业之间的互动促进效应与地理距离远近无关。因为组织邻近能促进不同主体之间合作的所有的(明确的、不明确的,但不是主观的)行为规则和行为惯例的形成;或者合作参与者之间共享一套共同的描述系统(共同的描述地图,语言和解释方式),加强主体之间相互沟通与相互理解的能力。

Roderik Ponds(2007)以共同出版物为表征合作的指标,应用问卷调查与统计分析相结合的方法,探讨地理邻近和制度邻近在科学合作网络中的作用,结果表明,具有相同组织制度的机构之间的合作次数明显多于不同组织制度的机构之间,因为合作在激励和约束的共同框架内发生了;当组织制度不同时,地理邻近的组织之间的合作更明显。这就是说,地理邻近性能弥补组织邻近性的不足,相反,组织邻近性促进地理上较遥远的交互作用。

Albino(2007)认为外部知识源对科技园区竞争力极为重要,而邻近性可以促进外部知识源的获取;尤其在科技园扩展地理边界时,通过组织邻近和认知邻近的"桥梁"作用来有效获取外部知识;成功的科技园区不仅仅是单纯的地理集群,而是地理、组织和认知三种邻近性的混合体。

Agrawal 等(2008)通过建立知识生产函数,利用专利引用数据,分别使用同一大都市统计区和同一族群作为地理邻近和组织邻近的指标,检验地理邻近和组织邻近对创新主体间知识的流动的影响。结果表明,尽管地理邻近和组织邻近都能促进知识在主体间的流动,但地理邻近的边际效应对那些不存在组织邻近的创新主体来说更大;同一实践社团的成员的影响效应中对不存在地理邻近的创新主体则更大。表明地理邻近和组织邻近对创新主体间知识流动的影响效应呈相互替代关系。

Reha Tǒzǔn(2009)以德国斯图加特市汽车产业中的软件服务业为对象,对多维邻近性对知识密集型生产性服务企业的本地化影响效应进行实证研究,得出结论:非空间邻近性(组织邻近和认知邻近)对于知识密集型生产性服务企业获取客商特定知识非常重要;同时,非空间邻近性的建立、维持与行为主体之间的空间邻近(地理邻近)紧密相关,即空间邻近性通过影响知识生产过程中的认知、组织邻近来间接影响知识生产。这与 Boschma 等学者的观点非常吻合。

综上,地理邻近和组织邻近的组合对集群创新的影响或呈互补效应或呈替代效应。理论分析更倾向于认同集群创新过程中地理邻近和组织邻近两者之间互为补充与增强的关系,而实证研究的结果却显示地理邻近和组织邻近之间或呈互补关系或呈替代关系。由此得出,地理邻近和组织邻近对集群创新存在明显交互作用效应,这为本书所提出并分析的"传统'LKS'视角下单一地理邻近的分析视角具有局限性"的观点提供支撑。而两者间的交互作用表现为互补效应还是替代效应，这与集群的类型、特性以及集群创新演进所处的发展阶段有关，与集群所处的时空背景有关（Boschma,2005），以及与集群内相关主体之间的邻近关系发育程度有关。

借鉴以上理论分析与实证结果，本研究将地理邻近和组织邻近的组合对集群创新的影响机制概括为以下几点：

（1）集群内企业之间的地理邻近为彼此间提供了更多的面对面交流的机会，而频繁的面对面的交流（尤其是非正式交流）促进企业间产生更多的基于信任的人际关系和根植性关系，在这种机制下促进了组织邻近性的发展；地理邻近与组织邻近的交互影响，激活了企业间的交互学习动力提升互动学习效率；纾解了企业间隐性知识转移的障碍，促进隐性知识在集群内的快速扩散与新知识的生成，进而促进集群创新。

（2）组织邻近性不能直接促进地理邻近性的提高，主体只有在察觉到为了实现某一创新目标提高组织邻近性的成本高于促进地理邻近性的成本时才会考虑通过迁址来改变地理邻近性；组织邻近能削弱合作创新主体对永久性地理邻近的依赖，而以“临时性地理邻近”形式出现（Torre,2008），临时性地理邻近与组织邻近的组合可以满足合作创新过程中相关主体间面对面交流的需要（Gallaud 和 Torre,2004），这一点对于集群获取外部知识进而促进创新具有重要意义。

（3）地理邻近对集群创新产生影响，但单独的地理邻近既不是集群内企业合作创新的必要条件也不是充分条件，它通过强化或弱化组织邻近及认知邻近效应来间接影响企业合作创新；单独的组织邻近对创新的促进作用往往局限于组织管理方面的创新，对产品创新推动能力有限，且互动的频率和效率受到较大限制；地理邻近与组织邻近的交互作用，激活了企业间的交互学习动力，提升了互动学习效率，纾解了企业间隐性知识转移的障碍，促进隐性知识在集群内的快速扩散与新知识的生成，进而促进集群创新。

（4）地理邻近与组织邻近在集群创新中产生交互作用，交互影响效应既可能表现为相互替代关系也可能表现为互补关系，这与集群的类型、特性、集群所处的时空背景以及集群创新演进所处的阶段有关。这就说明，不能想当然地认为地理邻近还是其他维度邻近在集群创新中发挥更大作用（Boschma,2005），以及地理邻近与其他维度邻近的组合对集群创新的影响到底是相互增强还是互相替代，通过实证研究来检验理论观点显得尤为重要。

（5）过度的邻近性非但不能促进创新，反而压缩了创新的空间、降低了创新的概率与效率，因此，明智的企业会适当地改变某些邻近性的程度，以进一步促进创新。

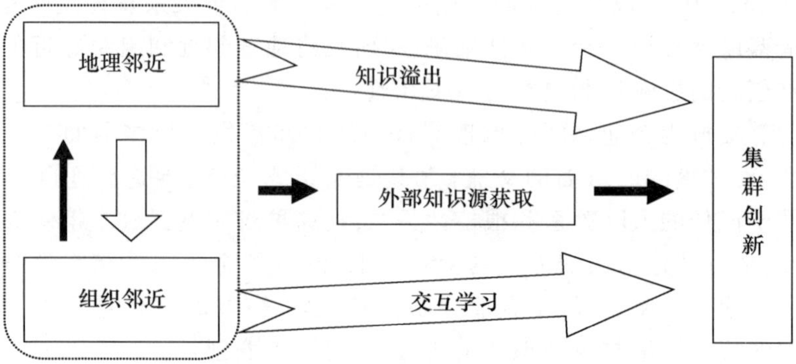

图 6-3 地理邻近、组织邻近对集群创新的影响机制

6.3 地理邻近和组织邻近对集群创新影响效应的实证检验

尽管西方一些学者的实证研究为上述理论观点提供了佐证，但多维邻近性对集群创新的影响效应会因集群所处的时空背景、社会制度背景以及集群所处的发展阶段的不同而不同（Boschma，2005）。因此，上述理论观点在我国的适宜性还有待于针对我国产业集群实况进行实证检验。

6.3.1 理论假设

通过上述理论机理分析我们知道，地理邻近通过促进隐性知识传播、降低企业生产成本、强化组织间认知邻近和组织邻近直接或间接促进集群创新；组织邻近通过降低生产成本和交易成本、促进知识溢出与交互学习、增强对机会主义的控制、增加外部知识获取以及促进认知邻近等方式促进集群创新。基于此，提出两个基本假设：

H1：地理邻近对产业集群创新产生显著正向影响；

H2：组织邻近对产业集群创新产生显著正向影响。

进一步的分析表明，集群内组织间的地理邻近为彼此提供了更多面对面交流的机会，而频繁的面对面的交流（尤其是非正式交流）使组织间产生更多基于信任的人际关系和根植性关系，促进组织邻近的发展；组织邻近虽然也对地理邻近产生一定的影响，但仅当主体察觉到为实现某一创新目标提高组织邻近的成本高于促进地理邻近的成本时，才可能会考虑通过迁址来加强地理邻近，从而间接促进地理邻近的提高；地理邻近和组织邻近在促进集群创新过程中存在一定的交互作用，其交互影响效应既可能表现为替代关系也可能表现为互补关系，这与集群的类型、特性、集群所处的时空背景以及集群创新演进所处的阶段有关。因此，本书继而提出以下两个假设，其中假设 4 又包涵两个子假设：

H3：地理邻近在促进产业集群创新中对组织邻近具有显著正向影响；

H4：地理邻近和组织邻近在促进产业集群创新中存在交互作用；

H4a：地理邻近和组织邻近对集群创新的交互作用呈替代效应；

H4b：地理邻近和组织邻近对集群创新的交互作用呈互补效应。

用图形表示上述建立在文献探讨和推论之上的假设如下，这也是本节实证部分的主要研究框架：

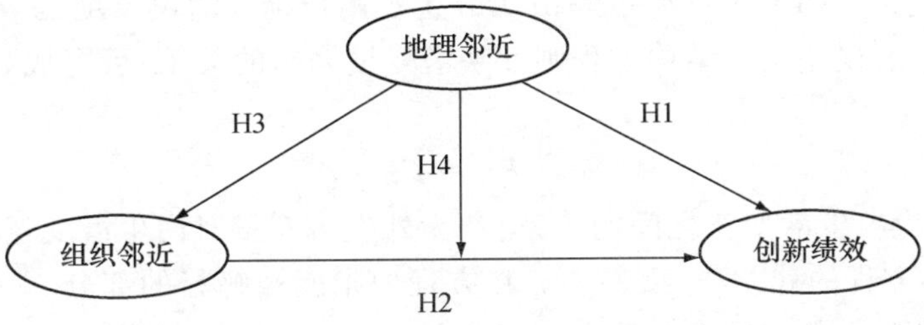

图 6-4　实证研究构架图

6.3.2　研究方法与指标测度

6.3.2.1　*研究方法的选择*

1. 结构方程模型(SEM)

常规的统计分析如多元回归分析，自变量之间必须相互独立，否则将会出现“共线性”问题，造成得不到参数估计量或使 OLS 估计量非有效，参数估计值的方差和标准差增大，变量显著性检验失去意义，模型预测功能失效等后果。在研究交互作用时，自变量之间明显存在这种“共线性”，可见常规的统计分析方法并不适用。

本书拟采用的结构方程模型(SEM)是一种既考虑因子内部结构，同时又注重因子之间的因果关系的多变量测量模型，兼具验证性因子分析、路径分析、方差分析、回归分析的优势。结构方程模型是在已有的理论基础上，应用与之相应的线性方程系统表示该理论的一种统计分析方法，其优点在于：可同时考虑并处理多个因变量；允许自变量和因变量含有测量误差;能同时估计因子间的结构和因子间的关系;可采用比传统方法更有弹性的测量模式(在传统方法中,项目更多地依附于单一因子,而在 SEM 中,某一指标变量可从属于两个潜在因子);可构建潜伏变量之间的关系,并估计模式与数据之间的吻合程度。

结构方程模型可分为测量方程(Measurement Equation)和结构方程(Structural Equation)两部分。测量方程描述潜变量与指标之间的关系,通常写成:

$$x = \Lambda x\xi + \delta; \quad y = \Lambda y\eta + \varepsilon$$

其中,x 为外生观测指标;y 为内生观测指标;ξ 为外生潜变量(即它们的影响因素处于模型之外);η 为内生潜变量(即由模型内变量作用所影响的变量);Λx 为反映外生观测指标对外生潜变量关系强弱程度的系数矩阵,称为外生观测变量在外生潜变量上的因子负荷矩阵;Λy 为内生观测指标在内生潜变量上的因子负荷矩阵;δ 为外生观测指标 x 的误差项;ε 为内生观测指标 y 的误差项。结构方程则反映潜变量之间的关系,可写成如下结构方程:

$$\eta = B\eta + \Gamma\xi + \zeta$$

其中,B 为内生潜变量之间的关系;Γ 为外生潜变量对内生潜变量的影响;ζ 为结构方程的残差项,反映了 η 在方程中未能被解释的部分。一般的结构方程模型示例如图 6-5 所示。

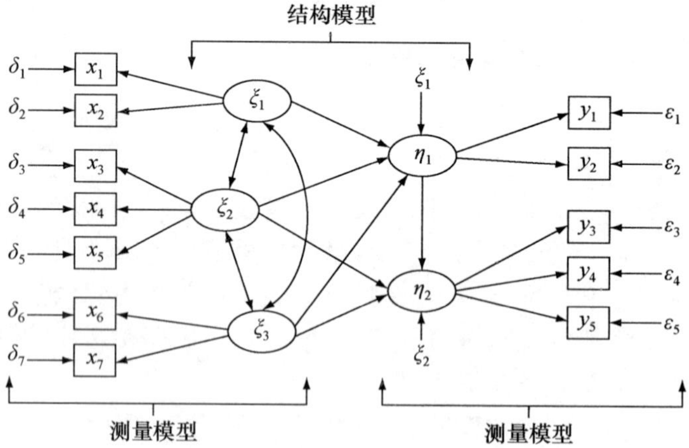

图 6-5 一般结构方程模型示意图

对模型的估计通常采用拟合模型估计协方差与样本协方差(S)的方法,具体来说,可使用极大似然、广义最小二乘、非加权最小二乘等方法,构造出一个模型估计协方差与样本协方差的拟合函数,继而通过迭代方法,得到使拟合函数值最优的参数估计。目前,SEM 模型估计方法中最常用的为极大似然法。相关分析软件有 LISREL、EQS 和 AMOS 等,其中 AMOS 是一款可视化模块软件,可快速绘制 SEM 图形,方便浏览、修改、输出模型图,以其简便的操作和同样出色的分析效果而甚为普及。

2. 模型参数估计方法

对结构方程模型进行参数估计和检验,可以有两种不同的建模技术,分别为基于极大似然估计的协方差结构分析(LISREL)方法与基于偏最小二乘法 (Partial Least Squares, PLS)的方差分析方法。

LISREL 方法的建模原理是以协方差为基础,寻求样本方差矩阵与根据理论模型的协方差矩阵之间的"差异"最小;建模目的是追求最优的参数,保证参数估计的精确度;要求观测值服从多元正态分布,而且观测值之间相互独立,因此该假设被称为"硬假设";属完全信息估计方法,一般需要较大样本量;实现该方法的计算机程序主要有 LISREL、AMOS、EQS 等。PLS 方法的建模原理是以方差为基础,寻求所有残差方差条件最小来构建模型;以预测为目的,通过不断迭代使参数稳定;对于观测变量的分布、残差和参数没有严格的假设限制,只需要满足"预测条件",即满足一般线性回归的条件即可,因此该假设也称为"软建模"方法;是一种有限信息估计方法,适用于小样本研究;实现 PLS 方法的计算机程序主要有 SmartPLS、PLSGraph、S-PLUS、MATLAB 等。

结构方程两种建模方法 LISREL 和 PLS 的选择主要取决于研究目的(Chin,1995)。当研究的目的是理论检验且先验理论知识充足时,适宜采用 LISREL 方法;当研究目的是因果预测应用,且理论知识非常缺乏时,则更适合采用 PLS 方法(Joreskog 和 Word,1982)。目前,关于多维邻近性对创新的影响模型还未提出成熟的框架结构,相关理论机理也尚不完善,模型中潜变量与潜变量之间的关系以及潜变量与其显变量之间的关系等都需要在实证研究中加以验证;相应的显变量选择也存在不确定性,这样导致数据的分布对某些显变量会有较大的非正态性。同时考虑到,本书模型既含有反映型指标(Reflective Indicator)又有组合型指标(Formative Indicator),且样本数量不大等现实,因此,本书采用 PLS 分析方法,并运 SmartPLS 软件进行模型参数进行估计。

6.3.2.2 研究对象的选取

本书的目的在于研究多维邻近性对产业集群创新的影响效应,以及此过程中不同维度间的交互作用,因此所选研究对象必须为创新能力和研发合作都显著的集群,软件产业集群恰恰符合这两方面的特征。第一,软件技术更新快，生命周期短暂，从代替原有技术的新技术最初产生到被更先进的技术代替，一般只需要 18—24 个月的时间。新技术、新概念、新思维在软件行业内层出不穷，符合集群创新能力显著的要求。第二，我国大部分省份均建有国家级软件园，多政策引导企业的集聚，使软件企业间地理邻近客观存在。第三，软件行业核心的计算机语言编程技能相似，软件从业人员知识背景相近，员工“跳槽”、“走穴”以加速提薪的几率较高，均导致软件产业集群内知识交流活跃，认知邻近较其他产业集群更为显著。第四，软件行业的大中小型企业规模分化明显，民营、合资和国有性质企业运作与管理差异大，有利于组织邻近研究的开展。

目前我国已形成以环渤海、长三角、珠三角为核心，中西部中心城市等四大软件产业集群的空间分布格局。(1) 环渤海地区占据着中国软件产业的制高点，占 2010 年全国软件业务收入的 33.9%。在这一聚集区中，北京是带动软件产业发展的龙头，聚集了中国最多的科研机构和高级软件人才，智力资源竞争力居中国之首，是众多国内外软件企业总部及主要核心研发机构所在地，通过快速密集的技术创新打破低端锁定，逐渐实施以掌握产业链高端为主导的发展模式。(2) 包括上海、江苏和浙江在内的长江三角洲地区是中国重要的软件产品和信息服务基地，在国内软件产业占有重要地位，占 2010 年全国软件业务收入的 28.9%。近年来，政企合力多级联动推进软件产业蓬勃发展，整个地区的产业建设已经进入快车道。特别是随着南京、苏州、杭州等城市软件产业的快速崛起，无锡、扬州、宁波等城市的不断跟进，正在与上海形成梯队发展格局，地区产业配套能力增强，产业势能不断提升。(3) 珠三角地区是中国最重要的软件产业基地之一，占 2010 年全国软件业务收入的 18.1%。产业集中度高，汇聚业内众多知名企业，在软件发展中注重营造良好的创新环境和产业发展氛围，已形成了较为成熟、完整的产业链。良好的区位优势和创业环境，领先的电子政务、城市信息化建设及旺盛的需求为软件企业提供了潜力巨大的目标客户群，产业发展后劲足，而珠三角强大的电子制造业基础为嵌入式软件的迅速发展提供了天然的腾飞平台。深圳、广州等软件产业发达城市对整个珠三角地区软件的拉动效应愈发明显。(4) 成都、西安、重庆三个城市软件业务收入占西部地区的 90%，形成了中国软件产业区域分布中的“西三角”格局，2010 年所在省软件业务收入之和占全国的 7.4%。西三角地区人才资源丰富、科研能力突出、劳动力成本低，具有发展软件产业的天然优势。同时，西三角地区积极引进创新要素，奠定自主创新基础，正在超越低端锁定，转变产业链中的角色。

为引领我国软件产业布局，鼓励并推动骨干软件企业及重点软件企业加快发展，奠定我国软件产业实现跨越式发展的坚实基础，我国自 2001 年起逐年颁布认证“国家规划布局内重点软件企业”。2010 年国家规划布局内重点软件企业共 240 家，其中环渤海（京、津、辽、鲁）占 74 家，长三角（沪、苏、浙）占 73 家，珠三角（粤、闽）占 59 家，这三个集群共占 206 家，是总认证企业的 86% 。因此，本书最终将研究对象确定为环渤海、长三角、珠三角三大软件产业集群，并从数据可得性和代表性的角度，将 2010 年国家规划布局内重点软件企业作为实证对象。

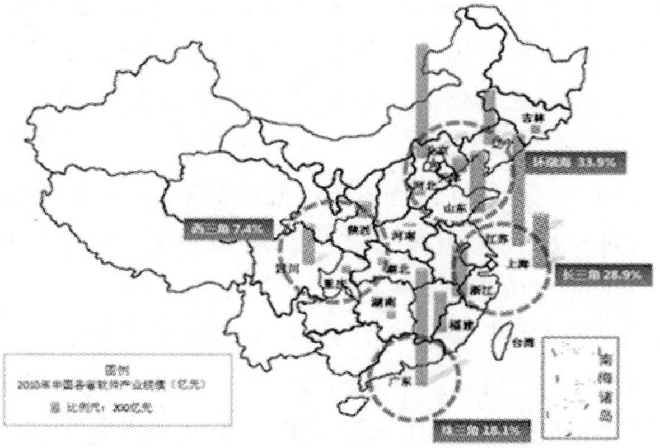

图 6-6 中国软件产业集群分布格局

资料来源：《中国软件产业地图白皮书（2011 年）》。

6.3.2.3 指标的测度

1. 创新绩效（INNO）

若邻近确能促进创新，则一方面能有效推进创新的进程，并激发更多更好的创新成果的推出和创新产品的研发；另一方面企业创新的目的在于将创新成果运用于产品，推向市场并最终获益，因此经济效益指标也能部分地反映企业的创新能力与成果。企业的创新成果可用企业申请和获批的专利数、登记的著作权数等表示；处于创新过程中的产品也可以通过企业年报中的相关无形资产来体现，具体包括处于开发阶段的公司的专利技术和非专利技术、数据库、数据使用权、软件等；企业的经济效益指标方面，考虑到本书选取了软件产业作为研究对象，具有产品更新换代快、产品升级与创新层出不穷的显著特点，将主营业务收入、净利润等用于衡量创新绩效也较符合产业实际。综上分析并结合数据的实际可获取情况，本书最终选取了软件企业的软件著作权、相关无形资产、主营业务收入三项指标，用以衡量创新绩效这一变量。数据主要来自中国版权保护中心网站和上市公司企业年报。

2．地理邻近(G)

地理邻近用于衡量主体间空间距离的远近,常见的有直接测度与间接测度两种方式。直接测度如利用企业经纬度坐标以及相关工具直接计算企业间实际距离或交通时间,计算某一企业到其他企业的平均实际距离或平均交通时间,并取其倒数表示其地理邻近程度;或以目标主体为中心测度一定区域或集群区域内企业集聚程度,即某企业四周一定面积内类似企业的个数占此类企业总数的比值。间接测度则需借鉴虚拟数值,按企业所在地不同,划分地理邻近程度,用虚拟数值形式表示地理邻近,如在同一区则赋值为5,在同一市赋值为4,在同一省份赋值为3,在同一集群赋值为2,其他则赋值为1(考虑到临时性地理邻近的存在),最终将得分相加即为该企业的地理邻近值。

为保证指标的全面性与合理性,并适应结构方程模型的实证研究需要,本书考虑同时采用直接和间接方法测度地理邻近,并选取了名义地理邻近、空间地理邻近和功能地理邻近三个指标。具体而言,空间地理邻近衡量的是某企业到集群内其他企业的平均实际距离(通过google地图计算),并取其倒数表示空间地理邻近程度;名义地理邻近即按上述赋值标准对两两企业间的地理邻近度进行赋值,最后将与某企业相关的赋值加总即得该企业的名义地理邻近值;功能地理邻近则衡量了某企业到集群内其他企业的平均交通时间,并将不同城市间交通通达度差异考虑在内,最终用平均交通时间(通过google地图计算)除以交通通达度(该省市的单位土地面积公路里程数),再取其倒数表示。数据来源主要有google地图网页以及中国统计年鉴。

3．组织邻近(O)

组织邻近是一个相对较难衡量的指标,目前国外实证研究关于组织邻近的测度大都建立在详细的专利数据基础上,分析共同发明人的组织机构归属、种族归属、国家归属等。但限于国内专利数据的不完善性,以及我国软件产业的创新成果更多以软件著作权体现的客观实际,本书并不能参照此法进行。边燕杰等在《企业的社会资本及其功效》中提出了适用于中国企业的社会资本指标体系,包括纵向联系(企业法人代表是否在上级领导机关任过职)、横向联系(企业法定代表人是否在跨行业的其他任何企业工作过及出任过管理、经营等领导职务)和社会联系(企业法定代表人的社会交往和联系是否广泛)。依照此思路,并顺应部分学者横纵组织邻近的提法,本书以样本企业的法人代表相关信息为依据,划分了纵向组织邻近和横向组织邻近。

具体而言,纵向组织邻近是指企业与上级领导机关、当地政府部门以及下属企业、部门的联系,这种纵向联系有利于企业从"上边"获得和摄取稀缺资源。我们的假设是,企业法定代表人在上级领导机关和下级企业,或在行业自律组织和经信委、工商联等机关任职越多,意味着企业的纵向联系越有优势。具体通过企业法人在上级母公司、下级子公司、经信委、行业协会和工商联合会等兼职数加总衡量。横向组织邻近是指企业与其他企业的联系,如业务关系、协作关系、借贷关系等,这种联系不仅有利于沟通信息,而且能帮助企业解决资源短缺等突发事件。我们的假设是,企业法定代表人在其他企业工作过及出任过管理、经营等领导职务越多,或其社会地位越高,则企业的横向联系越有优势。具体通过企业法定代表人在其他企业或高校、研究所等任职数,是否为人大、政协代表,以及其在行业中的领军程度综合衡量。数据主要来自上市公司企业年报中"董事主要工作经历"介绍并结合互联网相关信息最终整理而成。

4. 其他变量——创新投入(I)

创新投入包括创新资金投入和创新人力投入。创新投入是集群创新活动得以进行的物质基础,其对于集群创新的重要性不言而喻。相较于多维邻近性对创新的影响,创新投入的影响更加直接而显著,是分析创新绩效模型中不可缺少的重要组成部分。但因其不是本书讨论的重点,因此,仅简单选取创新资金投入和创新人力投入两项指标,用以综合衡量企业创新投入这一变量。相关数据摘自上市公司企业年报。

6.3.2.4　数据来源

本书所研究的软件企业来自国家发改委、工业和信息化部、商务部、国家税务总局联合审核认定的"2010 年度国家规划布局内重点软件企业名单"。考虑到相关实证研究对数据的要求相对较高(要求能获取企业的营业收入、技术人员和资金投入等信息,一般只能通过企业年报获取),最终选取了名单中在上海和深圳证券交易所上市的企业作为实证研究对象,并把研究年份前后各延伸一年。由于企业上市次年才会公布年报,最终的数据为 2009 年 35 家、2010 年 54 家、2011 年 61 家,共 150 家企业。相关数据主要来自中国版权保护中心网站(http://www.copyright.com.cn)、深圳证券交易所(http://www.szse.cn)、上海证券交易所(http://www.sse.com.cn)、各企业上市年报和各公司网页等。具体指标与数据来源如表 6-1 所示。

表 6-1 指标选取与数据来源

潜变量(结构变量)	显变量(观测变量)	数据来源
创新绩效(INNO)	软件著作权(INNO1)	中国版权保护中心网站
	相关无形资产(INNO2)	企业年报
	主营业务收入(INNO3)	企业年报
创新投入(I)	创新资金投入(I1)	企业年报
	创新人力投入(I2)	企业年报
地理邻近(G)	空间地理邻近(G1)	Google 计算
	功能地理邻近(G2)	Google 和中国统计年鉴
	名义地理邻近(G3)	企业年报和企业网站
组织邻近(O)	纵向组织邻近(O1)	企业年报和企业网站
	横向组织邻近(O2)	企业年报和企业网站

6.3.3 模型构建与基本检验

6.3.3.1 模型构建

为验证前文假设,本书构建如下三个模型:

模型一,本章主模型,用于检验地理邻近和组织邻近与产业集群创新绩效之间的正效应是否显著存在,即检验假设 H1、H2 是否成立,如图 6-7 所示。

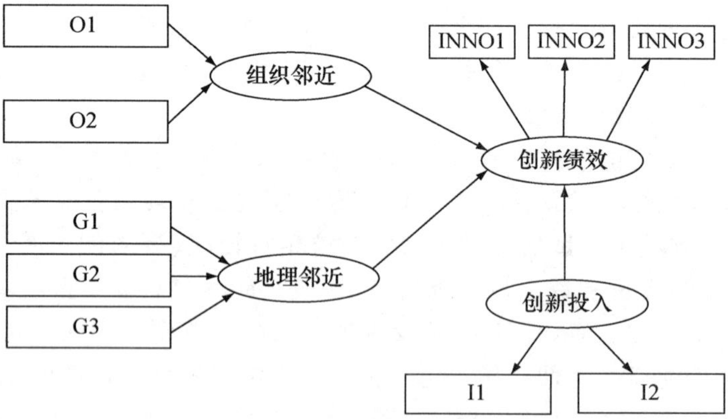

图 6-7 结构方程模型一

模型二,在地理邻近和组织邻近之间建立直接联系,探索地理邻近是否通过组织邻近对创新绩效产生中介效应,即检验假设 H3 是否成立,如图 6-8 所示。

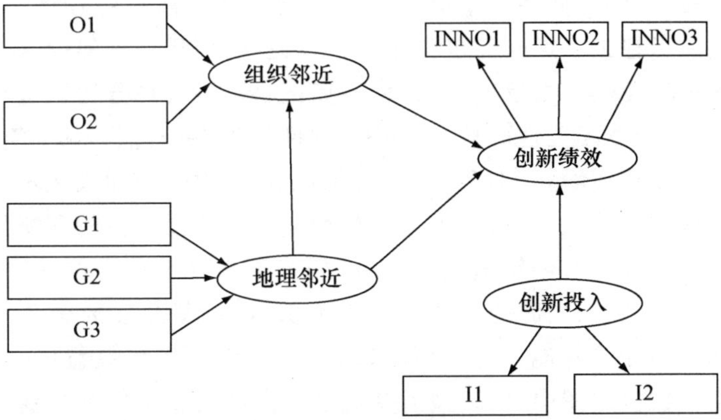

图 6-8　结构方程模型二

模型三，侧重检验地理邻近和组织邻近在集群创新中的交互影响机制是否存在，且其影响是正的互补效应还是负的替代效应，不同维度的邻近之间的关系是相互弱化还是相互强化，即检验假设 H4 是否成立，如图 6-9 所示。

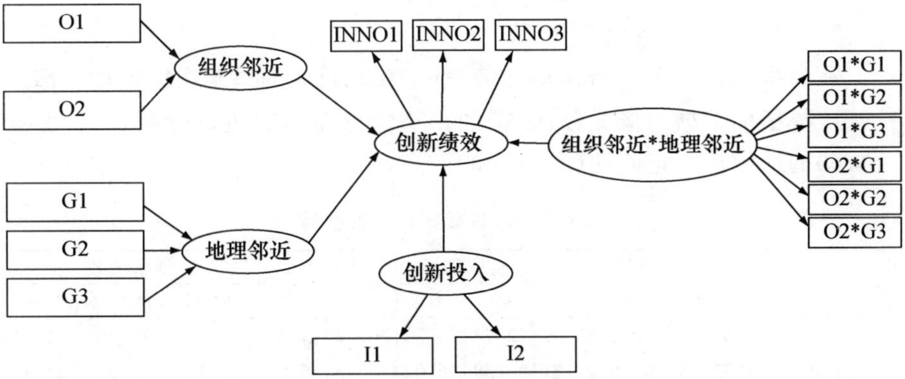

图 6-9　结构方程模型三

需特别说明的是，模型中的潜变量的测度有两种类型：反映型（Reflective Measurement）和组合型（Formative Measurement）。反映型是指潜变量决定观测变量，即我们测量的是潜在概念的外在反映，其观测变量间往往具有较高的相关性；而"组合"指的是观测变量以某种方式共同组成潜变量，组合型潜变量由显变量共同决定，观测变量间没有必然的相关性。两者在逻辑上是有区别的，在模型中的箭头指向也有所差异。

本研究模型中，地理邻近（G）、创新投入（I）和创新绩效（INNO）是反映型潜变量。地理邻近（G）的三个观测变量空间、功能和名义地理邻近之间相关性较高，因为同在一个区市的企业间空间距离自然较近，而企业间的空间距离近往来交通时间也会相应较少，三者均是地理邻近这一潜变量以不同方式测度的外在反映，故为反映型；创新投入(I)分为资金和人力投入两项指标，两者相关性可从北京超图软件年报中一窥，“2011 年，公司研发费用与同期相比增长 31.74%，主要原因在于 2011 年研发人员的增长以及薪酬的提升所致”，可见，企业研发费用包含了研发人员的薪酬且两者相关性较高，为反映型；创新绩效(INNO)的三项指标软件著作权、相关无形资产、主营业务收入之间的相关性更无需赘言，创新旺盛的企业其创新成品和创新中间品较其他企业应更丰富，由此产生的经济效益也会更好，也为反映型。在模型图中，反映型潜变量箭头由潜变量指向观测变量。与此相对，组织邻近(O)是组合型潜变量。本研究测度组织邻近(O)从横向和纵向两个维度展开，但两者间相关性并不必然存在，因为企业与上级领导机关、当地政府部门以及下属企业、部门的联系紧密，并不意味着该企业与其他企业的联系一定也较多；纵向组织邻近和横向组织邻近只是从两个不同的角度反映组织邻近，两者一起才能综合体现组织邻近，故为组合型。在模型图中，组合型潜变量箭头由观测变量指向潜变量。

6.3.3.2 正态性检验

在运用 PLS 方法分析模型之前，本书在此首先通过基本的统计方法来描述建模指标数据的概况，对数据的正态性分布情况进行分析，以检验实证方法的适用性与正确性(见表 6-2)。

表 6-2 样本数据正态性检验

	地理邻近			组织邻近		创新投入		创新绩效		
	G1	G2	G3	O1	O2	I1	I2	INNO1	INNO2	INNO3
均值	37.13	40.42	52.47	22.74	29.70	6.52	12.42	13.45	16.48	16.64
标准差	32.25	30.86	25.71	20.39	26.02	12.96	16.95	16.50	21.35	21.37
偏度	0.53	0.27	0.07	1.61	0.66	5.37	3.15	2.49	1.76	2.09
峰度	-1.24	-1.41	-0.55	3.03	-0.32	32.24	10.60	7.14	2.98	4.13
K-S	2.44	2.15	1.24	2.06	1.91	3.77	3.21	2.54	2.70	2.97
Sig(双侧)	0.000	0.000	0.094	0.000	0.001	0.000	0.000	0.000	0.000	0.000
是否正态分布	否	否	是	否	否	否	否	否	否	否

表 6-2 中列示了各个指标的若干统计指标，其中包括均值、标准差、偏度和峰度，以及对各个指标进行样本分布正态性检验的 Kolmogorov-Smirnov 统计量值和检验结果。我们主要对均值和 K-S 检验做主要说明。

为了排除变量量级的影响，便于横向对比，在分析之前对原始数据进行标准化，本书采取的处理方式如下：

$$\hat{A}_{ij} = \frac{A_{ij} - \min(A_{ij})}{\max(A_{ij}) - \min(A_{ij})} \times 100, \quad \hat{A}_{ij} \in [0,100]$$

通过均值的比较，我们可以看出地理邻近三个指标中的 G3 均值最接近 50，说明样本企业的该项指标分布较均衡，G1 和 G2 较之略微偏低；而组织邻近的均值徘徊在 20—30，说明样本中有部分较为零散的极大值；创新投入和创新绩效的样本值则更低，均在 17 以下，创新资金投入（I1）更是低至 6.52，说明在这些指标方面，企业间存在相当大的差异，少数企业投入的资金巨大，而大部分企业则投入平平，导致总体均值偏低。

偏度和峰度的检测结果显示，部分测量指标存在一定程度的过度偏度和峰度（峰度 >3），尤以创新投入和创新绩效最为明显。K-S 正态性检验的结果进一步显示，本书所获取的样本数据，无论是地理邻近、组织邻近，还是创新投入和创新绩效，其维度上的大部分指标（除 G3）在 0.05 的显著性水平上均可以拒绝原假设，认为这些指标并不服从正态分布；且 G3 指标在 0.1 的显著性水平下也拒绝原假设，可认为本书样本数据指标均不满足正态分布。前文对 PLS 分析方法的介绍中已提到，与其他方法相比这种方法没有要求建模数据要符合正态分布等较为严格的假设条件，因而，本书选择 PLS 路径建模分析方法是正确的。

6.3.3.3　模型 PLS 分析步骤

本研究采用 Ringle，Wende 和 Will（2005）所研发的 Smart PLS 软件进行 PLS 分析，因为样本数不大，以 Bootstrap 反复抽样法（Bootstrap Resampling method）反复抽取 2000 个样本作为参数估计与推论。对结构模型的 PLS 分析主要分为以下四步：

1. 信度检验

信度（Reliability）是检验样本数据是否可信赖以及变量内在一致性的一项常用指标，指采用同样的方法对同一对象重复测量时所得结果的一致性程度，可界定为真实分数的方差与观察分数的方差之间的比例。在 Smart PLS 软件中，我们选取 Cronbach's 和 Composite Reliability（组合信度）指标来考察样本数据信度。按照经验判断方法，当 Cronbach's 值大于 0.7 时，认为变量测度可靠性较强，可以进一步分析；而在以往的研究中，有些学者也指出 Cronbach's 值并非一定需要到 0.7，比如 Fornell 和 Larcker（1981）提出当值大于 0.6 时，即在可接受的范围内。组合信度一般也要求在 0.7 以上，潜变量的组合信度值越高，表示其观测指标越能测出该潜在变量。

2. 效度检验

效度又称测量的有效性、准确度,是指测量工具能够准确地测出测量内容的准确程度,即测量的内容是否针对测量变量的特性,并且具有代表性和适当性(李杰,2008)。对效度的检验一般可从聚合效度(Convergent Validity)与区别效度(Discriminant Validity)两个方面来进行衡量。聚合效度可以通过平均方差提取率(AVE)值来反应,AVE 是指由于测量的误差所引起结构变量从其观测变量处所获取解释时的方差,如果 AVE 值大于 0.5,表示 50% 以上观测变量的方差被说明,表示结构变量具有较好的聚合效度;区别效度以 AVE 的平方根值和潜变量间的相关系数的大小来判断两潜变量的区分程度,若 AVE 的平方根大于相关系数矩阵中的最大值,表明测量模型有良好的区别效度。

3. 外部模型参数检验

Bootstrap 再抽样方法是 PLS 建模中常用到的一种检验方法。通过对初始样本进行有放回的反复随机再抽样,对每一组再抽样样本进行相同的模型估计,用得到的多组参数估计值构造 t 统计量,对 PLS 路径模型中的重要参数进行检验。Bootstrap 检验的原假设认为被检验的某项系数的数值为 0,如果拒绝原假设则认为该系数显著不为 0,如果不能拒绝原假设则该系数对应的变量在模型中未能通过显著性检验,需要考虑对它的调整。本书利用 Bootstrap 再抽样方法对外部模型的负载系数(Outer Loading)和外部权重(Outer Weight),以及结构模型的路径系数(Path Coefficient)进行检验。

在反映型的测量模型中负载系数就是观测变量与其结构变量之间的相关系数,要求负载系数大于 0.7,也就是要求一个潜变量能够解释其测量变量组 50% 以上的方差。组合型的测量模型则由外部权重反映观测变量与其结构变量之间的相关系数,要求负载系数大于 0.1;当 T 值大于 1.95 时,相应变量在 $P<0.05$ 概率下显著;T 值大于 2.58 时,则在 $P<0.01$的水平下显著,T 值的最低要求为至少大于 1.66($P<0.1$)。

4. 内部模型参数检验

内部模型(也称结构模型)方面,主要检查路径系数的显著性与预测能力,前者通过 T 值,后者则以 R^2 判断。

潜变量的估计值是由 PLS 路径模型外部估计得到的负载系数或外部权重与相应的测量变量相乘求和得到的。继而通过普通最小二乘回归方法,估计得到内部模型的路径系数 (Path Coefficient)以及相关的评价指标。

模型的解释能力(R^2)为潜变量与其相应的解释潜变量之间因子负荷和相关系数的乘积之和,表示解释潜变量对该潜变量的解释程度,若所有

潜变量的 R^2 值大于 0 表示模型可接受。

5. 交互作用分析

模型五涉及了交互作用的分析，与前面四个模型的分析操作稍有不同，在此先做简要说明。在分析交互作用时，需将"地理邻近"(G)的各因素分别与"组织邻近"(O)的各因素相乘而形成交互效应变量(G * O)，这些变量在 PLS 模型中被视为独立变量，可估计其对"创新绩效"(INNO)产生的影响。此法主要是观察交互效应的路径系数是否显著，以此判断调节效应是否存在及其影响的大小(Kaplan，Schoder 和 Haenlein，2007)。

交互作用的研究方法有多种，如产出指标法(The Product Indicator Approach)、两步法(The Two-stage Approach)等。前者适用于仅含反映型指标时，后者则用于同时含反映型指标和组合型指标模型的交互作用情况，因此本书选择后者。

所谓两步法，具体需要分以下两步骤：

步骤 1：运行不含交互项的主模型，相关潜变量的各样本得分将被计算保留并用于下一步分析。

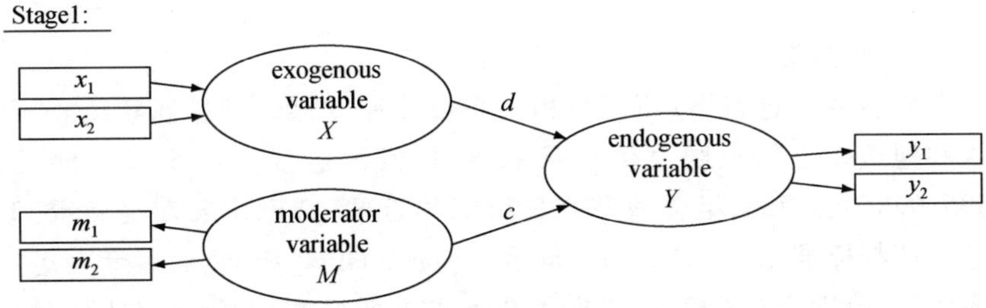

图 6-10　步骤 1

步骤 2：在模型中建立交互项，用上一步中计算的各潜变量得分替代原模型中的显变量，运行得出潜变量之间的路径系数。

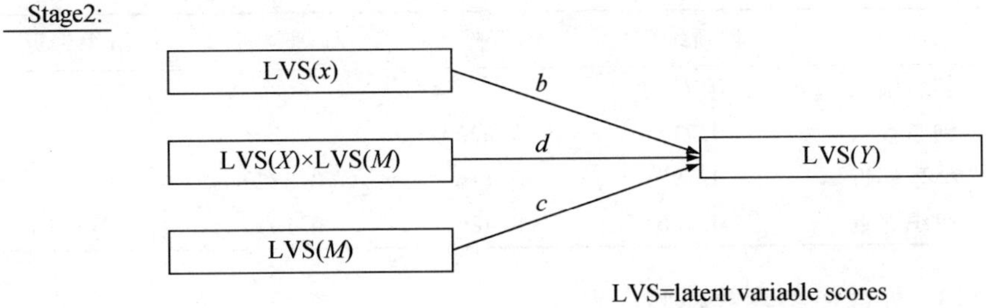

图 6-11　步骤 2

6.3.4 模型测评结果

按照上述模型 PLS 分析的思路和步骤，分别对模型一至模型三进行测评。相关实证结果输出呈现如下：

6.3.4.1 模型一实证结果

1. 信度检验

模型一信度检验结果，除创新绩效稍逊之外，其余 Cronbach's α 值都在 0.7 以上；组合信度方面，所有变量都在 0.8 以上，表明组合信度良好（见表 6-3）。因此，可以认为模型的信度可以接受。

表 6-3 模型一信度检验

变量	代码	α 值	组合信度
创新绩效	INNO	0.661	0.815
创新投入	I	0.825	0.919
地理邻近	G	0.812	0.888

注：组合型潜变量无相应项值。

2. 效度检验

对模型变量进行 AVE 以及相关系数计算，结果表明，创新绩效、创新投入和地理邻近等反映型潜变量的 AVE 值都达到了 0.5 以上，分别为 0.595、0.850、0.726；组合型潜变量组织邻近的 AVE 并未直接显示，但当因子负荷都标准化后，AVE 与共同度（Communality）相同，而后者在运行结果中可得，分别为 0.690，也达到了 0.5 以上的标准；AVE 平方根（对角线上值）均大于与对角线下方其他指标的相关系数，故整体而言，模型的效度较优（见表 6-4）。

表 6-4 模型一相关系数与 AVE

	创新绩效	创新投入	地理邻近	组织邻近
创新绩效	(0.771)			
创新投入	0.715	(0.922)		
地理邻近	0.297	0.116	(0.852)	
组织邻近	0.486	0.486	0.107	(0.831)

3. 外部模型参数检验

表 6-5 是关于测量模型负载系数和外部权重的 Bootstrap 检验结果，反映型指标各项负载系数最低为 INNO2 的 0.725，所有负载系数均大于 0.7

的标准，且在 $P<0.01$ 的水平下均显著；组合型指标的各项外部权重最低为 O1 的 0.521，均远大于 0.1 的标准，且 O1、O2 在 $P<0.01$ 的水平下显著，表明测量模型结构良好。

表 6-5　模型一测量模型负载系数和外部权重的 Bootstrap 检验

潜变量	观测变量	Outer Loading	T Statistics	Outer Weight	T Statistics
创新绩效	INNO1	0.741	12.032***	0.399	8.189
	INNO2	0.725	9.415***	0.374	9.721
	INNO3	0.843	27.762***	0.514	9.795
创新投入	I1	0.903	31.867***	0.48	13.03
	I2	0.940	38.774***	0.603	17.355
地理邻近	G1	0.905	9.089***	0.365	5.387
	G2	0.885	8.589***	0.348	4.934
	G3	0.759	9.098***	0.476	3.883
组织邻近	O1	0.782	6.731	0.521	3.356***
	O2	0.877	10.672	0.676	4.826***

注：* $P<0.1$，** $P<0.05$，*** $P<0.01$，下同。

4. 内部模型参数检验

结构模型的路径系数和 T 值检验显示，地理邻近、组织邻近和创新投入都对创新绩效有显著的直接影响效应：创新投入的路径系数最大(0.598)且显著性最高；地理邻近次之(0.207)，同样满足 $P<0.01$ 水平下显著；组织邻近系数较地理邻近稍逊(0.190)，满足 $P<0.05$ 水平下显著(见表 6-6)。实证结果基本与预期相符，说明主模型内部结构良好。

表 6-6　模型一结构模型路径系数的 Bootstrap 检验

	Original Sample	Sample Mean	Standard Error	T Statistics
创新投入→创新绩效	0.598	0.606	0.070	8.514***
地理邻近→创新绩效	0.207	0.197	0.061	3.388***
组织邻近→创新绩效	0.190	0.195	0.074	2.562**

表 6-7 结果显示，模型一的创新绩效 $R^2(1)$ 达到了 0.585，大于最低标准 0，且大于一般标准 0.5，表示模型中其余四个潜变量对创新绩效的解释能力较好，表明模型可接受。

表 6-7　模型一内部模型 R^2(1)贡献度

	路径系数	相关性	对 R^2 的贡献度
创新投入	0.598	0.715	42.76%
地理邻近	0.207	0.297	6.15%
组织邻近	0.190	0.503	9.56%
合计	—	—	0.585

5. 模型一测评结果

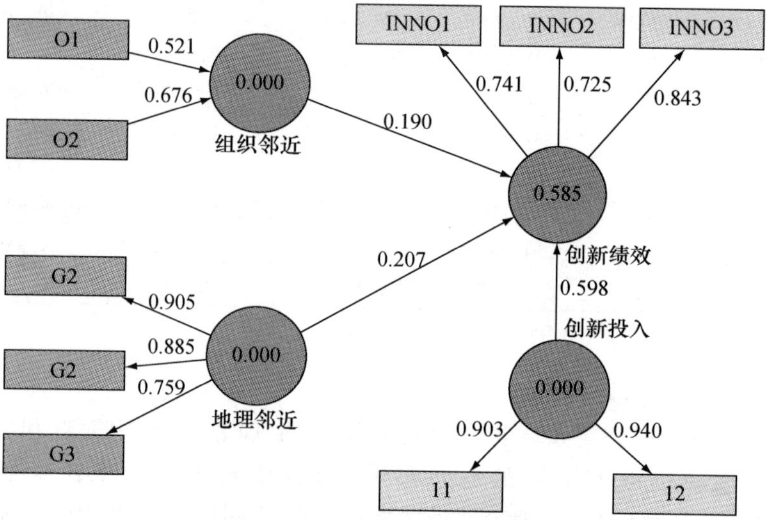

图 6-12　模型一 PLS 结果输出图

(1) 潜变量与观测变量之间的关系。三个反映型模式的外部模型的方程(变量均为标准化的)如下:

创新绩效：$\begin{cases} INNO1 = 0.741 INNO \\ INNO2 = 0.725 INNO \\ INNO3 = 0.843 INNO \end{cases}$　创新投入：$\begin{cases} I1 = 0.903 I \\ I2 = 0.940 I \end{cases}$

地理邻近：$\begin{cases} G1 = 0.905 G \\ G2 = 0.885 G \\ G3 = 0.759 G \end{cases}$

创新绩效方面:主营业务收入(INNO3)、软件著作权(INNO1)和相关无形资产(INNO2)与创新绩效的相关性依次递减,说明本研究所衡量的创新绩效较好地综合了创新中间品、成品以及经济效益等方面,相比传统单一创新绩效指标,能更好地揭示模型所涉变量之间的关系;创新投入方面:创新资金投入(I1)与创新人力投入(I2)的相关性都较高,但后者稍强,说明企业创新投入的提高都能很好地反映在创新资金和人力投入两方面,但人力投入更加明显;地理邻近方面:空间地理邻近(G1)与其相关性最强,功能地理邻近(G2)其次,而名义地理邻近(G3)相对最弱,说明现阶段,相比功能上的地理邻近和名义上的地理邻近,国内软件产业集群仍以地理布局相近为主要导向。

组合型模式的外部模型方程为:

$$组织邻近:O = 0.521O1 + 0.676O2$$

组织邻近方面。纵向地理邻近(O1)和横向地理邻近(O2)系数均大于0.5,说明两者都是组织邻近的重要组成部分,且后者系数比前者高近0.15个单位,说明企业若想通过提高组织邻近来促进创新绩效必须两手都抓,且应更加重视横向组织邻近的建设。

(2) 潜变量与潜变量之间的关系。由模型一估计得到的内部结构方程如下:

$$INNO = 0.598I + 0.207G + 0.190O$$

其中,创新投入在方程中的系数为0.598,地理邻近为0.207,组织邻近为0.190。经过检验,这三个潜变量的路径系数在一定的概率保证下在模型中显著不为0。这意味着,在模型中创新投入潜变量对于创新绩效潜变量具有显著的正向影响效果,当然这已是被广泛接受的观点;更重要的是模型中地理邻近、组织邻近这两个潜变量被证实对于创新绩效潜变量也具有显著的正向影响效果,且地理邻近和组织邻近对集群创新绩效的促进作用相近,后者稍逊。

(3) 小结。通过模型一的实证分析及评价各参数结果可知,本研究样本数据所反映的地理邻近和组织邻近对软件产业集群创新绩效影响具有以下特点:

① 地理邻近和组织邻近对集群创新都有显著正效应,即假设H1、H2成立;

② 两种邻近维度对创新绩效的直接促进作用无论路径系数还是预测能力的大小,均为地理邻近强于组织邻近。

6.3.4.2　模型二实证结果

1. 信度检验

信度检验结果与模型一结果一致,在此不赘述。如表6-8所示。

表 6-8 模型二信度检验

变量	代码	α 值	组合信度
创新绩效	INNO	0.661	0.815
创新投入	I	0.825	0.919
地理邻近	G	0.812	0.889
组织邻近	O	—	—

2. 效度检验

效度检验结果较模型一稍有变动，但仍符合反映型潜变量的 AVE > 0.5，且 AVE 平方根（对角线上值）均大于与对角线下方其他指标的相关系数的标准，故整体而言，模型的效度较优（见表 6-9）。

表 6-9 模型二相关系数与 AVE

	创新绩效	创新投入	地理邻近	组织邻近
创新绩效	(0.771)			
创新投入	0.715	(0.922)		
地理邻近	0.295	0.114	(0.854)	
组织邻近	0.503	0.485	0.107	(0.830)

3. 外部模型参数检验

建立直接联系后，模型的外部路径系数及其 T 值出现了一定变化。反映型指标各项负载系数均大于 0.7，且在 99% 的概率下显著；组合型指标的各项外部权重也满足大于 0.1 的标准，且 O1、O2 在 99% 的概率水平下显著，表明模型二外部模型结构依旧良好（见表 6-10）。

表 6-10 模型二测量模型负载系数和外部权重的 Bootstrap 检验

潜变量	观测变量	Outer Loading	T Statistics	Outer Weight	T Statistics
创新绩效	INNO1	0.741	11.884***	0.399	7.952
	INNO2	0.725	9.419***	0.374	9.674
	INNO3	0.843	28.231***	0.514	9.692
创新投入	I1	0.903	31.460***	0.480	12.547
	I2	0.940	37.383***	0.603	16.958
地理邻近	G1	0.913	8.694***	0.374	5.075
	G2	0.894	8.238***	0.356	4.761
	G3	0.746	7.629***	0.457	3.241
组织邻近	O1	0.775	6.182	0.510	3.029***
	O2	0.882	10.32	0.685	4.772***

4．内部模型参数检验

创新投入的路径系数依然最大（0.599）且显著性最高；地理邻近系数次之（0.206）且满足 $P<0.01$ 水平下显著；组织邻近系数最小（0.191），仅满足 $P<0.05$ 水平下显著。这与模型一的结果相似。地理邻近对组织邻近的直接影响系数为 0.107，但其 T 值为 1.346，不满足 T 值大于 1.66 的最低标准，原假设被拒绝。因此，地理邻近对组织邻近的直接影响效应并不能被证实。如表 6-11 所示。

表 6-11　模型二结构模型路径系数的 Bootstrap 检验

	Original Sample	Sample Mean	Standard Error	T Statistics
创新投入→创新绩效	0.599	0.608	0.072	8.347 ***
地理邻近→创新绩效	0.206	0.189	0.061	3.390 ***
组织邻近→创新绩效	0.191	0.196	0.077	2.481 **
地理邻近→组织邻近	0.107	0.122	0.080	1.346

5．模型二测评结果

创新投入的路径系数依然最大（0.599）且显著性最高；地理邻近系数次之（0.206）且满足 $P<0.01$ 水平下显著；组织邻近系数最小（0.191），仅满足 $P<0.05$ 水平下显著。这与模型一的结果相似。地理邻近对组织邻近的直接影响系数为 0.107，但其 T 值为 1.346，不满足 T 值大于 1.66 的最低标准，原假设 H3 被拒绝。因此，地理邻近对组织邻近的直接影响效应不能被证实。

6.3.4.3　模型三实证结果

PLS 模型三探讨地理邻近与组织邻近对创新绩效的交互作用，采用的是两步法。其中步骤 1 的运算内容与模型三相同，故此处从步骤 2 开始对内部结构模型进行检验，重在获取潜变量之间的路径系数以及含交互项时模型的评价能力 $R^2(3)$。

1．结构模型路径系数

结构模型路径系数。Bootstrap 结果显示，地理邻近（G）、组织邻近（O）和创新投入（I），以及组织邻近和地理邻近的交互项（O * G）对创新绩效有显著的直接影响效应。其中，创新投入的路径系数最大（0.642），地理邻近的路径系数次之（0.192），两者都满足 99% 概率下显著；组织邻近与地理邻近的交互作用（O * G）（0.168）排名第三，在 95% 的概率下显著；组织邻近对创新绩效的独立作用（0.142）相对最弱，同样满足 95% 概率下显著。如表 6-12 所示。

表 6-12 模型三结构模型路径系数的 Bootstrap 检验

	Original Sample	Sample Mean	Standard Error	T Statistics
创新投入→创新绩效	0.642	0.648	0.069	9.314***
地理邻近→创新绩效	0.192	0.178	0.056	3.406***
组织邻近→创新绩效	0.142	0.141	0.07	2.032**
组织邻近与地理邻近→创新绩效	0.168	0.16	0.071	2.378**

2. 模型解释能力 R^2(3)

当模型含有 O∗G 交互项时,创新绩效的 R^2 进一步提高到了 0.611,说明两交互项的加入使原模型的解释能力得到了提高(见表 6-13)。

表 6-13 含交互项模型三的 R^2(3)

	R Square
创新绩效	0.611

3. 模型三测评结果

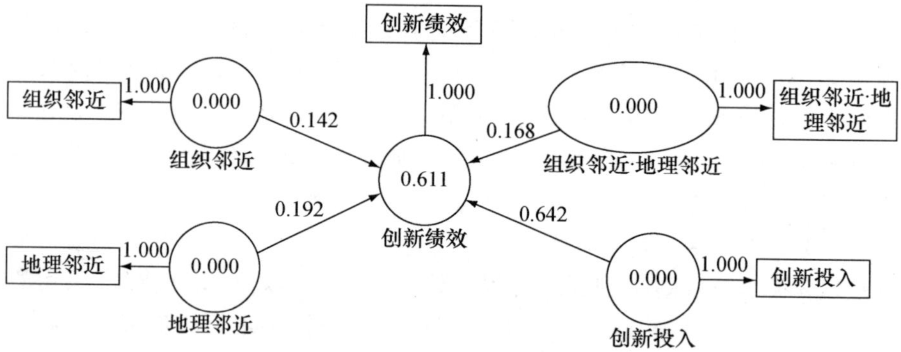

图 6-13 模型三 PLS 结果输出图

模型三内部结构方程为:

$$INNO = 0.642I + 0.192G + 0.142O + 0.168O * G$$

(1) 交互效应方向判定。模型三实证检验结果显示,组织邻近与地理邻近的交互项(O∗G)对创新绩效的路径系数为 0.168,且满足 95% 概率下显著。系数为正,表明这一阶段我国软件产业集群中地理邻近和组织邻近在促进创新绩效的过程中呈现互补效应,即地理邻近和组织邻近能相互促进强化。

(2) 交互效应强弱判定。图 6-14 为地理邻近和组织邻近交互作用的正交图。

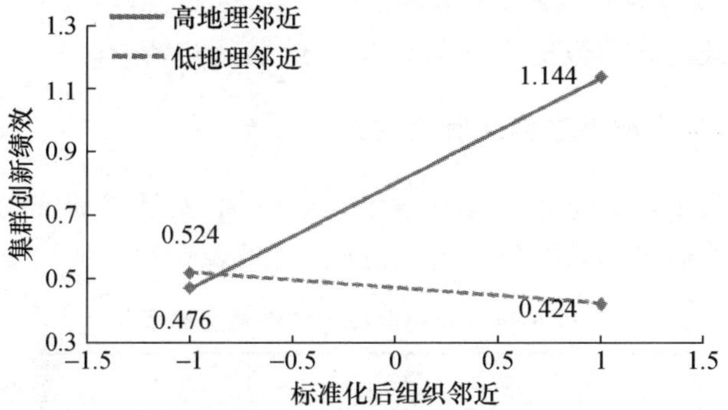

图 6-14　交互效应强度判定

在高低两种不同的地理邻近水平下，组织邻近和创新绩效的关系直线（INNO-O）呈现相交，说明交互效应确实存在；图中两直线的夹角和扇面越大，相交点越趋于中端，则表明地理邻近与组织邻近的交互效应越强。观察图 6-14 夹角、扇面和交点，可认为地理邻近与组织邻近的交互效应处于弱中等水平。

为了更客观地评价两交互效应的强弱需对比模型一和模型三中创新绩效解释能力 R^2 的变化。根据 Cohen (1988)的建议，我们采用下式计算：

$$f^2 = \frac{R^2 \text{ model with moderator} - R^2 \text{ model without moderator}}{1 - R^2 \text{ model with moderator}}$$

当 $f^2 = 0.02$ 时，表示调节作用较弱；当 $f^2 = 0.15$ 时，表示调节作用中等；当 $f^2 = 0.35$ 及以上则表示调节效果较强（Cohen，1988）。本书添加交互项后，模型的解释能力由 $R^2(1)$：0. 585 提高到 $R^2(3)$：0. 611，经计算，O * G 交互项的调节效应大小为 $f^2 = 0.067$，处于较弱与中等作用的中间水平。

(3) 小结。模型一、三所反映的地理和组织邻近，以及交互项对软件产业集群创新绩效的影响具有以下特点：

① 地理邻近和组织邻近的交互作用确实存在，假设 H4 成立；

② 考虑交互作用时，地理邻近和组织邻近各自对集群创新的独立影响机制也仍然存在，但较模型一而言系数变小，表明作用的效果都有所减弱；

③ 除创新投入（0. 642）外，地理邻近（0. 192）对集群创新的影响最为明显，其次为地理邻近和组织邻近的交互作用（0. 168），最后是组织邻近的独立作用（0. 142）；

④ 地理邻近和组织邻近交互作用系数为正，表明地理邻近与组织邻

近存在相互促进和强化的互补效应；

⑤ 添加交互项后,模型的解释能力由0.585提高到0.611,O＊G交互项对创新绩效的调节效应大小为0.067,属弱交互效应。

6.3.5 实证结果与待验假设对比

将上述实证分析结果与理论假设比较可知,实证检验支持了假设H1、H2和H4b,但假设H3和H4a未通过检验(见表6-14)。

表6-14 理论假设的实证检验结果

假　设	检验结果
H1:地理邻近对产业集群的创新绩效有显著正向影响	支持
H2:组织邻近对产业集群创新绩效有显著正向影响	支持
H3:地理邻近在促进产业集群创新中对组织邻近具有显著正向影响	不支持
H4:地理邻近和组织邻近在促进产业集群创新中存在交互作用	支持
H4a:地理邻近和组织邻近在促进产业集群创新中存在替代效应	不支持
H4b:地理邻近和组织邻近在促进产业集群创新中存在互补效应	支持

6.3.6 结论与政策启示

根据上述理论机理阐析和实证分析,得出以下结论及政策启示:

6.3.6.1 结论

(1) 地理邻近对集群创新产生显著正影响,且以空间地理邻近为主要影响维度。实证分析表明,地理邻近与创新绩效都呈现出了明显的正相关,说明地理邻近在促进集群创新绩效提高的过程中确实扮演着较为重要的角色。结合本书地理邻近的具体指标来看,目前,我国重点软件企业布局仍以空间布局(按物理距离和交通时间计)是否邻近为主要参考点,对名义地理邻近的考虑不是关键。一则因我国软件和信息技术服务业目前仍处于快速发展阶段,布局仍以入驻政府主导的软件产业园为主;二则因软件行业产品易被模仿,导致企业间通过相关学术论坛、技术研讨会等正式途径的知识交流较少,企业往往更关注通过员工日常交流、网络技术论坛等非正式途径激发隐性知识溢出。这也导致了软件行业对临时性地理邻近的重视程度较低,而对以企业间物理距离衡量的永久性地理邻近依赖程度较高。

(2) 组织邻近对集群创新产生显著正效应,且横向组织邻近较纵向组织邻近影响效应更明显。实证分析表明,组织邻近对集群创新绩效产生显著的正效应,虽其显著性相对较低。本书模型中的纵向组织邻近(O1)和横向组织邻近(O2)系数均大于0.5,证实两者都是组织邻近的重要组成部分;且后者系数比前者高近0.15个单位,表明横向组织邻近较纵向组织邻近更为关键。这意味着,我国软件行业内涉及企业与集团总部、当地政府部门以及下属企业的纵向联系,虽有利于企业从“上边”获得和摄取稀缺资源,但相较于企业与其他企业间的业务、协作、借贷等横向关系而言,后者更有利于企业创新知识和信息的沟通以及获取稀缺资源,因而其对创新的促进效应更明显。

(3) 地理和组织邻近的组合对集群创新产生显著的交互作用,且交互作用表现为互补效应。模型三实证分析表明,地理邻近和组织邻近对集群创新绩效的交互系数为0.168,且满足95%概率下显著,表明地理邻近与组织邻近间的交互作用确实存在,且在本例中呈互补效应。从影响路径系数看,地理邻近和组织邻近的交互作用系数为0.168,虽然小于地理邻近系数(0.192),但大于组织邻近系数(0.142)。当模型中添加地理邻近与组织邻近的交互变量时,模型预测能力 R^2 则从模型一的0.585逐步提高到模型三的0.611,说明在添加交互变量的同时模型逐步被优化。这不仅验证了地理邻近与组织邻近的组合对集群创新的交互效应的存在,而且还折射出在考量地理邻近或组织邻近对集群创新的独立影响效应的同时,必须考量两个维度邻近的组合对集群的交互效应,方可充分解释集群创新中的相关主体间的知识流动与互动机理。

6.3.6.2 政策启示

(1) 地理邻近对软件产业集群创新产生显著正影响的结论表明,在我国软件产业园区的规划与布局中,政府应引导企业向园区集聚,提高园区内关联企业的密集度;应根据各园区产业链构建的需要,引进产业链中的关键节点——龙头企业,通过龙头企业带动上下游关联企业的集聚,加强软件发行企业和软件研发企业以及软件生产性服务企业的集聚程度,以此来提升园区企业间的空间地理邻近,降低交易成本,更大程度地获取企业间地理邻近的知识溢出和创新促进效应,提升整个集群的创新绩效。

(2) 组织邻近对软件产业集群创新产生显著正影响的结论表明,在我国软件产业园区的发展过程中,政府应通过构建公共技术平台、公共服务平台和人才培养基地,健全法律法规体系,强化知识产权保护和构建公平有序的市场竞争环境等举措,来引导和规范软件产业链中同类企业间的有序竞争与协作,增强横向组织邻近及其对集群创新的提升效应;同时,要通过支持软件行业协会等中介机构举办学术论坛、技术研讨会,以及引导集团总部与各分部(企业)之间建立富有弹性的管理体制,增强部门之间的互动等,来提升纵向组织邻近及其对集群创新的促进效应。

(3) 地理邻近和组织邻近的组合对集群创新产生显著正的交互效应的结论表明,在我国软件产业园区的规划与发展中,政府在关注进园企业数与企业密集度所带来的地理邻近效应的同时,应重视有利于园区产业链中同类企业间的有序竞合关系的形成和产业链中不同环节企业间联盟关系的构建的公共平台建设,即重视组织邻近关系的形成与邻近效应的利用;政策实施的关注点应从过去传统的单一地理邻近促进思路转变为多维邻近效应综合利用的新思路,进而引导我国软件园区集群从过去依赖于单一地理邻近的外延式发展模式转变为依赖于地理、组织与认知多维邻近关系的内生式发展模式,构建有利于集群主体交互学习的创新促进机制,提升集群的整体创新能力。

6.4 本章小结

通过回顾与梳理以新经济社会学为代表的多学科关注的根植性和社会资本论题的相关文献与主要观点,为探析组织邻近与集群创新论题提供理论启迪与支撑。

组织邻近对集群创新的影响通过四种途径机制来实现,即交易成本降低机制、机会主义控制机制、知识溢出与交互学习机制,以及认知邻近促进机制。具体可概述为:相似的组织结构、组织文化、组织制度使组织之间的合作"内部化",有效地降低了交易成本;组织邻近可以使企业最大可能地获取并利用与组织管理创新相关的知识溢出,使创新在集群中企业内化,促进集群内企业的集体创新;组织邻近既可以激励集群内企业合作创新,同时为合作创新过程中可能产生的机会主义提供有效控制机制;同时组织邻近促使合作双方的认知结构和认知环境相似,从而促进了认知邻近的产生和发展。但过度的组织邻近也会产生负面效应:首先,组织内部或者组织之间交互的网络关系可能演变成为封闭的、内向锁定的系统;其次,过度的组织邻近将会缺乏创新所需的组织灵活性;再次,组织结构上的相似性可能导致过度的知识溢出,不利于知识产权的保护,损害企业利益。

地理邻近通过促进知识溢出、降低生产成本以及强化或弱化组织邻近与认知邻近效应来对集群创新产生影响;但地理邻近既不是集群创新的充分条件也非必要条件。因此,单一的地理邻近分析视角无法充分解释集群内企业交互作用互动创新机理;必须将地理邻近与其他维度邻近性结合起来,综合考察不同维度邻近性组合对集群创新的交互影响机制。

地理邻近与组织邻近的组合对集群创新的交互影响机制表现为:第一,集群内企业之间的地理邻近为彼此间提供了更多的面对面交流的机会,而频繁的面对面的交流促进企业间产生更多的基于信任的人际关系和根植性关系,在这种机制下促进了组织邻近性的发展;地理邻近与组织邻近的交互影响,激活了企业间的交互学习动力和提升了互动学习效率;纾解了企业间隐性知识转移的障碍,促进隐性知识在集群内的快速扩散与新知识的生成,进而促进集群创新。第二,组织邻近不能直接促进地理邻近的提高,主体只有在察觉到为了实现某一创新目标提高组织邻近的成本高于促进地理邻近的成本时才会考虑通过迁址来改变地理邻近性;组织邻近能削弱合作创新主体对永久性地理邻近的依赖,而以"临时性地理邻近"形式出现,临时性地理邻近与组织邻近的组合有利于集群在更大空间范围内选择并获取外部知识源,进而促进集群创新。第三,地理邻近与组织邻近在集群创新中产生交互作用,交互影响效应既可能表现为相互替代关系也可能表现为互补关系,这与集群的类型、特性、集群所处的时空背景以及集群演进所处的阶段有关。第四,过度的邻近性非但不能促进创新,反而压缩了创新的空间、降低了创新的概率与效率,因此,明智的企业会适当地改变某些邻近性的程度,以进一步促进创新。

以我国软件产业集群为例,采用 SEM-PLS 分析方法对地理邻近、组织邻近以及地理邻近与组织邻近的组合对集群创新的影响效应的理论观点进行实证检验。实证分析的结果支撑了以下理论观点:(1) 地理邻近对集群创新产生显著正影响;(2) 组织邻近是集群创新的重要影响维度,对集群创新产生显著正影响;(3) 地理邻近与组织邻近的组合对集群创新产生显著交互作用,交互作用表现为互补效应。

根据实证研究结果得出了重要政策启示。

第7章　地理邻近、认知邻近与集群创新

7.1　认知邻近对集群创新的影响机制

7.1.1　相关文献回顾

7.1.1.1　关于知识基础的研究

自工业革命以来,知识在经济发展中的作用越来越大。早在1912年,德国经济学家熊彼特(Schumpeter)就明确指出:资本主义发展的根本原因,不是资本和劳动力,而是创新,其中创新的关键就是知识和信息的生产、传播和使用(熊彼特,1912)。知识逐渐作为一种不可以完全模仿与替代的资源,特别是组织中所拥有的逐步积累的具有自身特性的专有知识,已经逐步取代了传统的诸如金融资本、土地和劳动力等生产要素而成为知识经济中最为关键的资本和首要的财富,是组织竞争优势的主要来源。

1. 企业知识基础理论

知识基础理论主要从组织知识创造、储存、转移和应用知识的角度,研究和解释企业的存在、边界、租金产生、竞争优势、收益分配、创新等企业生存和发展的基本理论问题(马德辉,2007)。Leonard—Barton(1992)从知识基础理论出发对核心能力加以定义,认为核心能力是识别和提供优势的知识体系,该体系包含四个维度,即员工的知识和技能、物理的技术系统、管理系统和价值观与行为准则。企业知识基础理论是在充分理解能力、资源和知识的关系的基础上对企业核心能力理论的进一步发展。按照这一理论,组织本身被看做一个生成(Generate)、编码(Codify)、储存(Store)、分配(Distribute)和应用(Apply)知识的社会集合(Alavi 和 Leidner,1997)。Grant(1995、1996、2002等)认为,"以知识为基础的企业理论的基本问题是假定企业生产中的关键投入和价值的最终来源就是知识"(亚当·斯密;郭大力,2004)。而Demsetzs(1991)在解释企业的性质时,说得更加彻底,"企业的存在是对知识经济中基本的不对称的一种反映:知识的获取比知识的使用要求更高的专业化"。他的观点表明,企业是一种吸收、掌握和协

调知识的组织，即它将获取的社会中各种专业人士所掌握的知识在企业中进行协调，进而达到其目标，而市场却达不到这一点，尤其是面对隐性知识时，更是如此（李坤望，1998）。这两名学者的观点一致，即认为“企业是知识整合机构”。然而，并不是所有的学者都同意此观点，许多学者将研究的注意力集中于企业知识的获取和创造（创新）上。例如，Spender（1996）认为“从本质上讲，（企业这种）组织是关于其状况、资源、因果机制、客观状况、态度、政策等相关知识的有机综合体”，认为企业是一个动态的、进化的、半自治的知识生产和应用系统，知识基础理论则是对社会技术系统理论和自我调节的生物系统的综合。然而，从知识创新角度对知识基础理论贡献最大的当属日本学者野中郁次郎（Nonaka）。Nonaka 和 Takeuchi（1995）从“认知”和“实体”的角度分析了组织知识创造的动态过程，提出了著名的知识转换模型（SECI 模型），即知识的社会化（Socialization）、外化（Externalization）、组合化（Combination）和内化（Internalization）。社会化是指个体间共享隐性知识，外化是指隐性知识在团队中共享后经过整理被转化为显性知识，组合化是指团队成员共同将各种显性知识系统整理为新的知识或概念，内化是指组织内的各成员通过学习组织的新知识和新概念，将其转化为自身的隐性知识，并完成知识在组织内的扩散。在此基础上提出了知识螺旋，同时对知识创造的条件、管理知识创新的过程、组织机构等进行了详尽的分析。以野中为代表的“知识创造论”的核心就是认为组织是“创造知识的实体”，知识以及创造和利用知识的能力是企业持续竞争优势最重要的源泉。这也是“知识基础理论”的核心观点之一（马德辉，2007）。

一般认为企业的知识基础理论是多学科研究路径的汇集，包括认识论、组织学习、资源基础理论、组织能力理论、创新和新产品开发理论。该理论的基本假设主要有：(1) 知识是企业具有附加值和战略意义的关键生产性资源；(2) 知识包括信息、技术、专门技巧、技能等，可以区分为显性知识和隐性知识；(3) 知识由个人获取，隐性知识由个人储存；(4) 由于人的认知和时间限制，个人必须在获取知识上实现专门化，正常情况下，知识的深度只能通过牺牲知识的广度来获得；(5) 生产总是需要运用多种不同专用性知识。知识基础理论的主要关注点有三项：一是试图解释创新如何出现并扩散，演进模型中的行动者具有不完全知识基础和理性，面临不确定性；二是异质性和多样性在开发过程中的重要作用；三是关注学习和创新的时间纬度，过程是动态的，发生在历史时间中，具有不可逆性（冉范生，2010）。客观地讲，虽然人们从不同的视角对其进行了有益的探索，但知识基础理论还是一个相对来说不成熟的理论，缺乏严谨的理论体系和概念框架。

2. 知识基础的特性与分类

当我们从知识之间的功能和认知角度去分析、探讨知识创新（演变）的规律时，知识的替代性和互补性将成为分析的核心。汪丁丁（1997）在《知识沿时间和空间的互补性以及相关的经济学》一文中对这两个问题都进行了说明，且更看重知识的互补性。他认为：人类知识的一个极其重要的特征是各个部分之间往往呈现出内在的互补性。当这种互补性在知识运用中占据了主导地位时，生产过程就显现为收益递增；另外，同一知识系统内部各个部分也会表现出强烈的替代性，于是由运用知识而发生的物质生产过程就显现为收益递减，包括时间维度的新旧知识的互补和替代，以及空间维度的同样功能的多种不同知识之间的互补和替代。李金明（2001）在此基础上进一步理解，认为对于企业来讲，知识替代性主要是指行为主体即企业为了达到一个特定的目标，所能选择的作为手段的知识之间的功能替代性，即企业中的知识替代性是指不同的知识完成同一个目标的功能上的替代性。知识的互补性可进一步分为认知上的互补性和经济（功能）上的互补性两方面。知识的认知互补性是指人类在进行不同类型知识的专业化时，认知一类知识对另一类知识具有借鉴性质，从而使另一类知识的发展出现一种收益递增的状态；知识的功能互补性是指企业拥有的管理、技术、产品、组织、市场、文化等各大类知识间具有很强的互补性，表现为完成一个共同目标而形成的协作关系。并且强调，互补性创新最有效的方式就是要使企业知识体系中的各类知识按照一定的投入同时进行创新，而不应该是传统工业经济时代的并行模式的被动创新。对于知识基础的特性，Gibbons（1994）等学者认为知识生产开始呈现出一种新的模式——分布式的（Distributed）知识生产系统。这有别于以往知识生产的高度制度化，具有动态和融合的特点，具体包括：(1) 知识的生产多是在应用的过程中，而问题也多是跨学科的；(2) 知识生产越来越多地以非等级的、异质的而且本质上随时间而变的组织形式进行；(3) 在这个过程中包含很多要素，如企业、大学、研究院所、智囊团和咨询机构等。Asheim 和 Coenen（2006）也认为企业的知识基础正在由内部基础向分布式的企业价值系统或者依托于产品价值链的知识基础转变，即知识基础呈现分布性的特征。

对于知识的分类，根据知识所有者的不同可分为公共知识和专有知识，根据知识所涉及的范围将其分为部分知识和综合知识，根据知识的可流动性程度分为隐性知识和显性知识，等等。其中，隐性知识和显性知识的分法与本书关联较大。哲学家 Polanyi（1958，1966）最早提出将知识分为显性知识和隐性知识，所谓显性知识，是指“可以用正式、系统化的语言传播的知识。它存储在各种类型的载体上，编码在手册、程序和规则中”；所谓隐性知识，是指“未能用文字记述的难以交流的知识，它往往存在于人的大脑或者技能技巧中，其中包含了人的价值观、信仰、预见性、经验、技能、能力等方面”。从知识的特征来看，显性知识是客观的、可记录传播的，因而也是理性的、顺序的、思维的、数字的、理论的；隐性知识则是主观的、难以记录和传播的，因而是经验的、即时的、身体的、模拟的和实践的。而对知识基础的综合分类并不多见，本书以 Asheim 和 Gertler(2005)、Asheim 和 Coenen(2005，2006)将知识基础划分成两类，即基于科学的解析性的知识(Analytical Knowledge)和基于工程的综合性的知识(Synthetic Knowledge)为例，进行详细比较。

解析性知识基础。它存在于这样一种产业环境：科学知识非常重要，知识创造通常是基于认知过程、推理过程或者是正式的模型，遗传学、生物科技和信息技术就是这类例子。在解析性的知识基础中，大学、科研机构与产业的联系以及各自的网络非常重要，也比在其他知识基础中出现得更加频繁。典型的企业拥有自身的研发部门，但其在创新过程中也同样要依赖于大学和科研机构的研究成果。基础研究、应用研究以及产品和工艺的系统开发活动都与之有关。在这种知识基础中，知识的投入和产出也要比在其他知识基础中更经常地使用编码，原因主要有：知识输入常常是基于对已有研究的回顾，知识的产生也是基于科学原理和方法所进行的实际应用，知识生产过程的组织也更加正式化。而知识的产出也常被编纂成报告、电子文档或专利说明等形式。知识的应用多产生新的产品或者工艺，较其他类型的知识有更多的根本性创新(Radical Innovation)。知识创造的一个很明显的成果就是新的企业和衍生公司的出现，当然这些都是基于新的发明或者创新而形成的。

综合性知识基础。它存在于这样一种产业环境：在此创新主要通过对现存知识的创造性的应用或者新的组合而产生。这类知识通常产生于为解决特定问题的需要，如与顾客和供应商的相互作用，产业的实例包括设备安装使用工程、专业先进的工业机械制造以及造船业等。产出通常是一次性的事物或者是小批量的，研发也没有在第一种知识基础中突出，即使有也是应用性的研究，渐进性的产品或者工艺创新则成为主导。相比前一种知识基础，隐性知识似乎更为重要，因为知识通常来自在车间中的实际经验或者通过“干中学”、“用中学”以及相互的作用和影响而获得的。综合性的知识基础包含更多的在创造和应用过程中所必须掌握的实质性的技术诀窍、技巧和经验,这些通常由当地的职业学校或技工学校提供,也可以通过在职培训的方式来获取。创新过程通常以提升解决方案的效率和可靠性为目的,或者是从消费者的角度出发提升产品的实际功效和用户友好度。总而言之,这样一种知识基础主要导致渐进性的创新(Incremental Innovation),以对现有产品和工艺的改进为主。

3. 知识基础与集群创新

从知识基础视角看,产业集群是以知识与信息为纽带而形成的一个知识整合体,是一种介于市场与企业之间的知识联盟组织,具有独特的学习和创新能力,大量隐性经验类知识的传播和使用是集群创新的显著特征。产业集群是一个多层次、多因素、多维度的知识系统,其知识分布、分工和共享发生在若干层级。从整体上看,产业集群知识系统框架依次由个人级知识、企业级知识、价值链级知识、协作网络级知识以及集群级知识构成,而不同层级间的相互重叠与交往则促成了集群知识网络,这张网络的整体绩效取决于知识的共享效率(王蕊,2005)。

创新离不开知识基础。一方面创新需要知识的互补和集聚,"零星分散的知识通常没有什么价值。许多知识如果毫无关联也同样价值不大,只是在观点相互关联的情况下才有价值。彼此密切相关的一系列观点会产生共振效应,带来更多的观点"(冉范生,2010)。知识的这种性质要求企业必须对知识进行适当的选择和分析,同时要求企业具有较强的知识吸收能力。然而知识对企业知识吸收能力的要求表现在企业的具体运作上,并不是要求企业将运作的重点放在企业对知识的吸收上,也不是要求企业建立一套标准机制和评测标准,而是要求企业能够给予各个部门(包括决策机构)和个人更大的知识交流和学习的机会,通过各个具体部门和各项具体活动来吸收知识。另一方面创新需要知识综合,要取得创新的实际效用,尤其是能够使创新为社会带来福利和利润,仅仅有技术的创新、产品的创新是不够的,对市场的理解、对管理和组织体制的理解以及创新更加重要,只有多个方面的知识综合才能根据具体情况创新出一种新的企业经营模式。知识的综合是形成有效创新的基础。所以创新能够顺利进行是知识日益丰富的结果,同时创新产生的知识又丰富了知识基础(李金明,2001)。

很多学者都强调了知识的传播、扩散、共享在产业集群创新中的重要作用,如 Porter(1988)认为产业集群可以被看做一个企业交换知识和信息的机制,是一个密集交互的知识的购买、使用和生产的过程,因此产业集群本身就是一个基于知识活动的创新环境。Stamer(2000)研究发现,产业集群可营造区域合作的创新环境,知识和技术要素涌现出独特的区域创新能力,从而成为产业集群竞争力的主要来源。但真正针对知识基础与产业集群的研究还不多见。Asheim 和 Coenen(2005)认为企业与不同的知识供应者发生作用可以获得不同类型的知识,首次区分了两种类型的知识基础,即上文提到的解析性知识基础和综合性知识基础,并通过对于来自瑞典、丹麦和挪威的 13 个北欧集群进行深入研究,认为在集群中,企业和产业的创新过程特别地依赖于它们各自特定的知识基础。国内也只有薛捷和张振刚等学者运用类似方法以东莞大朗的毛织产业集群、东莞石龙的电子信息产业集群为例,分析其知识基础的组成和创新网络中的企业基于不同知识基础的交互式学习(薛捷,2009),并在此基础上,对基于知识基础、创新网络与交互式学习的区域(集群)创新研究做了综述(薛捷、张振刚,2011)。对于知识基础与产业集群创新的研究还有待于从理论和实证两方面继续深入研究。

总之,随着"知识经济"的到来,国内外学者越来越重视知识基础的重要性,对知识基础的研究也越来越多,但大多集中于企业内的应用,从集群角度对知识基础的研究则比较缺乏。对于本书更关注的知识与创新的研究主要分为经济学和管理学两个方向。经济学领域对知识的研究主要是分析知识的性质、知识对产出的贡献、学习曲线的研究以及对创新活动的经济学分析等,其核心是从经济学的角度来分析知识及其对创新的影响,但是与传统的经济学相比,真正意义上的知识经济学还要经过相当长时间学者和专家的深入研究、创新和知识的积累才能形成。从管理学的角度来讲,对于以知识为基础的创新研究目前也仅仅限于学习尤其是组织的学习问题、知识在个人和组织间转移的分析、企业吸收能力的研究、企业研究开发管理的分析、知识的共享等方面。

7.1.1.2　关于技术联盟的研究

20 世纪 80 年代以来,信息技术革命和知识经济的浪潮对社会资源配置、企业运营和竞争方式以至全球市场经济格局等都产生了深远的影响。日趋激烈的外部竞争环境要求企业具备敏捷的市场应变能力、及时的生产柔性和持续的技术创新,而企业仅靠自身的能力很难取得竞争的胜利。发达国家尤其是美、日、欧地区的跨国公司,开始对企业进行战略性的调整,即从对立竞争转向合作竞争,而合作竞争最重要的形式之一就是建立战略联盟。

1. 技术联盟内涵、动机与分类

战略联盟最早起源于日本企业界的合资浪潮中,一些日本企业在寻找合资伙伴时,发现也可以只购买先进的技术,这便是战略联盟的雏形。战略联盟的概念虽然起源于日本,却首先在美国企业界盛行。技术联盟作为战略联盟中最为普遍的一种形式,目前在企业界得到了广泛的应用。国外关于技术联盟的研究开始于 20 世纪 80 年代,学术界也用"研究合作关系"、"战略研究合作"、"合作创新"等不同的术语来表达。许多学者在战略联盟的基础上从不同角度对技术联盟进行界定,Dunning(1995)认为,R&D 联盟狭义的定义是指如联合研发项目和研发合资企业等双向技术转移的模式,最主要的目的是获取新的和互补的技术,加速创新或学习的进程。这种类型联盟的特征是高风险、不确定性和潜在的高回报,是典型的探索性联盟的情境。钟书华(1998)认为技术联盟是指两个或者两个以上的企业为实现技术资源共享、R&D 风险或成本共担、技术优势互补等制定战略目标,在保持自身独立性的同时通过股权参与或契约连接的方式建立较为稳固的合作伙伴关系,并在某些领域采取协作行动,从而取得双赢效果。Hagedoom,Link 和 Vonortas(2000)将技术联盟定义为"在从事重要的研究与开发中所建立的一种创新关系",它们主要是基于创新导向的,为了共同的 R&D 而组合在一起。综上,我们将技术联盟的内涵概括为:技术联盟是由两个或两个以上的企业或企业与研究机构之间为达到共同的技术创新目标而采取的股权与非股权形式的共担风险、共享技术成果与利益的相互合作。也就是说,企业通过与其他公司或研究机构之间建立合作关系来从事技术创新活动。它类似于公司间的"技术合作",这种合作安排既包括实力相当的企业之间的 R&D 联盟,也包括企业与大学或研究机构等之间的合作安排。技术联盟的内容可以包括共享信息、共同 R&D、共享合作资源与技术成果等(王飞绒,2008)。

越来越多的公司意识到在一个需要战略的集中性、灵活性和创新性的商业环境中,一个企业自给自足已经越来越难,而这正是战略联盟增长趋势背后的推动力。从过去 20 年的全球经济发展尤其是跨国公司的全球扩张中可以观察到,技术密集型产业中形成的广泛的技术战略联盟如联合研究和产品开发带来了高水平的知识交流和技术转移(Barney,1992)。从创新者的角度看,创新者应该通过不同的战略途径获得互补资源(Teece,1986)或获得互补资源的使用权以促进技术创新(Funk,2003);从在位企业的角度看,即使研发相对落后,成熟企业如果能有效利用其所拥有的创新所需要的互补资源来与创新者合作,也能适应技术创新带来的变革,甚至获得比创新者更高的利益(Rothaermel,2001)。也有学者从理论角度解释企业技术联盟的动因和本质。从交易成本的角度可以解释技术联盟形成动机(Williamson,1985;Kogut,1988;Young-Ybarra et al,1999)。交易费用理论认为是交易费用与管理费用的大小决定了技术联盟的存在边界,而契约是协调和管理联盟成员关系的重要工具。从资源基础观的角度看技术联盟的代表学者有 Barley 和 Wemerfelt 等,资源基础理论认为基于企业间资源的异质性,寻求资源的互补性,重新组合资源,创造协同效应,构建新资产和已有资产之间新的相互依赖关系是建立联盟的基本动因(Wemerfelt,1984)。其核心观点是企业的互补性资源是联盟形成的基础。网络理论(Gulati,1999;Stuart,2000)则认为,具有网络型组织的企业,对于增强企业组织的活力和形成企业之间的价值连锁起着很大的作用。网络组织既有利于提高各成员企业的自律性,又有利于在相互协调、共同运作的基础上促进彼此的交流,从而不断提高企业对环境、技术和市场急剧变化的适应能力。Yoshino 和 Rangan (1995)等学者则从学习的角度分析企业之间的技术联盟,指出近几年形成的技术联盟更多的目的是学习,即通过建立联盟的方式接近和获得合作者关键的信息、技术诀窍或能力。认为即使有的联盟在公开的宣告中没有类似学习的措辞但实际上学习也是其隐含的战略目标之一。正是这种学习的动机以及学习的复杂性把技术联盟与其他类型的联盟(例如合作生产、营销和销售协议)区分开来。

企业技术联盟的类型多种多样,根据不同的标准可以对技术联盟进行不同的分类。例如从知识技术及学习动机观点出发,认为联盟可以分为两种形态,即产品联盟和知识联盟(Badaracco,1991);根据企业选择技术联盟伙伴的性质把技术联盟分为与产品用户组成的技术联盟、与零部件的供应商组成的技术联盟、与以往竞争对手企业组成的技术联盟、与本企业技术关联密切的企业组成的技术联盟和与政府有关部门、学校等非企业组织组成的技术联盟(Peng S,Dorothy,1993);根据企业在技术资源方面的不同互换方式把企业技术战略联盟分为交叉型联盟、竞争战略型联盟、短期型联盟、适应环境变化型联盟和开拓新领域型联盟(首藤信彦,2003);根据参与主体的不同,技术联盟可以分为产学研技术联盟(或产学研知识联盟)和企业间技术联盟两类(徐向艺,2010)。

2. 技术联盟与组织间学习

从20世纪90年代起,学术界开始关注组织间学习问题。所谓组织间学习是指组织为了获得持续竞争优势、不断提升组织绩效,在特定的组织间网络中,通过组织间合作进行知识转移与共享、整合与创造、吸收与运用的双边或多边的互动学习过程。企业战略联盟内的组织间学习主要表现为在战略联盟中,企业与联盟伙伴通过相互联系、沟通与交流,进行知识的共享、开发与创造的过程。组织学习理论认为,企业组建战略联盟的最终目的是要从联盟中汲取知识,为其所用,促进自身发展,而这一目的的达成与企业的组织间学习效果密切相关。因此,我们需要关注影响组织间学习效果的主要因素(邓雪,2010)。

联盟组织间学习受到多种因素的影响。Levinson(1995)提出影响组织间学习效果的主要因素有四个,即文化、结构、技术与吸收能力。其中,文化中所含变化程度决定所发生的学习,文化的制度化程度影响组织学习的倾向性,文化对组织整体发挥作用;结构变量主要涉及结构类型、联盟网络中的组织数量、各组织的位置等;技术影响着结构的类型与密度,从而影响着组织间学习的方式,吸收能力是组织中技术性学习的基础。任何层面的共享知识联系有利于吸收能力要素在整个联盟内的传播。Inkpen(1998)从联盟知识的可得性及知识获得的有效性角度认为,影响联盟成功学习的因素可分为三大类,即联盟知识的可得性、知识获得的有效性和学习连接。其中,联盟知识的可得性是指联盟知识的可转移性;知识获得的有效性主要指组织吸收转移知识的能力;学习连接则主要指联盟企业把在联盟中吸收、获得的知识有效地转移到母公司,变成母公司的能力。Larsson(1998)从有利于联盟中集体知识发展角度提出有利于组织学习的要素有伙伴间的相互作用、高学习目标、信任和长远目标定位。约翰·蔡尔德(2001)则认为,影响战略联盟组织学习的因素分为两种,一种是合作者的学习意图;另一种是联盟企业的学习能力。合作者学习意图越强,在联盟中学习的知识越多。在学习过程中,联盟企业的学习能力受组织知识转移能力、接受能力、核心能力以及过去经验的影响。转移能力是指知识从一方转向另一方的能力,组织对新知识的接受能力越强,学习到的东西就越多;核心能力指在联盟合作时,联盟双方必须在技术、系统和战略三种知识上具备一定的能力。如果合作双方不能从战略上认识到联盟的意义,则会降低他们相互交往的层次。技术能力指合作者需要拥有吸收应用新技术知识的能力;以往经验指在原来联盟形成的经验及与同一伙伴合作的经验。葛京(2004)指出企业的学习意图、学习可能性和学习能力是影响企业在战略联盟中学习效果的因素。孙卫忠等(2005)发现,个人学习和知识共享者的自身因素、传统组织的结构形式、组织文化、组织中的技术环境等都会对组织学习、知识共享产生影响。而张成考等(2006)在研究虚拟企业组织间学习影响因素时认为,组织之间的信任程度、学习意图、合作伙伴知识属性、组织学习能力四个因素对知识转移和组织间学习的影响程度很大。龚毅、谢恩(2005)指出,影响联盟当中知识转移效率的因素包括管理差异、技术差异、联盟中的沟通、社会控制、正式控制等。

概括上述技术联盟组织间学习的研究,可将技术联盟组织间层面的知识转移影响因素分为六个方面,即企业自身因素、合作因素、合作伙伴因素、知识属性因素、关系因素以及环境因素。其中企业自身的学习动机、学习能力、吸收能力、知识基础和学习经验等起着决定性的作用;合作形式的不同导致企业的组织间学习效果各不相同;合作伙伴传递知识的意愿、传递知识的能力,以及与自身企业间的技术差异所产生的影响也不容忽视;知识的显隐性也有着重要影响,联盟伙伴知识的隐性程度越高,企业越不容易模仿,组织间学习效果越差;从组织差异较小的联盟伙伴那获取的知识将更容易理解,也更易整合到企业的知识库中,学习效果也更好;文化差异大的企业间可能会存在语言障碍,认识、分析、解决问题的方式等不同,都会对联盟内企业间的知识获取与共享产生不利影响。这六个方面的影响因素中,合作因素、关系因素和环境因素等是第六章关注的重点,本章主要关注的是企业自身学习能力、知识基础和吸收能力,以及联盟企业间的技术差异,这些概念都与认知邻近息息相关。

3. 技术联盟与产业集群

从产业集群视角来探讨技术联盟的文章出现较晚,也相对较少。陈迅等(2005)论述了技术战略联盟框架下的产业集群及竞争优势,认为产业集群的集聚效应使集群内产业的竞争优势增强,但这种集聚效应还只是浅层次的。在产业集群内形成技术战略联盟,共同进行核心技术的研发,该产业集群的竞争力将在更深层次上得到提升。他们认为产业集群的技术战略联盟可分为企业主导型和市场主导型,因集群企业发展的规模、层次的不同联盟的形式也会不同,可分为技术研发为目的的技术战略联盟和以技术保护(或专利保护)为目的的技术战略联盟,发达国家的集群企业规模实力雄厚,影响力较大,往往采用后者。另外,指出技术战略联盟对产业集群生命周期有一定的影响,集群内企业的技术战略联盟促进了产业集群的发展,能延长集群的生命周期。冯海红和王胜光(2009)以中关村为例具体研究了产业技术联盟对电子信息产业集群创新的促进作用。中关村科技园区作为国内智力资源最密集、创新人才最集中、产业创新最活跃的科技园区,在科技创新、机制创新、政策创新等方面起到了探索引领作用。产业技术联盟是中关村企业整合优化创新资源、提高创新效率、扩大市场规模以及参与国际竞争的重要手段,也是区域产业集群创新发展中的中坚力量。所以,文章基于中关村产业技术联盟发展现状与目标,具体研究了技术联盟对中关村电子信息产业在集群技术创新、企业发展、市场发展和创新环境建设四个方面的促进作用,为推动我国的产业技术联盟和产业集群发展提供一些借鉴。杨继涛(2010)则结合产业联盟理论、技术创新理论和产业集群理论分析,深入探讨了如何进一步通过产业技术创新联盟来推动各地特色产业集群发展、提升区域产业经济的自主创新能力和核心竞争力的问题,指出要大力推动具有区域特色的产业集群发展,积极建设区域产业技术创新联盟,使之成为推动区域产业技术创新体系建设和区域经济发展的有效载体。

总之,纵观国内外技术联盟的现有研究,目前对技术联盟的研究主要集中在技术联盟的内涵、动机、类型、绩效评价等方面,对于技术联盟的多种分类是学者们根据研究的需要从各自不同的角度出发而进行的,每种分类都代表了一种研究的思路。而对技术联盟的形成动因则可以借助交易费用理论、资源理论、网络理论、学习理论等来做出解释。这些理论为本研究奠定了坚实的理论基础。不论从联盟形成的动机,还是联盟所具有的竞争优势来看,组织间学习对于联盟及其成员企业都十分重要。而影响组织间学习的因素主要包括企业自身因素、合作因素、合作伙伴因素、知识因素、关系因素以及环境因素这六个方面。研究产业集群技术联盟的文献目前较少,虽然我国各地均认识到产业集群技术联盟的重要性,因此在产业集群技术联盟运行机制和集群政策规划方面还需要进一步研究。

通过对知识基础和技术联盟两方面研究的回顾,我们可以看到知识与技术对于集群创新具有不可替代的重要性。首先,集群创新离不开知识基础。一方面创新需要知识的互补和集聚,因为知识具有替代性和互补性,且知识基础已呈现分布性的特征,越来越多地取代企业内部的知识基础;另一方面也需要技术、市场、管理和组织等多方面知识的综合,创新出一种新的企业经营模式,保证企业的组织形式、管理状态不会束缚知识的变化与发展。这种知识的综合是形成有效创新的基础。其次,技术联盟是实现知识交流和技术互补的一种有效途径,能够有力地促进联盟伙伴相互联系、沟通与交流,从而进行知识的转移与共享、整合与创造、吸收与运用。既然联盟建立的一个重要动机是向合作伙伴学习,那么学习要得以顺利进行,就必须考虑企业的柔性与多样性的相互影响(纳尔逊·温特,1992)。企业的柔性反映在包容能力、纠错能力、敏感性能力等多种能力上。而企业多样性的一个衡量尺度就在于拥有知识和技能的不同,这就带来了认知差异的概念。在不同的组织间,不同的组织目标、组织文化会产生不同的认知度,这种认知度的不同也就形成了所谓的认知差异。认知差异能带来互补性资源的提升,凭借吸收能力又将其转化为对企业发展至关重要的资源和能力,从而促进企业新的创新,为企业带来超额利润。但认知差异也存在风险,会降低企业间的柔性,使企业间相互理解力和默契性下降,影响联盟形成的效果。这些观点都为本书将要论述的“认知邻近”和“集群创新”的研究提供了理论启迪。

7.1.2　认知邻近对集群创新的影响机制

我们已知,知识溢出效应可以增加集群的知识积累和新知识创造,是高技术产业集群提高创新能力、获得竞争优势的根本原因(Grossman 和 Helpman,1992;Fallah 和 Ibrahim,2004)。但知识溢出是否能够转化为企业的创新产出与企业的吸收能力高度相关,集群内的知识溢出最终是由其中的企业所消化、吸收的(Cohen 和 Levinthal,1990)。所以,吸收能力对企业创新具有重要影响(Tsai,2001)。要研究认知邻近对集群创新的影响,可以从与集群创新相关联的两个重要概念“知识溢出”和“吸收能力”入手。而根据本书的界定,认知邻近能反映集群企业在相互沟通时所表现的行为方式(沟通方式、处事方式)的相似性,涵盖了一般意义上的技术邻近和知识基础相似,具体包括经验、语言、目标、价值观、知识、技术等。认知邻近的内涵具体包括集群中企业之间的共同语言、共同规则、共同目标,以及相近的知识基础和技术水平四个分维度。以下将分析这四个分维度分别与知识溢出或吸收能力的关系,进而引出其对集群创新的影响。

1. 共同语言

Weber 和 Camerer(2003)认为企业之间之所以能够进行信息交流是因为它们分享共同语言。事实上,只有当网络成员具有相似的语言,更多的知识才能转移。所以,企业获取信息的能力与网络成员分享共同语言的程度具有正相关关系。在高技术产业集群中,由于地理邻近和组织邻近,企业、机构及个体之间频繁的接触,可以形成网络成员所熟悉的圈内语言、背景知识和交易规则。知识的语境、路径依赖性是造成知识传导过程中“黏滞性”的重要原因。知识的语境依赖性是指任何知识都是在特定语境中创造的,而且还要在特定语境下理解其意义,这同时也意味着知识具有实践的局域嵌入性,即知识是与某个具体情境下的具体认知实践活动联系在一起的,因而知识是具体的或局域的。不进入语境,就无法理解和把握知识的意义,反而引起知识的误传,这就增加了知识的跨语境传输和转译的成本(王越,2004)。因此,产业集群中,网络成员之间具有共同语言和相似的背景知识，这既有利于集群中隐性知识的溢出，也有利于拥有共同语言的网络成员间对溢出知识的吸收。

2. 共同规则

此处所说的规则有别于组织邻近中的制度规则，是指“互惠性关系”这一许多成功产业集群内部的共同规范与准则，主要指企业行为的潜规则，也可以说是相同的“价值观”。知识非正式交换的主要障碍之一是知识溢出者可能会面临来自知识接受者对其利益的损害。但在集群中这种风险会有所降低，因为在集群中固有的网络规则会降低机会主义行为。Helmsing(2001)认为在产业集群中知识溢出的一个主要障碍是搭便车行为，使创新者不能独占创新收益，这在某种程度上会损害网络成员的创新积极性，另外，知识溢出接受者的机会主义行为也会影响集群中知识的传递。这种障碍可以通过集群中固有的标准或规则得到缓解，以使网络成员的机会主义行为得到严厉的社会惩罚。Nahapiet 和 Ghoshal(1998)指出交易规则是社会网络成员的行为规范。Larson(1992)研究创业企业与供应商和用户的关系，表明互惠的原则使企业可以自由地分享信息，分担风险和创新。因此，产业集群中，网络成员之间形成的共同的规范和交易准则有利于网络成员间的知识溢出，既包括显性知识溢出，也包括隐性知识溢出。

3. 共同目标

集聚效应是产业集群竞争优势的来源，处于集群中的企业能够充分享受这种集聚效应，但只有在集群良性发展的前提下，集聚效应才能产生。因此，在产业集群中，企业具有共同的目标，即为了应对日益激烈的市场竞争，为了克服技术创新的高复杂性和高风险性，为了充分发挥集群的集聚效应，企业会自觉维护集群的名誉，积极建立集群的品牌效应。企业之间形成既竞争又合作的关系，企业和机构之间分工合理、共享资源、互惠合作，共同促进集群的健康发展。这就是“大河有水小河满，大河无水小河干”的道理，如果集群不能健康发展，集群企业就会失去相应的支撑环境。因此，企业会认为彼此分享知识会增强自身和集群的竞争优势。而产业集群中的机会主义行为，将会受到严厉的惩罚。Tsai 和 Ghoshal(1998)使用共同愿景(Shared Vision)来表示这种共同目标，它体现了网络成员的集体目标和抱负。当网络成员具有共同愿景的时候，就会增加成员之间互动的积极性，这样可以促进知识与信息的交换。所以，共同愿景可以看做网络成员之间进行知识整合的黏合剂。Helmsing(2001)认为如果集群中企业能够形成这种交互作用的逻辑，企业之间知识共享的程度就会提高。Uzzi

(1997)认为这种逻辑的形成有赖于企业的共同信仰,即新价值的创造来自企业间的合作与知识的共享,通过企业合作共同解决问题,能够促进集群创新能力和企业创新能力的提高。因此,集群中网络成员的共同目标能够促进集群中的知识溢出,既包括显性知识溢出也包括隐性知识溢出。

4. 相似的知识基础和技术水平

与前面几个维度不同,相似的知识基础和技术水平在集群合作创新中的作用机理主要在于技术邻近能够使主体间的吸收能力提高,使相互交流和知识转移变得容易。Cohen 和 Levinthal(1990)在分析企业研发作用时首次提出了“吸收能力”(Absorptive Capability)的概念——识别新的、外部的(技术)信息的价值,吸收并使其商业化的能力。并认为吸收能力是企业先验知识(Prior Relate Knowledge)水平的函数。企业的先验知识既包括员工的基本技能、教育背景、知识的多样性和重叠性、理解能力,也包括某一领域最新科学技术发展的相关知识。这与本书中提到的认知邻近的概念不谋而合。Nelson 和 Winter(1982)认为如果企业成员的知识有很强的互补性,那么企业作为一个整体,占有知识的广度就比较大,但是企业成员知识的异质性不利于知识从“守门人”向其他成员转移,而如果企业成员知识的相似性比较强,企业会由于知识面相对狭窄而导致获取外部知识的机会减少。因此,组织成员知识的互补性和相似性对发展企业吸收能力有着重要影响,组织吸收能力不仅取决于单个组织成员的吸收能力,更取决于不同成员吸收能力之间的关联性。Cohen 和 Levinthal(1990)认为组织的吸收能力主要依赖于个体的能力,员工多样化的知识结构会促进企业各种形式的学习,成为企业与外部新观点、新技术的更多接口,那些具有研发、设计、制造与营销等多种技能的人力资本能够提高企业的吸收能力。Mangematin 和 Nesta(1999)认为高学历的员工通过日常工作能够提高组织的知识积累。他们也会与具有相似能力的企业外部个体之间建立更多的联系,这样可以扩展企业的外部知识网络,有利于企业对外部先进科学知识的利用。Anker(2001)认为吸收能力可以通过员工经验的积累而得到提高。他认为员工经验是一种特殊的知识,可通过干中学获得。综合上述学者的观点,认为集群中网络成员相似的知识基础和技术水平能促进集群中相关企业吸收能力的提高。

以上,分几个视角分析了认知邻近的不同维度即共同的语言、共同的规则、共同的目标,以及相似的知识基础和技术水平,对知识溢出和吸收能力的影响。从综合的视角可将认知邻近对集群创新的影响简要概述为:新知识的生成常常需要异质的、互补的知识成分的加入,集群创新的关键在于合作企业间能否顺利地交流、理解、吸收和创造新知识。因为大部分知识的隐性和特质性,使得获取相关知识并不能成为创新的充分条件。知识的有效转移需要具备对新知识进行认知、理解和利用的吸收能力(Cohen和 Levinthal,1997),而这种能力又与组织在特定的技术和市场背景下所拥有的和已经获得的技术和市场竞争力有关。所以为了高质、高效地完成知识的交流和传递,进而实现创新,成员间需要具备相似(但并不苛求完全相同)的知识框架,即认知邻近。它可促使组织合作中的沟通更加流畅,降低企业搜索和模仿的成本,有利于企业高效、低成本地从合作伙伴那里获得并吸收资源和溢出知识,进而促进集群创新。

然而,过度的认知邻近也可能对学习和创新产生不利影响。当认知邻近过度,即认知差异过小时,一方面可能很容易导致认知锁定。因为组织惯例掩盖了观察到新知识和新市场的可能性,结果使得知识创造渐进积累的特性与组织福利相抵触。Levitt 和 March(1996)将之称为“竞争力陷阱”。要想改掉过去曾经成功、现在却成为累赘的习惯和惯例是非常困难的(Lambody 和 Boschma,2001)。另一方面,认知邻近提高了无意识知识外溢的风险。因为传播障碍的关系,成员间的认知差异倾向于永久存在。然而,知识不可能一直被完全占用,可能在组织间外溢,尤其是在成员间认知差异非常小的时候。在认知差异很小的情况下,竞争者不愿意共享知识。例如,Cantwell 和 Santangelo(2002)认为当竞争企业在相同或多数重叠的技术领域经营时,它们不愿将研发活动放在同一个地方。因为它们的竞争领域相同,彼此间几乎不存在可共享的互补能力,而且还冒着较大的无意识知识外溢的风险。另外,当认知邻近过少,即认知差异过大时,企业间的资源具有较大的互补性,但由于理解力和默契性的不足,会出现交流障碍,企业间异质的知识难以实现有效的吸收,不利于集群创新。因为每一项新技术都存在最低的知识水平,在此之下的企业不能自行填补其知识的空白,认知差异过大时会限制企业的吸收能力(Perez 和 Soete,1988)。所以 Nooteboom(2000)指出,太小的认知距离意味着缺少新颖性,而太大的认知距离则会导致交流障碍,需要在认知差异(出于新颖性的考虑)和认知邻近(出于高效吸收的考虑)之间做出取舍。并且认为,组织的认知差异和创新绩效之间的关系呈倒“U”形。所以,平衡好认知差异和认知邻近之间的关系,使之达到富有成效的结合是十分关键的。为保持一定的认知差异,组织间应当保护好其异质资源信息不轻易被他人获取,同时也保证一定的对外开放度(Saviotti,1996)。

综上,认知邻近性对集群创新的影响机制可概括为:相同的语言保证了组织成员间能够进行信息交流,促进更多的知识转移,有利于集群中隐性知识的溢出;相同的价值观使组织成员坚守“互惠性关系”这一集群内部的共同规范与准则,使企业可以自由地分享信息,分担风险和创新;相同的目标使组织成员为了实现集聚效应带来的竞争优势,主动增加成员间互动的积极性,利于成员间知识整合,促进集群合作创新;相似的知识基础和技术水平能提高组织成员对新知识进行认知、理解和利用的吸收能力;相似而并非一致的认知水平能促进创新成员间知识的流动和转移,进而促进创新活动的产生;认知邻近能够降低企业搜索和模仿的成本,有利于企业高效、低成本地从合作伙伴那里获得并吸收资源和溢出知识,进而促进集群创新。但过度的认知邻近也会产生负效应:一方面,认知邻近过度很容易出现“竞争力陷阱”,导致认知锁定;认知邻近过度提高了无意识知识外溢的风险,竞争者不愿共享知识。另一方面,当认知邻近过少、认知差异过大时,会出现交流障碍,异质知识难以实现有效吸收。为使认知邻近最大限度地利于交互学习,促进集群创新,需平衡好认知差异和认知邻近之间的关系,建立多样且互补的知识基础(Boschma,2005)。如图 7-1 所示。

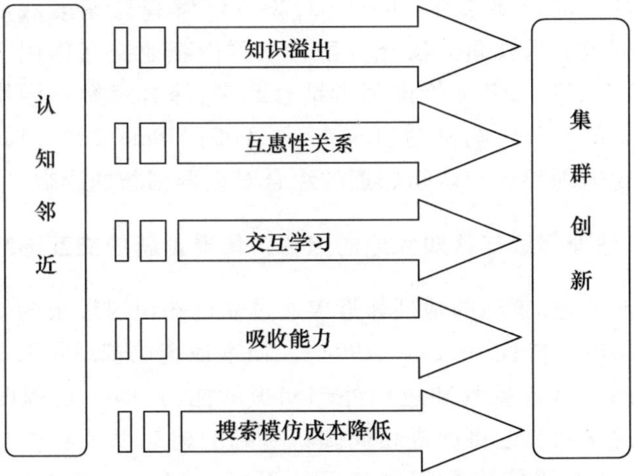

图 7-1　认知邻近对集群创新的影响机理

7.2 地理邻近与认知邻近的组合对集群创新的影响机制

7.2.1 地理邻近对集群创新的影响与局限

本研究认为,地理邻近对集群创新的影响主要表现在几方面:其一,集群内企业间的地理邻近便于组织间频繁的面对面交流,促进隐性知识传播,进而可能促进创新活动的产生;其二,地理邻近有利于企业间原材料、中间产品等物质资源的近距离、低成本运输,降低企业生产成本、提高生产效率进而有利于开展创新活动;其三,地理邻近通过提高集群内组织间的交流频率和交流效率,强化组织间的认知邻近和组织邻近,进而间接促进集群创新(Malmberg. A,Maskell. P,1997;Boschma,2005)。

但过多的地理邻近对集群中组织间交互学习和创新产生负面影响;且地理邻近虽的确能在一定程度上促进集群创新,但地理邻近既不是集群创新的充分条件也非必要条件(Boschma,2005)(解释详见第六章)。因此,单一的地理邻近分析视角无法充分解释集群内企业交互作用互动创新机理;必须将地理邻近与其他维度邻近结合起来,综合考察不同维度邻近组合对集群创新的交互影响机制(Boschma,2005;Albino,2007;Torre,2008)。本节旨在探讨地理邻近与认知邻近的组合对集群创新的影响。

7.2.2 地理邻近与认知邻近的组合对集群创新的交互影响

正如上文所述,单纯的地理邻近仅通过靠近知识源带来的知识外溢来提供知识转移的可能性(Nonaka,1994)。而本地企业若想获取最大的知识溢出效应需同时具备吸收和应用外部知识的能力,即一定程度的知识邻近。组织间的认知邻近将促进相同知识基础的建立以及经验与技术的共享,进而加强认知团体成员间的学习过程(Nooteboom,2000)。所以理论上,地理邻近与一定水平的认知邻近相结合就足以产生交互学习(Boschma,2005),进而成为集群创新的最基本条件。那么,地理邻近和认知邻近的组合是如何影响集群创新的? 它们的交互影响效应又是怎样的? 西方一些学者尝试着对此问题进行了探讨。

在理论研究方面,部分学者认为地理邻近能为认知上的相互影响提供有利的物理基础,确保隐性知识的共享,因为隐性知识不像编码知识那样可以不用物理邻近就能交换或获取(Nonaka,1994;Nonaka 和 Takeuki,

1995)。Maskell和Malmberg(1999)特别描述了"学习"的互动特性,认为地理邻近有助于企业间或与其他活动者间的面对面互动学习,亦有助于建立共享语言、文化与习惯,因此地理邻近能促进认知邻近的形成。Breschi和Lissoni(2001)也赞同此观点,指出地理邻近本身不涉及认知邻近,但认知邻近的产生却离不开地理邻近。因为地理邻近产生的相同的语言、相同的编码方式是界定认知团体的基础,在研究项目早期,大部分知识仍然需要被编码成显性知识,以利于知识的传播。他们进一步指出,认知团体不会随着团体成员不再同处相同地理位置而解散,即使分散在不同的地理位置,成员间也会比团体外的新地理位置下的本地成员间使用更多的行业术语,且享有更高的信任。偶尔需要碰面,但频率比同处相同地理位置时低得多。编码知识的费用也将成为一部分固定成本,因为编码知识能够实现远距离交流,这有助于减少企业选址以及差旅费用。因此,可以认为永久性地理邻近在认知邻近形成的初期是十分必要的,但当认知邻近达到一定的程度之后,认知邻近和临时性地理邻近将替代永久性地理邻近。这正如Wuyts(2005)所指出的,无地理邻近的企业之间也许不能通过面对面的方式共享知识和信息,但如果它们拥有相似的认知水平和知识基础,则可通过高度的相互理解来克服这一困难。此外,Freel(2003)也认为地理邻近和认知邻近之间存在负相关。他同时指出,只有当必要知识不断与企业内部知识基础存在差异时,地理邻近才能在其中起到桥梁的作用。Harrison(1992)也曾指出,当需要获取远距离企业的知识源时,地理邻近所起到的作用非常有限。仅当所需资源在当地可得时,位于同一区域能对创造认知邻近有贡献,因为它有利于非正式关系的形成,使得面对面接触的机会增多,而这些都对建立信任和企业间关系有所帮助。Balconi(2009)等学者更是明确指出了企业合作创新与否可能取决于潜在合作者的能力而不是地理距离,在以科学为基础的产业中尤其如此。可以看出,以上理论分析倾向于表明集群创新过程中地理邻近能促进认知邻近,但当认知邻近达到一定程度后可降低对地理邻近的需求。

在实证研究方面,Audretsch和Feldman(1999)将产业归纳为六大类,分别建立了知识多样化指标和专业化指标,利用知识生产函数评估了产业创新对本地结构的影响,揭示了知识多样化对本地创新的影响,并指出,产业的高度集中(即地理邻近)有利于共享相同的知识基础,进而促进创新。

Baudry和Breschi(2003)利用专利引用对英国和意大利行业间的外部效应对创新的影响进行了研究,得出地理上的邻近不足以解释企业的创新能力,创新型企业的集聚才是创新真正的推动源;非创新型企业或创新较少的企业的地理邻近是产生拥堵的原因。

Aharonson 等(2004)对地理邻近和技术邻近(即本书认为的认知邻近)对生物集群企业创新能力的重要性做了测评,结果显示,企业间的地理邻近对其创新能力的提高有积极的影响,但更深层次来看则是技术邻近提高了企业对外部效应的吸收能力,进而影响着企业的技术产出。结果同时显示,在同一产业内,专业化效应比多样化效应的作用更显著。

Boufaden 和 Plunket(2005)以巴黎地区生物技术集群为例,对地理邻近和技术邻近的组合效应进行实证分析,结果表明,考虑专业化企业的邻近时,只有致力于同一活动领域的创新企业间的邻近才是有意义的且为正效应的,对那些已经在应用领域存在较多合作的企业来说,邻近的作用反而是负的。

Balconi 等(2009)从合作者之间的异质性和互补性角度,探讨了意大利生物技术产业利用认知邻近和地理邻近开展合作创新的过程。结果显示在特定领域的专业化程度越高,合作创新企业间的认知差异越大。支持企业间为获取新知识而进行的合作倾向于选择与其知识基础相差较大且拥有其所需目标知识的企业进行合作的观点。

综上,地理邻近和认知邻近的组合对集群创新的影响或呈互补效应或呈替代效应。理论分析更倾向于认为,当认知邻近不足时地理邻近能促进认知邻近的提高,而当认知邻近达到一定高度后,反而会降低对地理邻近的需求,两者之间存在类似倒"U"形的关系。实证研究的结果也显示地理邻近和认知邻近之间或呈互补关系或呈替代关系。由此得出,地理邻近和认知邻近对集群创新存在明显交互作用效应,这为本书所提出并分析的"传统'LKS'视角下单一地理邻近的分析视角具有局限性"的观点提供支撑。而两者间的交互作用是表现为互补效应还是替代效应,这与集群的类型、特性以及集群创新演进所处的发展阶段有关,与集群所处的时空背景有关(Boschma,2005),以及与集群内相关主体之间的邻近关系发育程度有关。

借鉴以上理论分析与实证结果,本研究将地理邻近和认知邻近的组合对集群创新的影响机制概括为以下几点(见图 7-2):

(1) 地理邻近通过便利的面对面互动学习,有助于建立共同的语言、文化与习惯,确保了隐性知识的共享和显性知识相同的编码方式,为认知上的相互影响提供有利基础,因此地理邻近能促进认知邻近的形成,进而促进组织交互作用与创新。

(2) 认知邻近带来的相同的知识和能力基础是促使企业走到一起产生交互学习和创新的前提条件;但认知邻近不会直接促进地理邻近的提高,只有当主体在察觉提高认知邻近的成本高于促进地理邻近的成本时才会考虑通过迁址来改变地理邻近。

(3) 认知差异能带来异质性和互补性资源,对集群创新具有新颖性价值;认知差异越大,越需要有利于互动的邻近,这种互动包括临时性地理邻近或永久性地理邻近。

(4) 对以科学为基础的产业来说,企业间合作与否更多地取决于潜在合作者的能力而不是地理距离,即对高新技术企业合作创新来说,认知邻近比地理邻近更重要。

(5) 单独的地理邻近不是组织间合作创新的充分必要条件,除地理邻近外还至少需要认知邻近,地理邻近通过强化其他维度的效应来影响集群创新;单独的认知邻近只局限于产品创新,而不适用于管理、组织等方面的创新,需要地理邻近和组织邻近予以补充;三者的结合才能使创新效果最佳。

(6) 地理邻近与认知邻近在集群创新中产生交互作用,交互影响效应既可能表现为相互替代关系也可能表现为互补关系,这可能与集群的类型、特性、集群所处的时空背景以及集群创新演进所处的阶段有关。这表明,通过实证研究来检验理论观点显得尤为重要。

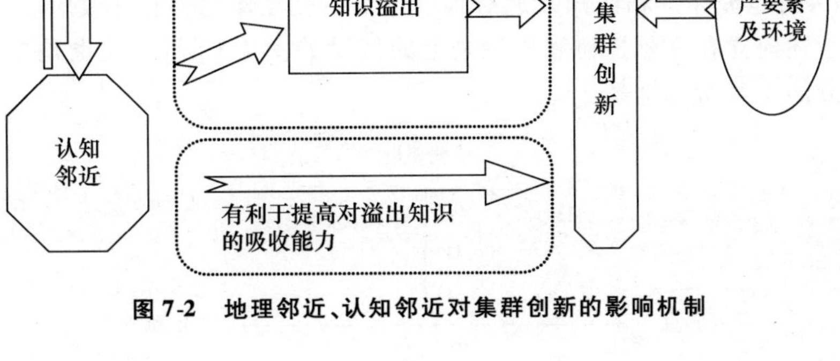

图7-2　地理邻近、认知邻近对集群创新的影响机制

7.3 地理邻近和认知邻近对集群创新影响效应的实证检验

7.3.1 理论假设

通过上述理论机理分析我们知道,地理邻近通过促进隐性知识传播、降低企业生产成本、强化或弱化组织间认知邻近和组织邻近直接或间接促进集群创新;认知邻近通过促进知识溢出、提高交互学习能力和知识吸收能力以及降低搜索模仿成本等途径促进集群创新。基于此,提出两个基本假设:

H1:地理邻近对产业集群创新产生显著正向影响;

H2:认知邻近对产业集群创新产生显著正向影响。

进一步分析表明,集群内组织间的地理邻近为彼此提供了更多面对面交流的机会,便利面对面互动学习,帮助建立共同的语言、文化与习惯,确保了隐性知识的共享和显性知识的相似编码,促进认知邻近的形成;认知邻近虽然也对地理邻近产生一定的影响,但仅当主体察觉到为实现某一创新目标提高认知邻近的成本高于促进地理邻近的成本时,才可能会考虑通过迁址来加强地理邻近,从而间接促进地理邻近的提高;地理邻近和认知邻近在促进集群创新过程中存在一定的交互作用,其交互影响效应既可能表现为替代关系也可能表现为互补关系,这与集群的类型、特性、集群所处的时空背景以及集群演进所处的阶段有关。因此,本研究继而提出以下两个假设,其中假设 4 又包涵两个子假设:

H3:地理邻近在促进产业集群创新中对认知邻近具有显著正向影响;

H4:地理邻近和认知邻近在促进产业集群创新中存在交互作用;

H4a:地理邻近和认知邻近对集群创新的交互作用呈替代效应;

H4b:地理邻近和认知邻近对集群创新的交互作用呈互补效应。

上述建立在文献探讨和推论之上的假设如图 7-3 所示,这也是本节实证部分的主要研究框架。

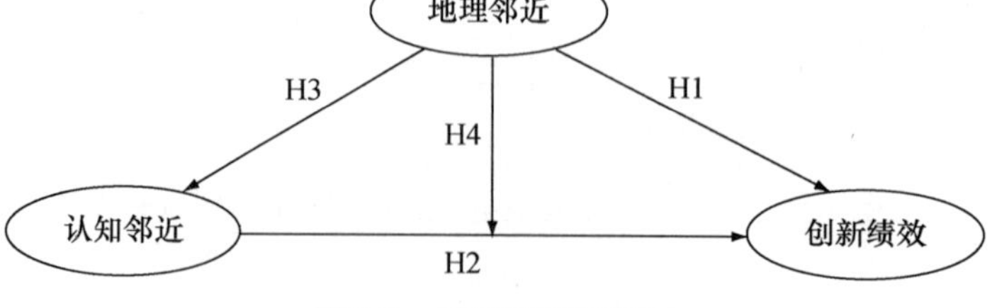

图 7-3 实证研究构架图

7.3.2　研究方法与指标测度

7.3.2.1　研究方法的选择

研究方法沿用第六章所采用的结构方程模型（SEM）和偏最小二乘分析（PLS）相结合的方式。前者具备可同时考虑并处理多个因变量，允许自变量和因变量含有测量误差，能同时估计因子间的结构和因子间的关系，可采用比传统方法更有弹性的测量模式，可构建潜伏变量之间的关系，并估计模式与数据之间的吻合程度等优势；后者以方差为基础，寻求所有残差方差条件最小来构建模型，以预测为目的，通过不断迭代使参数稳定；对于观测变量的分布、残差和参数没有严格的假设限制，只需要满足一般线性回归的条件即可，称为“软建模”，适用于有限信息的小样本估计研究。当研究目的为因果预测应用且理论知识相对缺乏时，通过构建结构方程模型，并利用 PLS 对结构方程模型进行参数估计和检验，是比较适宜的（Joreskog 和 Word，1982）。同时考虑到模型既含有反映型指标又含有组合型指标，且样本数量不大等现实，最终采用 Smart PLS 软件对模型参数进行估计。

7.3.2.2　研究对象的选取

研究对象的选取同样沿用第六章所提及的软件产业集群。软件产业符合创新集群的特点：新技术、新概念、新思维在软件行业内层出不穷，符合集群创新能力显著的要求；我国大部分省份均建有国家级软件园，多项政策引导企业的集聚，使软件企业间地理邻近客观存在；软件行业核心的计算机语言编程技能相似，软件从业人员知识背景相近，员工“跳槽”、“走穴”以加速提薪的几率较高，均导致软件产业集群内知识交流活跃，认知邻近较其他产业集群更为显著。

以目前中国软件产业集群初步形成的以环渤海、长三角、珠三角、中西部中心城市四大产业集群的空间分布格局为基础，将 2010 年国家规划布局内重点软件企业作为实证对象，考虑到相关实证对数据的要求相对较高，最终选取名单中在上海和深圳证券交易所上市的企业作为实证研究对象，并在研究年份上前后各延伸一年。最终的数据为 2009 年 35 家、2010 年 54 家、2011 年 61 家，共 150 家企业。

7.3.2.3　指标的测度

1. 创新绩效（INNO）

若邻近确能促进创新，则一方面能有效推进创新的进程，并激发更多更好的创新成果的推出和创新产品的研发；另一方面企业创新的目的在于将创新成果运用于产品,推向市场并最终获益,因此经济效益指标也能部分反映企业的创新能力与成果。企业的创新成果可用企业申请和获批的专利数、登记的著作权数等表示;处于创新过程中的产品也可以通过企业年报中的相关无形资产来体现,具体包括处于开发阶段的公司的专利技术和非专利技术、数据库、数据使用权、软件等;企业的经济效益指标方面,考虑到本研究选取了软件产业作为研究对象,具有产品更新换代快、产品升级与创新层出不穷的显著特点,将主营业务收入、净利润等用于衡量创新绩效也较符合产业实际。综上分析并结合数据的实际可获取情况,最终选取了软件企业的软件著作权、相关无形资产、主营业务收入三项指标,用以衡量创新绩效这一变量。数据主要来自中国版权保护中心网站和上市公司企业年报。

2. 地理邻近(G)

地理邻近用于衡量主体间空间距离的远近,常见的有直接测度与间接测度两种方式。直接测度如利用企业经纬度坐标以及相关工具直接计算企业间实际距离或交通时间,计算某一企业到其他企业的平均实际距离或平均交通时间,并取其倒数表示其地理邻近程度;或以目标主体为中心测度一定区域或集群区域内企业集聚程度,即某企业周围一定面积上类似企业的个数占此类企业总数的比值。间接测度则需借鉴虚拟数值,按企业所在地不同,划分地理邻近程度,用虚拟数值形式表示地理邻近,如在同一区则赋值为5,在同一市赋值为4,在同一个省份赋值为3,在同一集群赋值为2,其他则赋值为1(考虑到临时性地理邻近的存在),最终将得分相加即为该企业的地理邻近值。

为保证指标的全面性与合理性,并适应结构方程模型的实证需要,本书考虑同时采用直接和间接方法测度地理邻近,并选取了名义地理邻近、空间地理邻近和功能地理邻近三个指标。具体而言,空间地理邻近衡量的是某企业到集群内其他企业的平均实际距离(通过 google 地图计算),并取其倒数表示空间地理邻近程度;名义地理邻近即按上述赋值标准对两两企业间的地理邻近度进行赋值,最后将与某企业相关的赋值加总即得该企业的名义地理邻近值;功能地理邻近则衡量了某企业到集群内其他企业的平均交通时间,并将不同城市间交通通达度差异考虑在内,最终用平均交通时间(通过 google 地图计算)除以交通通达度(该省市的单位土地面积公路里程数),再取其倒数表示。数据来源主要有 google 地图网页以及中国统计年鉴。

3. 认知邻近(C)

本书定义的认知邻近用于反映集群企业对知识进行理解、吸收、分类和运用时所体现的相似性,涵盖了一般意义上的技术邻近。技术邻近可通过以技术专利等为基础的企业知识库来分析,目前较常用的有技术专利的偏相关系数、卢基伽相似性指数、偏离率等,对数据要求相对较高。此外,也可通过分析企业产品的主要应用领域来体现认知邻近。生产同一应用领域产品的企业间,因其产品存在更强的同质竞争或异质互补关系,相应企业间相互学习模仿的几率也大于不同应用领域的企业。这两种方法更多是从知识运用成果的角度测度认知邻近,而对知识理解、吸收和分类的相似性往往通过企业员工的教育背景和学历水平来衡量。相似的教育背景和学历水平,使员工掌握了相近的技术语言和知识编码能力,可以保证企业对行业内新知识的准确识别、理解和吸收的能力。这一衡量需考虑广度和高度两个方面。广度指企业中技术人员所占比重,高度指企业中硕士以上学历员工所占比重。

综合考虑测度数据的可靠性与可获得性,最终采用了产品技术邻近、应用领域邻近和员工认知邻近三个指标来衡量认知邻近。前两个指标的测度均建立在企业软件著作权信息剖析的基础上。如上文所述,计算机软件著作权是软件企业保护和展示创新成果的主要工具,其在登记中使用的软件分类编码采用组合代码的结构,由 9 位数字组成,前 5 位数字代表计算机软件分类的代码,后 4 位数字代表计算机软件适用的国民经济行业的代码。利用前者计算产品技术邻近,后者计算应用领域邻近。首先计算企业间两两双边关系,记录其生产相同类型产品(或应用于同一行业领域)的个数,再通过加总某企业与其他所有企业的相关系数获得该企业的产品技术邻近(或应用领域邻近)指标。员工认知邻近则需从广度和高度两个方面考虑,以两者的乘积表示员工认知邻近。数据来源为中国版权保护中心网站和上市公司企业年报。

4. 其他变量——创新投入(I)

创新投入包括创新资金投入和创新人力投入。创新投入是集群创新活动得以进行的物质基础,其对于集群创新的重要性不言而喻。相较于多维邻近对创新的影响,创新投入的影响更加直接而显著,是分析创新绩效模型中不可缺少的重要组成部分。但其不是本书讨论的重点,因此,仅简单选取创新资金投入和创新人力投入两项指标,用以综合衡量企业创新投入这一变量。相关数据摘自上市公司企业年报。

7.3.2.4 数据来源

本研究所研究的软件企业来源于由国家发改委、工业和信息化部、商务部、国家税务总局联合审核认定的“2010 年度国家规划布局内重点软件企业名单”。考虑到相关实证研究对数据的要求相对较高,最终选取了名单中在上海和深圳证券交易所上市的企业作为实证研究对象,并在研究年份上前后各延伸一年。由于企业上市次年才会公布年报,最终的数据为 2009 年 35 家、2010 年 54 家、2011 年 61 家,共 150 家企业。相关数据主要来自中国版权保护中心网站(http://www.ccopyright.com.cn)、深圳证券交易所(http://www.szse.cn)、上海证券交易所(http://www.sse.com.cn)、各企业上市年报和各公司网页等。具体指标与数据详见表 7-1。

表 7-1 指标选取与数据来源

潜变量(结构变量)	显变量(观测变量)	数据来源
创新绩效(INNO)	软件著作权(INNO1)	中国版权保护中心网站
	相关无形资产(INNO2)	企业年报
	主营业务收入(INNO3)	企业年报
创新投入(I)	创新资金投入(I1)	企业年报
	创新人力投入(I2)	企业年报
地理邻近(G)	空间地理邻近(G1)	Google 计算
	功能地理邻近(G2)	Google 和中国统计年鉴
	名义地理邻近(G3)	企业年报和企业网站
认知邻近(C)	产品技术邻近(C1)	中国版权保护中心网站
	应用领域邻近(C2)	中国版权保护中心网站
	员工认知邻近(C3)	企业年报

7.3.3 模型构建与基本检验

7.3.3.1 模型构建

为验证前文假设,构建如下三个模型:

模型一,即为主模型,用于检验地理邻近和认知邻近与产业集群创新绩效之间的正效应是否显著存在,即检验假设 H1、H2 是否成立,如图 7-4 所示。

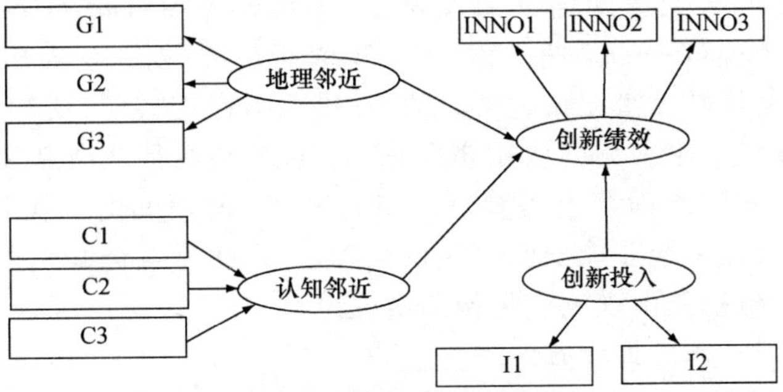

图 7-4　结构方程模型一

模型二,在地理邻近和认知邻近之间建立直接联系,探索地理邻近是否通过认知邻近对创新绩效产生中介效应,即检验假设 H3 是否成立(见图 7-5)。

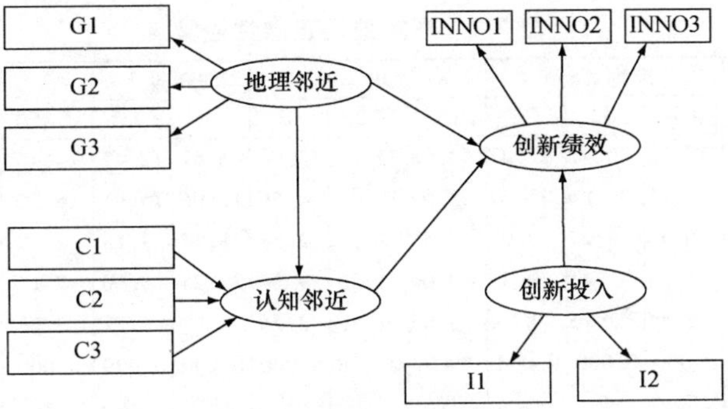

图 7-5　结构方程模型二

模型三,侧重检验地理邻近和认知邻近在集群创新中的交互影响机制是否存在,且其影响是正的互补效应还是负的替代效应,不同维度的邻近之间的关系是相互弱化还是相互强化,即检验假设 H4 是否成立(见图 7-6)。

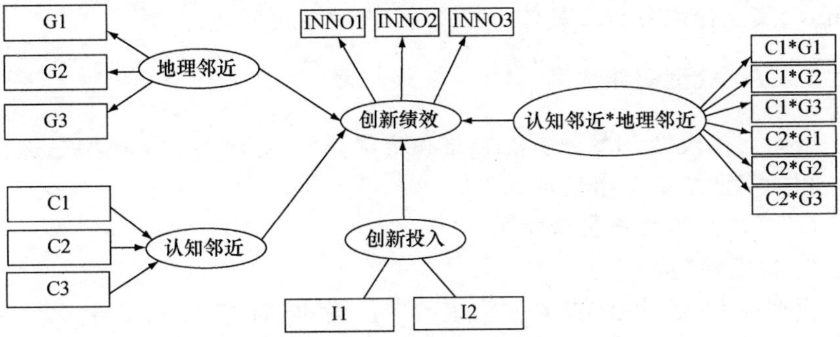

图 7-6　结构方程模型三

模型中的潜变量同样分为反映型(Reflective Measurement)和组合型(Formative Measurement)两类,其中地理邻近(G)、创新投入(I)和创新绩效(INNO)是反映型潜变量,具体解释在第六章已有说明,认知邻近(C)为组合型潜变量。本书测度认知邻近的三项观测指标是从产品技术、应用领域和员工认知三方面综合考量认知邻近程度,两两间的相关性不必然存在,三者组合在一起才能全面反映认知邻近,因此为组合型。在模型图中,组合型潜变量箭头由观测变量指向潜变量。

7.3.3.2 正态性检验

在运用PLS方法分析模型之前,同样先对数据的正态性分布情况进行分析,以检验实证方法的适用性与正确性(见表7-2)。具体方法见第六章,结果表明,除C1外本研究样本数据指标均不满足正态分布。因而,选择PLS路径建模分析方法是正确的、可行的。

表7-2 样本数据正态性检验

	地理邻近			认知邻近			创新投入		创新绩效		
	G1	G2	G3	C1	C2	C3	I1	I2	INNO1	INNO2	INNO3
均值	37.13	40.42	52.47	43.98	35.79	13.06	6.52	12.42	13.45	16.48	16.64
标准差	32.25	30.86	25.71	23.07	19.47	14.56	12.96	16.95	16.50	21.35	21.37
偏度	0.53	0.27	0.07	0.41	1.12	2.58	5.37	3.15	2.49	1.76	2.09
峰度	-1.24	-1.41	-0.55	-0.06	1.28	9.30	32.24	10.60	7.14	2.98	4.13
K-S	2.44	2.15	1.24	0.87	1.57	2.26	3.77	3.21	2.54	2.70	2.97
Sig(双侧)	0.000	0.000	0.094	0.436	0.015	0.000	0.000	0.000	0.000	0.000	0.000
是否正态分布	否	否	是	是	否	否	否	否	否	否	否

7.3.4 模型PLS分析步骤

对结构模型的PLS分析主要分为以下几个步骤:第一步,信度检验;第二步,效度检验;第三步,外部模型参数检验;第四步,内部模型参数检验;第五步,交互作用分析。具体见第六章,在此不再赘述。

7.3.5 模型测评结果

按照上述模型PLS分析的思路和步骤,分别对模型一至模型三进行测评。相关实证结果输出呈现如下:

7.3.5.1 模型一实证结果

1. 信度检验

模型一信度检验结果(见表7-3),除创新绩效稍逊之外,其余Cronbach's值都在0.7以上;Composite Reliability方面,所有变量都在0.8以上,表明组合信度良好。因此,可以认为模型的信度可以接受。

表 7-3　模型一信度检验

变量	代码	α 值	组合信度
创新绩效	INNO	0.661	0.814
创新投入	I	0.825	0.919
地理邻近	G	0.812	0.888

注:组合型潜变量无相应项值。

2. 效度检验

检验结果如表 7-4 所示,其中创新绩效、创新投入和地理邻近等反映型潜变量的 AVE 值都达到了 0.5 以上,分别为 0.595、0.850 和0.728;组合型潜变量认知邻近的 AVE 并未直接显示,但当因子负荷都标准化后,AVE 与共同度(Communality)相同,而后者在运行结果中可得,为 0.538 ,也达到了 0.5 以上的标准;AVE 平方根(对角线上值)均大于与对角线下方其他指标的相关系数,故整体而言,模型的效度较优。

表 7-4　模型一相关系数与 AVE

	创新绩效	创新投入	地理邻近	认知邻近
创新绩效	(0.771)			
创新投入	0.709	(0.922)		
地理邻近	0.307	0.115	(0.853)	
认知邻近	0.600	0.511	0.316	(0.733)

3. 外部模型参数检验

表 7-5 是 Bootstrap 检验结果,其中反映型指标各项负载系数最低的是 INNO2 的 0.705,所有负载系数均大于 0.7 的标准,且在 $P<0.01$ 的水平下均显著;组合型指标的各项外部权重最低的是 C3 的 0.212,故所有指标都远大于 0.1 的标准,且 C1 和 C2 在 $P<0.01$ 的水平下显著, C3 在 $P<0.05$的水平下显著,表明测量模型结构良好。

表 7-5　模型一测量模型负载系数和外部权重的 Bootstrap 检验

潜变量	观测变量	Outer Loading	T Statistics	Outer Weight	T Statistics
创新绩效	INNO1	0.769	13.712***	0.442	8.118
	INNO2	0.703	8.840***	0.343	9.439
	INNO3	0.836	23.727***	0.501	10.288
创新投入	I1	0.904	31.752***	0.483	11.937
	I2	0.939	35.977***	0.599	16.322

（续表）

潜变量	观测变量	Outer Loading	T Statistics	Outer Weight	T Statistics
地理邻近	G1	0.909	12.491***	0.370	6.781
	G2	0.889	11.576***	0.351	5.897
	G3	0.753	9.082***	0.466	3.866
认知邻近	C1	0.911	15.434	0.618	3.886***
	C2	0.853	10.563	0.454	2.672***
	C3	0.236	1.839	0.212	1.958**

注：* $P<0.1$，** $P<0.05$，*** $P<0.01$，下同。

4. 内部模型参数检验

结构模型的路径系数和 T 值检验显示，地理邻近、认知邻近和创新投入都对创新绩效有显著的直接影响效应：创新投入的路径系数最大(0.555)且显著性最高；认知邻近次之(0.266)，且同样满足 $P<0.01$ 水平下显著；地理邻近系数较认知邻近有一定差距(0.159)，且仅满足 $P<0.05$ 水平下显著。实证结果基本与预期相符，说明主模型内部结构良好，如表7-6所示。

表 7-6　模型一结构模型路径系数的 Bootstrap 检验

	Original Sample	Sample Mean	Standard Error	T Statistics
创新投入→创新绩效	0.555	0.563	0.091	6.098***
地理邻近→创新绩效	0.159	0.140	0.065	2.443**
认知邻近→创新绩效	0.266	0.279	0.091	2.915***

模型一的创新绩效 $R^2(1)$ 达到了0.602，大于最低标准0，且大于一般标准0.5，表示模型中其余四个潜变量对创新绩效的解释能力较好，表明模型可接受（见表7-7）。

表 7-7　模型一内部模型 R^2 贡献度

	路径系数	相关性	对 R^2 的贡献度
创新投入	0.555	0.709	39.35%
地理邻近	0.159	0.307	4.88%
认知邻近	0.266	0.600	15.96%
合计	—	—	0.602

5. 模型一测评结果

通过上述一系列检验与运算，模型一的最终结果输出如图7-7所示：

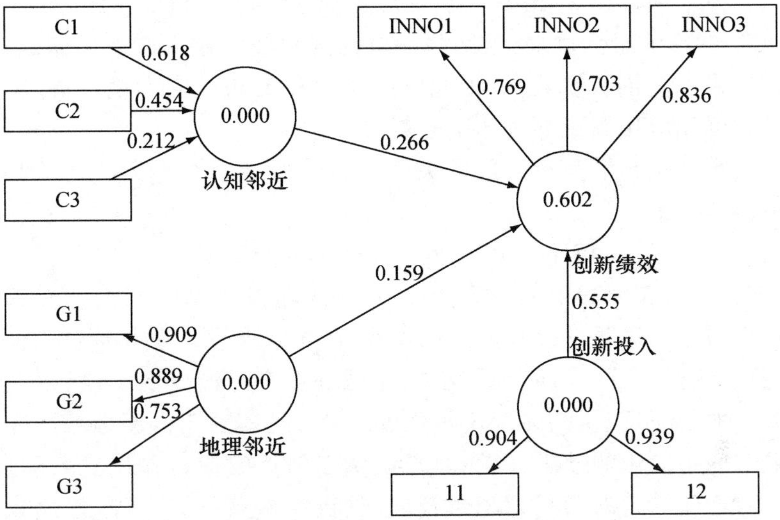

图7-7 模型一 PLS结果输出图

(1) 潜变量与观测变量之间的关系。三个反映型模式的外部模型的方程(变量均为标准化的)如下：

$$\text{创新绩效}:\begin{cases}INNO1=0.769INNO\\INNO2=0.703INNO\\INNO3=0.836INNO\end{cases}\quad \text{创新投入}:\begin{cases}I1=0.904I\\I2=0.939I\end{cases}$$

$$\text{地理邻近}:\begin{cases}G1=0.909G\\G2=0.889G\\G3=0.753G\end{cases}$$

创新绩效方面，主营业务收入(INNO3)、软件著作权(INNO1)和相关无形资产(INNO2)与创新绩效的相关性依次递减，说明本书所衡量的创新绩效较好地综合了创新中间品、成品以及经济效益等方面，相比传统单一创新绩效指标，能更好地揭示模型所涉变量之间的关系；创新投入方面，创新资金投入(I1)与创新人力投入(I2)的相关性都较高，但后者稍强，说明企业创新投入的提高都能很好地反映在创新资金和人力投入两方面，但人力投入更加明显；地理邻近方面，空间地理邻近(G1)与其相关性最强，功能地理邻近(G2)其次，而名义地理邻近(G3)相对最弱，说明现阶段，相比功能上的地理邻近和名义上的地理邻近，国内软件产业集群仍以地理布局相近为主要导向。

组合型指标认知邻近的外部模型方程为：

$$C=0.618C1+0.454C2+0.212C3$$

产品技术邻近(C1)相关系数最大,应用领域邻近(C2)稍逊,员工认知邻近(C3)的影响最为微弱,说明目前对国内软件产业集群来说,若想通过认知邻近来提高创新绩效,员工整体的认知高度和广度不是关键,企业间的技术邻近和应用领域邻近才是重点。

(2)潜变量与潜变量之间的关系。由模型一估计得到的内部结构方程如下:

$$INNO = 0.555I + 0.159G + 0.266C$$

其中,创新投入在方程中的系数为 0.555,地理邻近为 0.159,认知邻近为 0.244,且均通过显著性检验。这意味着,首先创新投入潜变量对于创新绩效潜变量具有显著的正向影响效果,这已是被广泛接受的观点;更重要的是模型中地理邻近、认知邻近这两个潜变量被证实对于创新绩效潜变量也具有显著的正向影响效果,且相对来说认知邻近的促进作用更为明显,地理邻近对创新绩效的影响则相对较弱;进行结构方程 R^2 贡献率比较的结果显示,认知邻近潜变量的影响效果在 R^2 占了 15.96% 的比例,而地理邻近潜变量的影响效果比例仅为 4.88%。

(3)小结。通过模型一的实证分析及评价各参数结果,得出结论:

① 地理邻近和认知邻近对集群创新都有显著正效应,即假设 H1、H2 成立;

② 两种邻近维度对创新绩效的直接促进作用无论路径系数还是预测能力的贡献,均以认知邻近较大,地理邻近次之。

7.3.5.2 模型二实证结果

1. 信度检验

信度检验结果与模型一结果基本一致,在此不赘言,如表 7-8 所示。

表 7-8 模型二信度检验

变量	代码	α 值	组合信度
创新绩效	INNO	0.661	0.814
创新投入	I	0.825	0.919
地理邻近	G	0.812	0.894
认知邻近	C	—	—

2. 效度检验

符合反映型潜变量的 AVE > 0.5,且 AVE 平方根(对角线上值)均大于与对角线下方其他指标的相关系数的标准,故整体而言,模型的效度较优。具体数值如表 7-9 所示。

表7-9 模型二相关系数与AVE

	创新绩效	创新投入	地理邻近	认知邻近
创新绩效	(0.771)			
创新投入	0.712	(0.922)		
地理邻近	0.287	0.101	(0.863)	
认知邻近	0.588	0.525	0.362	(0.728)

3. 外部模型参数检验

建立直接联系后,模型的外部路径系数及其 T 值出现了一定变化。反映型指标各项负载系数最低为G3的0.655,其余均符合大于0.7的标准,且均在99%的概率下显著;组合型指标的各项外部权重最低为C3的0.280,均大于0.1的标准,且C2和C3在99%的概率水平下显著,C1在95%的概率水平下显著,表明模型二外部模型结构尚可(见表7-10)。

表7-10 模型二测量模型负载系数和外部权重的Bootstrap检验

潜变量	观测变量	Outer Loading	T Statistics	Outer Weight	T Statistics
创新绩效	INNO1	0.761	13.167***	0.429	7.689
	INNO2	0.703	8.261***	0.342	8.759
	INNO3	0.842	25.313***	0.513	10.004
创新投入	I1	0.904	32.293***	0.482	11.994
	I2	0.939	35.813***	0.600	16.469
地理邻近	G1	0.956	29.479***	0.429	11.887
	G2	0.942	26.256***	0.399	10.16
	G3	0.655	7.308***	0.326	3.374
认知邻近	C1	0.821	9.132	0.408	2.295**
	C2	0.907	14.859	0.639	3.924***
	C3	0.305	2.517	0.280	2.664***

4. 内部模型参数检验

创新投入的路径系数依然最大(0.575)且显著性最高;认知邻近系数次之(0.234)且满足 $P<0.05$ 水平下显著;地理邻近系数最小(0.144),显著性也相对最低(见表7-11)。这与模型一的结果相似。地理邻近对认知邻近的直接影响系数达到了0.362,且 T 值为3.849,符合 $P<0.01$ 水平下显著,证明地理邻近确实对认知邻近存在正向的直接影响效应,并通过认知邻近对创新绩效产生间接影响。

表 7-11　模型二结构模型路径系数的 Bootstrap 检验

	Original Sample	Sample Mean	Standard Error	T Statistics
创新投入→创新绩效	0.575	0.584	0.096	6.009***
地理邻近→创新绩效	0.144	0.120	0.072	2.011**
地理邻近→认知邻近	0.362	0.379	0.098	3.695***
认知邻近→创新绩效	0.234	0.249	0.099	2.354**

建立地理邻近对认知的直接联系后，创新绩效的 R^2 变为 0.588，虽较主模型略有降低，但仍大于一般标准 0.5，各潜变量对创新绩效 R^2 的贡献度基本与模型一中相似，表示模型中其余三个潜变量对创新绩效的解释能力较好；认知邻近的 R^2 为 0.131，仅勉强归为“弱拟合效果”(Chin,1998)，说明地理邻近对其解释力较弱，但 R^2 大于 0，表明模型可接受(见表 7-12)。

表 7-12　模型二潜变量的 R^2(2)

	R^2
创新绩效	0.588
认知邻近	0.131

注：至少有另一潜变量指向该潜变量时，才会显示其 R^2 值。

5. 模型二测评结果

模型二测评结果输出如图 7-8 所示。

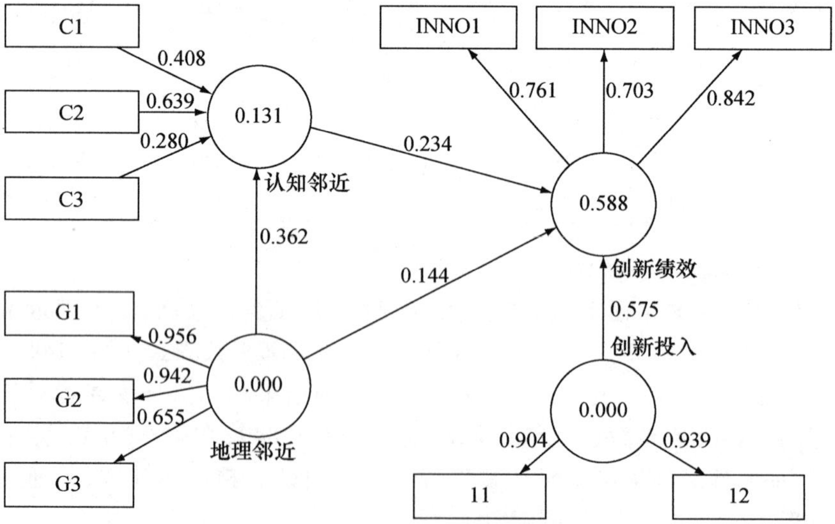

图 7-8　模型二 PLS 结果输出图

（1）地理邻近对集群创新绩效的中介效应。模型二对地理邻近可能通过认知邻近对创新绩效产生的中介效应进行了检验，结果显示：地理邻近对认知邻近的直接影响系数为 0.362，*T* 值为 3.695，满足 99% 概率下显著，说明地理邻近确实能促进认知邻近，并进而有利于创新绩效的提高，因此地理邻近通过认知邻近对创新绩效产生中介效应在此例中被证实存在。另外，此时地理邻近对创新绩效的直接效应系数仍显著，且小于模型一中地理邻近对创新绩效的系数，符合部分中介效应的判定条件，故可认为地理邻近确实能通过认知邻近对创新绩效产生部分中介效应。

（2）邻近对创新绩效的总效应。考虑中介效应后，各潜变量之间的直接影响、间接影响及总体影响如表 7-13 所示。

表 7-13　潜变量间的直接效应、间接效应和总效应

	直接效应	间接效应	总效应
创新投入→创新绩效	0.575	—	0.575
地理邻近→创新绩效	0.144	0.085	0.229
认知邻近→创新绩效	0.234	—	0.362
地理邻近→认知邻近	0.362	—	0.234

创新投入对创新绩效的影响依然最为关键，作用系数达到了 0.575；认知邻近对创新绩效的影响效应在本研究的邻近性中最强，系数为 0.234；地理邻近对创新绩效的影响稍逊之，直接系数为 0.144，但因地理邻近存在通过认知邻近的中介效应 0.085（0.362 × 0.234），故其对创新绩效的总效应为 0.229。模型二的内部结构方程如下：

$$INNO = 0.575I + 0.229G + 0.234C$$

（3）小结。模型二所反映的地理邻近和认知邻近对软件产业集群创新绩效影响具有以下特点：

① 地理和认知邻近对集群创新都有显著正效应，H1、H2 成立；

② 地理邻近对认知邻近具有显著的直接影响效应，并通过认知邻近存在对创新绩效的部分中介效应，H3 成立；

③ 两种维度的邻近性对创新绩效的直接促进作用以认知邻近为大（0.234），地理邻近较小（0.144）；

④ 地理邻近对创新绩效的直接效果为 0.144，通过认知邻近实现的间接效果为 0.085，总效应为 0.229。

7.3.5.3 模型三实证结果

模型三探讨地理邻近与认知邻近对创新绩效的交互作用,采用的是两步法。其中步骤 1 的运算内容与模型三相同,故此处从步骤 2 开始对内部结构模型进行检验,重在获取潜变量之间的路径系数以及含交互项时模型评价能力 $R^2(3)$。

1. 结构模型路径系数

Bootstrap 结果显示(见表 7-14),地理邻近(G)、认知邻近(C)、创新投入(I),以及认知邻近和地理邻近的交互项(C * G)都对创新绩效有显著的直接影响效应。其中,创新投入的路径系数最大(0.684),认知邻近和地理邻近的交互项(认知邻近 * 地理邻近,C * G)系数次之(0.265),两者都满足 99% 概率下显著;认知邻近的单独作用系数排名第三(0.149),地理邻近系数最小(0.092),且两者仅满足 90% 概率下显著。

表 7-14 模型三结构模型路径系数的 Bootstrap 检验

	Original Sample	Sample Mean	Standard Error	T Statistics
创新投入→创新绩效	0.684	0.683	0.090	7.577***
地理邻近→创新绩效	0.092	0.076	0.053	1.711*
认知邻近→ 创新绩效	0.149	0.169	0.083	1.792*
认知邻近 * 地理邻近→创新绩效	0.265	0.252	0.077	3.459***

2. 模型解释能力 $R^2(3)$

当模型含有 C * G 交互项时,创新绩效的 R^2 进一步提高到了 0.644,说明交互项的加入使原模型的解释能力得到了提高(见表 7-15)。

表 7-15 含交互项模型三的 $R^2(3)$

	R^2
创新绩效	0.644

3. 模型三测评结果

通过上述检验与运算,模型三最终结果输出如图 7-9 所示。

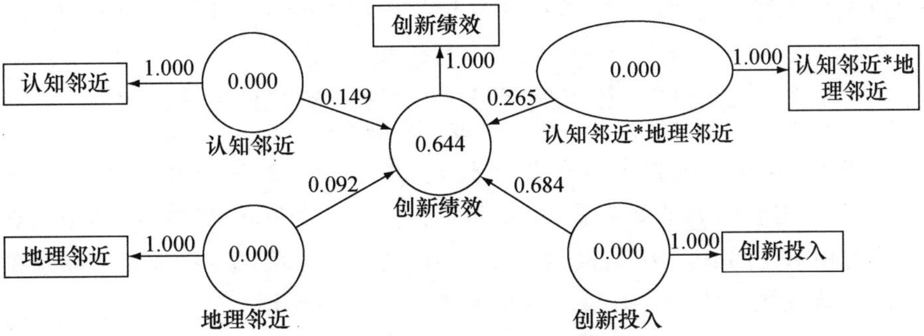

图 7-9　模型三 PLS 结果输出图

模型三内部结构方程为:

$$INNO = 0.684I + 0.092G + 0.149C + 0.265C * G$$

(1) 交互效应方向判定。模型三实证检验结果显示,认知邻近和地理邻近的交互项(C * G)对创新绩效的路径系数为 0.265,为正,且满足在 99% 概率下显著。表明,现阶段我国软件产业集群中地理邻近和认知邻近同样呈现互补关系。

(2) 交互效应强弱判定。图 7-10 为地理邻近和认知邻近交互作用的正交图。

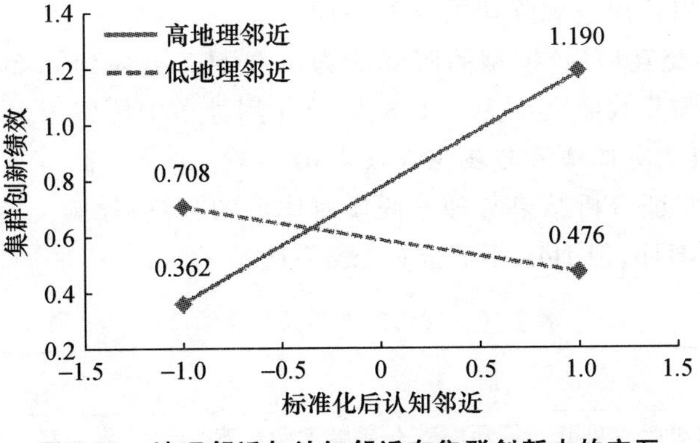

图 7-10　地理邻近与认知邻近在集群创新中的交互

在高低两种不同的地理邻近水平下,认知邻近和创新绩效的关系直线(INNO-C)呈现相交,说明交互效应确实存在;图中 INNO-C 的夹角和扇面越大,相交点越趋于中端,则表明地理邻近与认知邻近的交互效应越强。观察图 7-10 夹角、扇面和交点,可认为地理邻近与认知邻近的交互效应接近中等水平。

更客观地用数字评价此交互效应的强弱则需对比模型一和模型三中

创新绩效解释能力 R^2 的变化。根据 Cohen（1988）的建议，我们采用下式计算：

$$f^2 = \frac{R^2 \text{ model with moderator} - R^2 \text{ model without moderator}}{1 - R^2 \text{ model with moderator}}$$

当 $f^2 = 0.02$ 时，表示调节作用较弱；$f^2 = 0.15$ 时调节作用中等；$f^2 = 0.35$ 以上则表示调节效果较强（Cohen，1988）。添加交互项后，模型的解释能力由 $R^2(1)$：0.602 提高到 $R^2(3)$：0.644，经计算，C * G 项对创新绩效的调节效应大小为 $f^2 = 0.118$，起中等偏弱的调节作用。

（3）小结。模型三所反映的地理邻近、认知邻近，以及交互项对软件产业集群创新绩效影响具有以下特点：

① 地理邻近和认知邻近的交互作用确实存在，且影响显著，假设 H4 成立；

② 考虑交互作用时，地理邻近和认知邻近各自对集群创新的独立影响机制也仍然存在，但相应系数变小，表明作用的效果都有所减弱；

③ 除创新投入（0.684）外，地理邻近和认知邻近的交互作用（0.265）对集群创新的影响最为明显，其次为认知邻近（0.149），最后是地理邻近的独立作用（0.092）；

④ 地理邻近和认知邻近的交互作用系数为正，表明地理邻近与认知邻近均存在相互促进和强化的互补效应；

⑤ 添加交互项后，模型的解释能力由 0.602 提高到 0.644，交互项对创新绩效的调节效应大小为 0.118，调节作用处于中等偏弱水平。

7.3.5.4 实证结果与理论假设对比

将本章实证分析结果与理论假设对比可知，实证检验支持了假设 H1、H2、H3 以及 H4b，但 H4a 不成立（见表 7-16）。

表 7-16 理论假设的实证检验结果

假设	检验结果
H1：地理邻近对产业集群的创新绩效有显著正向影响	支持
H2：认知邻近对产业集群的创新绩效有显著正向影响	支持
H3：地理邻近在促进产业集群创新中对认知邻近具有显著正向影响	支持
H4：地理邻近和认知邻近在促进产业集群创新中存在交互作用	支持
H4a：地理邻近和认知邻近在促进产业集群创新中存在替代效应	不支持
H4b：地理邻近和认知邻近在促进产业集群创新中存在互补效应	支持

7.3.6　结论与政策启示

根据上述理论机理阐析和实证分析，得出以下结论及政策启示：

7.3.6.1　结论

（1）地理邻近对集群创新产生显著正影响，且以空间地理邻近为主要影响维度。实证分析表明，地理邻近与创新绩效都呈现出了明显的正相关，说明地理邻近在促进集群创新绩效提高的过程中确实扮演着较为重要的角色。结合本书地理邻近的具体指标来看，目前，我国重点软件企业布局仍以空间布局（按物理距离和交通时间计）是否邻近为主要参考点，对名义地理邻近的考虑不是关键。一是我国软件和信息技术服务业目前仍处于快速发展阶段，布局仍以入驻政府主导的软件产业园为主；二是软件行业产品易于被模仿的特性，导致企业间通过相关学术论坛、技术研讨会等正式途径的知识交流较少，企业往往更关注通过员工日常交流、网络技术论坛等非正式途径激发隐性知识溢出，这也导致了软件行业对临时性地理邻近的重视程度较低，而对以企业间物理距离衡量的永久性地理邻近依赖较高。

（2）认知邻近对集群创新产生显著正效应，且产品技术邻近维度较员工整体认知邻近维度影响效应更明显。实证分析表明，认知邻近对集群创新绩效产生显著的正效应，且其影响程度较地理邻近大。具体从认知邻近的测量指标来看，产品技术（C1）和应用领域（C2）方面的相似对创新绩效的影响远比员工整体认知高度和广度（C3）要重要。因为，相似的产品和技术是相似的企业知识库的直接体现，保证了企业对相关新知识具有较敏锐的识别、理解和吸收能力；相近的应用领域意味着企业间拥有较强的同质竞争或异质互补关系，因而存在更大的相互学习模仿的几率；员工作为企业知识交流和创造的根本，虽其教育背景和学历水平反映在创新上的作用相对较弱，但同样是知识溢出传播和理解吸收的重要端口。这些整体构成影响着企业的认知邻近，也为如何通过提高认知邻近来促进集群创新提供了可能的方向和路径。

（3）地理邻近对认知邻近存在直接促进作用进而间接促进集群创新。实证分析表明，地理邻近对认知邻近直接作用的路径系数为0.144，且满足99%概率下显著，地理邻近存在对认知邻近的显著促进作用；并进而得出地理邻近对集群创新绩效存在系数为0.085的间接效应和系数为0.229的总影响效应。

（4）地理邻近和认知邻近的组合对集群创新产生显著的交互作用，且交互作用表现为互补效应。模型三实证分析表明,地理邻近和认知邻近对集群创新绩效的交互系数为 0.265,并满足 99% 概率下显著,表明地理邻近与组织邻近间的交互作用确实存在,且在本例中呈互补效应。从影响路径系数看,地理邻近和认知邻近的交互作用系数为 0.265,大于认知邻近系数(0.149)和地理邻近系数(0.092)。而且,当模型中添加地理邻近与认知邻近的交互变量时,模型预测能力 R^2 则从模型一的 0.602 逐步提高到模型三的 0.644,说明在添加交互变量的同时模型逐步被优化。这不仅验证了地理邻近与认知邻近的组合对集群创新的交互效应的存在,而且还折射出在考量地理或认知邻近对集群创新的独立影响效应的同时,必须考量两个维度邻近的组合对集群的交互效应,方可充分解释集群创新中的相关主体间的知识流动与互动机理。

7.3.6.2 政策启示

本章的实证检验基本证实了地理邻近和认知邻近在产业集群创新过程中起着积极的作用,同时也证实了地理邻近和认知邻近之间互补的交互作用的确存在,且此种交互作用对创新绩效的影响更为关键。但目前政府在引导产业集群发展时,往往只关注"地理邻近",但实证结果表明地理邻近既不是集群创新的必要条件也不是充分条件,因此政府仅划定产业园区是不够的,还需为集群内企业提供互动交流的平台,搭建创新关系网络,以促进和发挥"认知邻近"等其他维度的邻近性的功能。因此,在通过发展集群多维邻近性以提高集群创新绩效的过程中,必须同时促进多维邻近性各维度的提高,但当条件和资源有所限制时,相关主体可参照下述实证启示,有步骤、分重点地推进地理邻近和认知邻近的发展。

(1) 发展顺序上可优先地理邻近,不仅因为地理邻近相对外在且容易实现,也因地理邻近对认知邻近有着直接促进效应;其次发展认知邻近,这是因为认知邻近带来的吸收能力是集群企业学习和交流的必须。在发展的程度上可参考实证系数,在产业集群的发展阶段按认知邻近重于地理邻近的发展力度,开展有限人力和物力的布局。

(2) 模型三中交互项的系数高于地理邻近和认知邻近的系数,证实了认知邻近和地理邻近的交互作用对促进集群创新绩效十分关键。因此,在选择具体路径时可优先采用能同时促进多种邻近提升的措施。例如,鼓励集群内企业建立行业协会,不仅能为群内企业的交流与学习提供正式高效的渠道,也有助于集群企业发展目标的协调统一从而提高认知邻近。

(3) 虽本研究样本的实证研究结果显示邻近性间的交互作用表现为互补,但理论分析和实证结果暗示着这种互补效应是不稳定的,可能会随着时间和集群类型有所变化。因此,多维邻近性并非越多越好,发展到一定程度后应有所控制和调整,以免出现“锁定”现象。例如,运用虚拟组织构建产业战略联盟,活化外部资源;培养学习型集群文化,构建开放型产业发展网络体系,引导集群主体养成国际化经营意识;政府通过制度创新,消除官本位思想,形成与维系本地健康的竞争与合作意识,对外部世界的变化保持适度的敏捷性和灵活性,等等。

7.4　本章小结

本章首先对知识基础和技术联盟两方面的研究进行了回顾,可以看出知识与技术对于集群创新具有不可替代的重要性。首先,集群创新离不开知识基础,一方面创新需要知识的互补和集聚;另一方面也需要技术、市场、管理和组织等多方面知识的综合。其次,技术联盟是实现知识交流和技术互补的一种有效途径,能够有力地促进联盟伙伴相互联系、沟通与交流,从而进行知识的转移与共享、整合与创造、吸收与运用。这些观点都为本书论述的“认知邻近”和“集群创新”的研究提供了理论启迪。

接着从认知邻近的四个分维度即共同的语言、共同的规则、共同的目标,以及相似的知识基础和技术水平,阐述了认知邻近对集群创新的独立影响机制:相同的语言保证了组织成员间能够进行信息交流,促进更多的知识转移,有利于集群中隐性知识的溢出;相同的价值观使组织成员坚守“互惠性关系”这一集群内部的共同规范与准则,使企业可以自由地分享信息、分担风险和创新;相同的目标使组织成员为了实现集聚效应带来的竞争优势,主动增加成员间互动的积极性,利于成员间知识整合,促进集群合作创新;相似的知识基础和技术水平能提高组织成员对新知识进行认知、理解和利用的吸收能力;相似而并非一致的认知水平能促进创新成员间知识的流动和转移,进而促进创新活动的产生;认知邻近能够降低企业搜索和模仿的成本,有利于企业高效低成本地从合作伙伴那里获得并吸收资源和溢出知识,进而促进集群创新。

在此基础上,重点探究了地理邻近与认知邻近的组合对集群创新的交互影响机制。进而得出以下重要结论:(1) 地理邻近能促进认知邻近的形成,进而促进组织交互作用与创新;(2) 认知邻近是促使企业间交互学习和创新的前提条件,但认知邻近不会直接促进地理邻近的提高,只有当主体在察觉提高认知邻近的成本高于促进地理邻近的成本时才会考虑通过迁址来改变地理邻近;(3) 认知差异能带来异质性和互补性资源,对集群创新具有新颖性价值,认知差异越大,越需要有利于互动的邻近,这种互动包括临时性地理邻近与永久性地理邻近;(4)单独的地理邻近不是组织间合作创新的充分必要条件,除地理邻近外至少还需要认知邻近,地理邻近通过强化或弱化其他维度的效应来影响集群创新;(5)地理邻近与认知邻近在集群创新中产生交互作用,交互影响效应既可能表现为相互替代关系也可能表现为互补关系,这与集群的类型、特性、集群所处的时空背景以及集群演进所处的阶段有关。

以我国软件产业集群为例,采用 SEM-PLS 分析方法对地理邻近、认知邻近以及地理邻近与认知邻近的组合对集群创新的影响效应的理论观点进行实证检验。实证分析的结果支撑了以下理论观点:(1)地理邻近对集群创新产生显著正影响;(2)认知邻近是集群创新的重要影响维度,对集群创新产生显著正影响;(3)地理邻近对认知邻近存在直接促进作用进而间接促进集群创新;(4)地理邻近与认知邻近的组合对集群创新产生显著交互作用,交互作用表现为互补效应。

根据实证研究结果得出了政策启示。

第8章　多维邻近性与集群创新能力演化的动态耦合机制

8.1　集群创新能力的内涵与构成要素

8.1.1　相关文献回顾

集群作为一种新的组织形式，具有显著的竞争优势。但是，集群也同生物一样，存在生命周期，集群优势不可能一直存在，伴随着外部环境的变化，原来的优势可能已经变为劣势，特别是在集群的转化阶段，如果继续固守传统，只会导致集群的衰落；而对集群创新能力的培育，则有助于集群实现蜕变，进入新的发展阶段。由此可见，集群创新能力才是集群的核心竞争力，是集群持续发展并立于不败之地的关键。为了对集群创新能力的概念有一个更清晰的认识，我们有必要先对相关研究进行梳理。

迄今为止，对集群创新能力进行专门剖析的文献并不是很多，且缺乏规范的研究框架。但现有的文献还是从不同视角出发，提出了一些相关或相近的概念，如区域能力、区域创新能力、集群能力、集群技术能力等，这些不同研究成果为我们重新审视和界定集群创新能力的内涵提供了借鉴和启示。

早期研究者 Asheim(1996)将集群创新能力界定为：集群通过激进式创新和改变技术路径来突破路径依赖的能力。但是这个定义更多地侧重于集群的自我升级的能力，而不是集群的创新潜力。

创新环境学派开始将集群创新环境纳入集群创新的研究中，认为可以通过适宜的创新环境（良好创新氛围、政府政策等）的构建来促进创新。欧洲创新环境研究小组(GREMI)首先提出"集体学习"的研究视角，Lorenz(1996)从分析企业内部学习过程入手，认为集体学习就是"构筑地区生产系统的成员通过建立和发展共同和共享的知识基础（以企业都能理解和接受的规则和程序的形式存在），使得他们能够相互协调，共同解决所面临的组织和技术问题"的过程。Robert Capello(1998)认为集体学习就是产业区

(集群)内的成员企业为了应付技术不确定性的挑战而协调行动,其本质上是知识空间转移的一种有效载体。Lawson(1999)以"集体学习"概念为核心,以理论演绎的方法分析了"能力"概念在区域层面上的适用性以及区域能力核心机制等问题。随后,Lawson 和 Lorenz(1999)又详细阐述了隐性知识流动和集体学习在促进集群内部交互式创新的作用,并将原来的"区域能力"的概念具体化为"区域创新能力"。基于欧洲创新环境小组的思路,集群创新主要是指以集体学习为主要机制的交互式创新,研究区域创新能力应该着眼于区域本身,即区域本身拥有哪些能够促进创新的要素。因此,他们认为集群之所以能起到与其他经济系统不同的创新促进作用,关键在于区域可以营造一种有益于集体学习的环境,而这种创新环境主要通过区域内的企业和相关机构之间的互动交流来实现。但是,这些研究也忽视了一些重要因素的影响:第一,并未考虑企业在集群中的位置(龙头企业或非龙头企业)及其对集群创新能力的影响;第二,只研究集群内部企业的互动,即将集群视为一个封闭的系统,这显然是不可取的,正是由于集群与外部企业的交流才降低了集群被锁定的风险;第三,并没有对集体学习和区域创新能力做出明确的区分。Keeble 和 Wilkinson(1999)对创新能力和集体学习进行了比较明确的划分,他们认为,能力以蕴含在组织惯例和程序中的知识为基础,而学习的作用在于将新知识整合进现有的知识基础中,从而提升现有的组织能力,并发展出新的能力。由此我们可以看出,集体学习只是增强集群现有创新能力的一种内在机制,而创新活动则可以看成是集群吸收、运用、创造和扩散知识的过程,其效率取决于集群不同主体间互动的质量及知识流动的效率。而如何维持并增强集群不同主体间互动质量和知识流动效率的能力,对于构建集群的创新能力就显得尤为重要。

区域创新系统学派认为集群创新是创新网络中各个节点(企业、高校、科研机构、中介机构、金融机构、政府等)协同互动的结果。其代表人物 Heidenreich(2005)将"区域创新能力"归纳为两部分:一是政府和公共机构"创造和提供集体性竞争产品的能力";二是"鼓励和巩固区域内企业、学院、大学、技术机构、研发机构以及行政主体之间交流和合作的能力。可见,Heidenreich 的研究在将 Lawson、Lorenz 和 Keeble 等学者的理论框架具体化的同时,也将演化和开放的观点进一步引入集群创新能力的研究中。属于同一研究脉络的 Tura 和 Harmaakorpi(2005)将区域创新能力界定为:区域创新网络利用和更新现有知识资源结构,并通过创新行为在不断变化的环境中获取持续竞争优势的能力。而这种资源结构主要包括社会资本、智力资本、经济资本和实物资本四个方面，它们共同构成了区域创新能力的基础，其中社会资本是最重要的一种资源，其实际调用和“活化”程度高低决定了区域创新能力的强弱。可以看出，这个视角的研究主要强调了集群不同主体间的交换机制（即对社会资本的灵活运用）对集群创新能力提高的作用，其本质是对前述的研究（如集体学习）的继承和发展，但其对集群创新能力的界定主要通过理论演绎而得出，缺乏实证经验的支撑，而社会资本和集群创新能力能否被看做两个具有因果关系的独立潜变量还有待进一步考量。

除了创新环境和区域创新系统这两大主要研究视角外，一些学者也从其他视角来探讨集群创新能力的内涵。如 Hervas Oliver（2007）就认为，集群能力是所有本地化的、在空间环境中自我复制和自我增强的因素整合和交互的结果。他用集群的“元素知识”和“构建知识”来说明集群能力的形成和发展，集群元素知识广泛存在于集群的互动交流中，而集群各互动主体在这种交流中产生的集群构架知识的累积就是集群能力。以此为基础，他将集群能力分解为熟练劳动力的可获得性、社会资本、各类联系、商业成熟度和外部网络效应五个指标，并将其用于对西班牙 Castellon 地区和意大利 Emilia Romagna 地区瓷砖业的对比性研究。由于对集群创新能力概念的界定和指标设定的合理性的质疑，这种对集群创新能力的测度和实证分析仍有待考究。

8.1.2　集群创新能力的内涵

对上述观点和研究进行归纳，可以发现一个明显的共同点，即它们都强调集群创新网络中主体间的协同互动关系对集群创新能力构建的重要作用。也就是说，集群参与者间的互动关系才是分析集群创新能力的最小单位，而非集群内单个企业的创新能力。正是由于集群内部各参与者之间的正式和非正式的互动交流，促进了新知识的搜索、共享、创造和传播，满足企业创新对互补性知识的需求，进而导致了整体层面上的集群创新活动。但是临时性的或偶然性的互动关系并不能形成集群创新能力，Lawson（1999）就指出，只有当集群参与者之间随机和零星的互动关系在长期实践中固化成一套相对稳定的网络关系时，才可能形成特定的集群创新能力。

显然，上述对于集群创新能力的探讨仅仅局限于强调本地网络关系的重要性，但是随着集群的发展，特别是在经济全球化的今天，基于全球价值链分工的超本地网络关系的重要作用日益凸显，使得我们不得不以更加系统和开放的视角来重新认识集群创新能力。Bather(2004)就对传统产业集聚和现代产业集群进行了区分,指出传统产业集聚只侧重于特定区域内集中的企业所构建的创新网络内部的互动,而现代产业集群的含义更为宽泛,它既包含地理集聚的企业间的频繁交流,也包括基于创新需要而构建的区域外的协作关系。Visser(2004)进一步认为,本地网络关系主要有利于集群开发式创新的进行,而超本地的战略及协作关系更多地与集群探索式创新相关联。

综上所述,我们可以看出,集群创新能力的构建是集群创新网络内外部节点共同作用的结果,既需要集群内部的持续互动来保证创新网络的稳定性,又需要通过与外部知识源的交流来维持创新网络的开放性。稳定性保证了集群创新的顺利开展,开放性为集群的进一步创新奠定基础。基于此,陈玉川和赵喜仓(2008)将集群创新能力界定为:集群创新主体核心层、支撑层在创新知识、技术、产品和工艺等方面所具有的能力,主要表现为集群内知识创造和知识流动、能力、公司本地结网能力及参与者持续学习能力。周泯非和魏江(2009)进一步指出,集群创新能力就是指蕴含在产业集群整体组织结构中的有利于交互式创新活动的程序性知识的总和,体现为集群在搜索与获取外部知识、共享与交流内部知识、协同与整合互补性知识单元,以及在此基础上创造和积累新知识等方面的总体能力,其载体主要是集群企业间、企业与各类机构间以及企业与集群外主体间一套相对稳定的网络化关联机制。概而言之,集群创新能力就是集群创新网络通过集群主体的内外部的互动关联机制以获取创新所需的互补性知识,进而对这些知识进行整合,并以此为基础进行创新的能力。集群创新能力是集群适应外部环境的结果,同时更是集群主体通过战略活动主动构建的结果。

8.1.3 集群创新能力的特征及其构成要素

8.1.3.1 集群创新能力的特征

1. 累积性

集群创新能力是集群在长期的创新实践中逐渐形成的,是一种嵌入到集群关系结构中的公共知识资产,无法购买也无法转移。集群主体通过与集群内外的其他参与者建立合作关系,搜寻其创新所需的稀缺知识,并将其与自身所拥有的知识进行整合,进而开展交互式创新活动。通过对新知识的吸收、消化、利用和创新,促使企业自身知识基础的扩充和深化,以推动下一阶段的创新,由此形成良性循环过程,使得集群创新能力不断提高。

正是有集群创新能力的这种累积性,所以对集群创新能力存量的测度就显得十分困难,更多的只能通过其微观载体(集群主体间的互动关联机制)或其他替代指标(集群创新绩效)来测度。

2. 整体性

集群创新能力与企业的创新能力并不相同,它不是集群内单个企业创新能力的机械式累加,是一个整体的概念,也就是说不是集群内某个企业的创新能力提高了,整个集群的创新能力就提高了。正如"囚徒困境"给我们的启示:个人理性并不等于集体理性,二者往往是冲突的。在既定的资源、制度等条件的约束下,我们有时必须要在集群创新与企业创新之间做出取舍。只有集群不同主体间的交互式创新活动被固化为一种集体化行为模式,且集群将这种组织创新活动内化为程序化知识时,集群的创新能力才真正形成。

3. 动态性

集群的发展具有周期性,作为集群核心竞争力的集群创新能力也处于不断变化中。从集群的形成阶段、成长阶段、成熟阶段到转化阶段,集群创新能力也经历了从构建、提高、迅速发展到僵化(或突破)的过程。集群创新能力只有根据外部环境的变化不断做出调整才能获得长足发展。

4. 路径依赖性

路径依赖类似于我们物理学中所学到的"惯性"的概念,诺斯(1994)将其定义为:一旦进入某一路径(无论是"好"的,还是"坏"的)就可能对这种路径产生依赖。他进一步将路径依赖划分为状态型路径依赖和行为型路径依赖,前者是指一项技术或一项制度安排一旦出现,就会出现一种自我强化的现象,使环境成为适合自己生存而不利于其他技术或制度生存的生态场,实现自我增强的良性循环,相反,一种相对更为先进的技术可能仅仅因为晚入一步而被锁定在某种"无效"状态中;后者则是指在相同的初始条件、机制和刺激条件下,市场会根据不同行为主体的实际绩效进行奖惩,受到奖励的行为的主体可能会更加努力,以取得更多收益,从而形成自我强化的报酬递增机制,相反,受到惩罚的行为主体可能被锁定在无效的行为规则中,形成恶性循环。集群创新能力的发展过程中有着状态型路径依赖和行为型路径依赖并存的现象。集群创新能力的状态型路径依赖可能会导致集群创新网络的封闭或僵化,如集群中龙头企业往往将一些非核心业务外包给一些中小企业,由于某些企业过早地与龙头企业建立了稳定的合作关系,尽管其他企业可能提供更为物美价廉的产品,但是龙头企业由于合同或信任的考虑,可能选择继续维持先前的合作关系。而集群创新能力的行为型路径依赖则可能导致集群错失发展机遇,如对于集群主体创新模式的选择,集群主体创新能力的提高主要通过两种方式(模仿和自主创新)来实现。基于成本收益的分析,模仿可以以较低成本获取“搭便车”的好处,而自主创新却面临前期巨大的科研投入、创新收益的不确定性及无意识知识溢出的风险,从而使得模仿成为一种“最优”决策,但是当外部环境发生剧烈变化时,仅仅凭借模仿或者对原有技术路径的小修小补显然是得不偿失的,特别是在集群的转化阶段,如果不通过自主创新摆脱原有的发展瓶颈,集群就可能衰落。

8.1.3.2 集群创新能力的构成要素

周泯非和魏江(2009)将产业集群创新能力的构成要素定义为:产业集群创新能力经过基于特定视角的可操作化处理后所包含的各结构组成或具体元素。由于能力本身是一个抽象的概念,其可操作性和可度量性必须落实到具体的载体层面。为此,他们进一步将集群创新能力的载体归结为集群的关联机制,并以此为切入点来归纳集群创新能力的构成要素。通过对不同视角的研究文献的梳理,他们总结出,集群创新能力具体包括模仿和逆向工程、集群内企业间人才流动、非正式交流、本地供应链关系、企业与大学和其他知识创造机构的合作关系、本地企业间水平合作、企业与大学间人才流动、企业与集群外(国内或国外)供应链关系、企业的集群外(企业或机构)的协作关系以及集群内外人才流动等构成要素。但是他们也认识到了这种以单一维度对集群创新能力的构成要素进行分类的局限性,即无法反映其结构性和内在的逻辑性。因此,他们从关联协作性程度和关联开放性程度两个维度,对集群创新能力的构成要素进行重新分类。其中,关联的协作性程度主要是指相关关联机制的建立和维持要求双方(或多方)具有能动思考能力和战略意识的程度,如集群企业间的非正式交流几乎不具有任何协作的性质,而企业间的水平合作往往带有很强的主动合作的性质;关联的开放性程度是指相关关联主要存在于集群内部还是涉及集群外部主体,如集群内企业与跨国公司的交流就可归结为开放性的关联。通过对集群创新能力构成要素的整理(见图 8-1),他们将其划分为四类要素集合,且每个要素集合都代表了一种特定的子能力。

(1) 知识扩散能力载体:主要功能是通过溢出机制来实现企业间的知识共享和扩散,而知识的共享和扩散又使得集群内的所有企业都能以较低的成本获取创新活动所需的知识,并促进集群内企业间学习与合作所需的“共同语言”的形成。

(2) 知识互补能力载体:主要功能是通过主动协作将集群内具有不同知识基础的企业和机构按照特定的方式组织起来,从而实现多样性的知识的互补和整合。这种互补和整合满足了企业创新对异质知识的需求,促进了企业的交互式创新,也使异质主体得以在组织分工的基础上有更多的资源和精力来提升各自的专业化水平。

(3) 知识渗透能力载体:主要功能是通过集群企业已建立的国内外供应链关系,将外部知识逐渐融入集群企业原有的知识基础,促进其渐变式增长。而构建外部联系,特别是与外部知识源的联系,是集群由封闭走向开放的基本途径,缺乏这种基础性能力集群将被锁定在既定的创新轨迹上,并最终衰落。

(4) 知识搜索能力载体:主要功能是促进集群企业建立外部协作关系,推动集群主动搜索、消化和吸收外部知识,进而不断拓展集群的外部知识源。

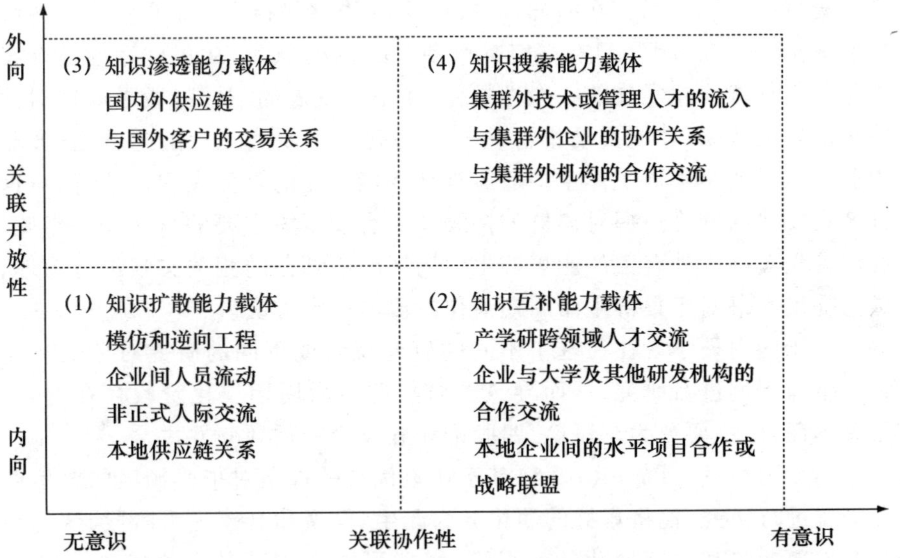

图 8-1　基于关联协作性—关联开放性二维视角的集群创新能力构成要素

资料来源:周泯非、魏江,2009。

综上所述,可以看出四种子能力载体都是集群创新能力的有机组成部分,它们既相互支持又相互制约,各类能力要素的共存体现了集群在同质化与异质化、本地化与开放性的动态均衡过程中不断实现其创新能力的动态演化过程。因此,只有恰当处理四种子能力载体之间的关系,合理分配资源,使得它们相互促进,形成合力,才能促进集群创新能力的提高。否则,可能由于既定资源限制而造成顾此失彼、子能力载体之间发展失衡的局面,并最终阻碍集群创新能力的发展。

8.2 集群生命周期视角的集群创新能力演化及动力机制

8.2.1 产业集群生命周期阶段划分

系统演化具有普遍性，任何系统都会随时间的推移呈现或快或慢的演化特征。产业集群作为一个区域性的生产系统，也存在自身发展变化的规律，即存在产业集群发展的生命周期：一方面，由于集群发展的外部环境总是处于不断变化之中，集群要实现可持续发展就必须主动去适应这种变化，从而使得集群的发展不可避免地呈现阶段性的特征；另一方面，不同的产业集群的存续时间存在差异性，有些集群能够保持“长盛不衰”，而有些集群只是“昙花一现”，只有探究其繁荣和衰落的原因，从集群发展的个案中总结出集群演化发展的一般性规律，在集群发展的不同阶段采取针对性的集群发展战略，才能推动集群从低级向高级不断演化。由此可见，产业集群生命周期是集群主体主动适应外部环境变化的具体表现形式，而对这种客观规律的准确把握对集群的持续发展有着至关重要的意义。基于此，我们首先对国内外有关产业集群生命周期阶段划分的相关文献进行梳理，进而提出本书对于集群生命周期演化阶段的界定方法。

由于国内外学者往往基于不同的研究视角或不同的研究对象对产业集群生命周期进行研究，从而导致了对集群生命周期演化阶段存在差异，但总体而言，主要分为三段论、四段论和五段论三种划分方式。

（1）三段论。Porter(1985)基于竞争优势的视角对华盛顿区的电信产业集群进行研究，他将集群的演化分为诞生、发展和衰落三个阶段，认为在存在外部威胁和内部僵化的情况下，集群可能会丧失其竞争优势。Ahorages(1996)则将集群的演化细化为起源和出现阶段、增长和趋同阶段以及成熟和调整阶段。Ahokanges 和 Rasanen(1999)通过对区域集群中快速成长的中小技术公司的研究，将集群的演化分为定位和萌芽阶段、增长和收敛阶段以及成熟和重新定位阶段。Guerrieri 和 Pietrobelli(2001)则将区域集群演化看做一个由区域生产专业化阶段→地区生产系统化阶段→区域系统化阶段的过程。Georgios Fotopoulos 和 Nigel Spence(2001)对 1980—1991 年英国产业集聚企业的诞生、成长和死亡的全过程进行了分析。魏守华(2002)基于集群竞争力和集群竞争优势动力机制的差异性将集群的演化分为产生阶段、发展阶段和成熟阶段。盖文启(2002)则基于区域创新网络的演进过程将集群演化分为网络形成阶段、网络成长阶段和网络巩固阶段。Feldman等(2005)在研究科技型创新产业集群时,将其演化分为雏形阶段、自组织阶段和成熟阶段。陶一山和姚海琳(2006)从空间集聚和产业联系两个维度将集群的演化分为三个阶段,即地理集聚但未形成有产业分工联系集群→地理集群已形成有产业分工联系的集群→空间扩展但有产业分工联系的集群。蔡莉(2008)则将此类产业集群的演化分为萌芽阶段、快速增长阶段和成熟阶段,并进一步分析了各阶段的特征。谭劲松(2009)利用仿真方法对集群的自组织过程进行了量化研究,并将集群的演化过程分为起始阶段、成长阶段和成熟阶段。

(2) 四段论。Tichy. G(1982)借鉴弗农的产品生命周期理论,基于时间维度对产业集群演进进行研究,将集群生命周期划分为诞生期、成长期、成熟期和衰退期四个阶段。Swann(1998)认为集群虽然存在不同的演化轨迹,但其生命周期是相同的,即都存在萌芽阶段、快速发展阶段、走向顶峰阶段和成熟阶段。Capello(1999)指出集群演化是集群由低级到高级的发展过程,可以看做从地理邻近性集群阶段→专业化产品区阶段→工业区阶段→创新区阶段的过程,且每个阶段都不会自动实现,集群演化极有可能在某个阶段停滞不前。Bergman和Feser(1999)则将集群生命周期划分为潜在阶段、显现阶段、已存阶段和衰退阶段四个阶段。蔡宁(2003)则将产业集群生命周期划分为诞生、成长、成熟、衰退四个阶段。池仁勇(2005)基于集群内企业的出生率、成长率、死亡率、集群的网络联结度和集群产业配套度等因素的差异性,将集群生命周期分为孕育阶段、快速成长阶段、成熟阶段和衰退阶段。陶永宏(2005)基于集群内企业的数量和质量将集群演化阶段分为萌芽期、显现期、稳定期和衰退期。刘友金(2005)以长沙工程机械产业集群为研究对象,提出了四阶段CLC(Cluster Life Cycle)模型,将集群演化分为萌芽阶段、成长阶段、成熟阶段和层级化阶段。李庆华(2006)以嘉善木业为例,将集群演化分为起始阶段、形成阶段、扩展阶段和成熟阶段。郑风田(2006)通过对云南斗南花卉产业集群的实证研究,将集群演化分为初生期、雏形期、升级期和创新产业区四个阶段。陆小成(2008)基于集群的产业规模、区域范围、发展速度、认知度、影响力等因素的差异,将集群生命周期分为起源期、增长期、成熟期和成长期四个阶段。

(3) 五段论。克鲁格曼(1991)认为一个典型的集群成长周期大致包括集群的形成、持续增长、饱和与转型、衰退、解体或复兴五个阶段。赵海东和吴晓军(2006)基于集群演化动力机制的不同将集群演化分为企业集聚阶段、产业集聚阶段、结网阶段、根植阶段和发展阶段。余秀江(2006)则基于集群内企业的集中度、分工、交易效率的差异将集群演化分为萌芽、初级、完善和升级等四个阶段。

综上所述,我们可以看出,现有文献对集群生命周期划分主要以三段论和四段论为主,而国内研究则以四段论居多,且不同的学者对于集群演化阶段的提法还存在差异。由于既定研究对象的特殊性(如产业集群的类型和发展程度的差异),使得学者们对集群生命周期的划分存在一定的局限性,以上研究大都将集群演化视为一个不可逆转的连续过程,而忽略了集群演化中存在的间断性的多路径选择的问题。本书基于集群内相关交流主体互动交流机制的形成过程将集群的演化分为形成、成长、成熟和转化四个阶段,互动交流机制的构建本就是一个循序渐进的过程,其阶段性特征决定了集群创新能力的阶段性差异,进而导致集群发展呈现一定的周期性。

8.2.2 集群生命周期各阶段的集群创新能力的演化

8.2.2.1 形成阶段的集群创新能力

在集群的形成阶段,集群的配套设施严重缺失,整个集群处于一种“集而不群”的状态,企业只是象征性地“扎堆”在一起,而基本不存在所谓的互动交流,企业知识存量的增加更多地依靠自身的知识积累,整个集群的创新能力处于较低的水平。具体来讲,主要表现为集群内企业数量少,规模小,结构较为零散,人才、技术、知识等资源较为缺乏,集群内的企业多处于同质产品的价格竞争阶段,产业链较短,缺乏上游研发设计以及下游市场营销的支持,企业间的分工与合作的链条还未形成,企业间的相互依赖程度很低,协同效应和知识溢出效应较弱,集群创新能力的提高主要依赖外部技术的输入,创新以模仿创新为主,自主创新基本不存在。因此,这个时期整个集群的创新能力是低下的。

8.2.2.2 成长阶段的集群创新能力

在集群的成长阶段,集群内企业间的互动日趋密切,围绕产业链的前后向关联的企业间的合作与分工逐步建立,集群的集聚效应和扩散效应不断显现,随着成员间信任度的增加,企业间的沟通不再仅仅局限于原材料、零部件等物质因素,技术、知识、信息等非物质因素的重要性也不断凸显,这些非物质因素在集群内部的快速扩散和流动,为集群内企业的技术改进和技术创新创造了条件,从而推动了集群创新能力的迅速提高。具体而言,主要表现为集群内的企业大多从事相同或相似的经营活动,加之原有企业所取得的成功会诱导新进入企业模仿,产品出现同质化,使得群内竞争加剧。急剧扩张的集群生产能力要求群内企业提高劳动生产率,而劳动生产率的提高依靠集群内细化的专业分工,这不但迫使企业自身寻找本企业的主导产品,而且也使得集群内产品多样化。面对市场的快速发展,单个企业已经无法应对,因此相互协作成为群内企业的必然选择。群内企业通过正式、非正式的交流,逐渐形成一个区域网络,区域网络的不断加强促进了集群内部资源的优化配置,从而激发了产业集群的活力,进入一个自我强化阶段。因此,在这一阶段集群的创新能力迅速提高。

8.2.2.3　成熟阶段的集群创新能力

在集群的成熟阶段,集群创新网络已经形成,网络各节点之间频繁互动,集群主体之间已经由简单的线性关联过渡到辐射式的多元关联,因创新需要而构建的各节点之间的关系趋于稳定,单个企业创新的灵活性受到限制,集群对单个企业创新的约束性进一步强化,使得集群创新更加有序,方向也更加明确,集群在创新过程中形成的规则惯例得以制度化,但是在这个阶段集群创新给企业带来的收益大于企业独自创新的收益,因此在这一阶段集群的创新能力处于较高水平且趋于稳定。具体而言,主要表现为,集群内不但有企业的迁入,而且原来壮大的母公司也分离出很多子公司来,这些子公司大体继承了母公司的一些特性,如文化、价值观念、技术等,同时根据自身的需要做出一些适当的改变。当然也有可能由于外来实力雄厚的公司进入集群,导致集群发生根本性的变化。集群内正式和非正式的信息交流广泛,隐性知识和显性知识传播迅速,这些集群内的隐性知识在集群外是无法共享的。各企业的目标市场出现分层化,企业间、企业与其他机构间合作持久稳定,产品标准已经形成,主导企业不但与群内企业进行技术、市场等的广泛交流,而且不断加大与群外企业的交流,努力打造自己的品牌。前期日积月累的技术、经济基础,使得集群具有很强的自我调整能力,一般可以在很长时间内保持其原有竞争优势。主导企业与上下游关联企业之间存在巨大的需求,推动了众多配套产业的发展,让集群从以产品制造为主延伸到设计、生产、销售、服务全过程,形成专业分工、产业协作的生产格局,提升集群整体竞争力。因此,这一时期的集群创新能力处于高位稳定的水平。

8.2.2.4　转化阶段的集群创新能力

在集群的转化阶段,集群创新网络开始固化,各节点的关系过于僵化,创新多是对于原有技术的改进。此外,由于集群对单个企业的约束,使得集群各节点的互动仅仅局限于已建立的联系,而集群创新网络外的企业往往处于被忽略的境地。集群创新所需的新颖性资源的匮乏,使得集群的创新能力受到严重限制,特别是集群探索式创新的能力。可见,如果集群被锁定在既定交互关系中,最终只能走向灭亡。反之,集群选择建立新的外部联系,吸收更多新鲜血液,打破锁定,并根据市场变化,及时调整其创新策略,集群创新能力就可能迈上一个新的台阶。具体而言,主要表现为,集群内的企业数量已经超越了既定区域的最大承载量,企业为了获取生产所需的资源矛盾重重,大大提高了企业的生产成本。基于互信机制而确立的企业间及企业与中介机构之间的合作关系已然僵化,集群内的任何企业要摆脱这种困境都必须付出巨大的机会成本,因为互信机制的建立往往是互动主体长期交流的结果,对合作对象的甄别也不是一蹴而就的。集群内的知识存量已经无法满足集群内企业创新对新颖性和互补性知识的需求,企业的技术创新可以被其他企业轻松获取,无意识知识溢出风险非常大,从而导致企业的创新动力不足。显然,此时集群的创新能力开始急剧下降。为了挽救集群的颓势,必须打破既定空间的局限性,努力与其他地区的产业集群构建合作关系,不断拓展集群的创新网络,实现更大范围内的分工与协作,进而实现集群创新能力持续提高,如图 8-2 所示。

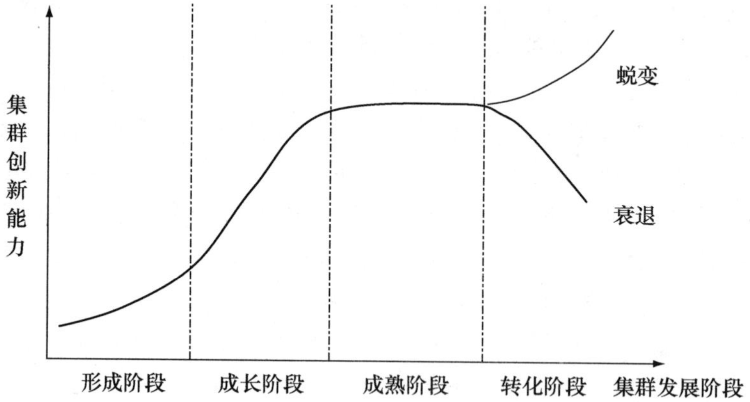

图 8-2 集群不同演化阶段的创新能力

8.2.3 集群创新能力演化的动力机制

8.2.3.1 一般动力机制

集群创新能力的提高是诸多因素共同作用的结果,如集群主体的趋利性、企业家精神、集群基础设施建设、集群的社会文化、集群创新环境、集群的互动机制、集群创新网络的完善程度、集群的创新投入等。基于不同的分析视角,我们会有不同的理解,但是这些观点往往存在一定的重合性,通过对相关研究的梳理，本书主要从内部动力机制和外部动力机制两方面来探讨集群创新能力演化的驱动机制。

1．内部动力机制

内部动力机制是指集群及其主体所特有的、不随外部环境变化而变化的驱动力因素。本书认为集群创新能力的内部动力机制主要包括集群创新主体的利润动机和集群内企业家精神的重要性。首先，对于集群内各主体来说，获取利润是其最直接的创新动机。无论是领先企业的自主创新，还是后进企业的模仿创新，其创新的目的都是企业得到更多收益。自主创新可以使企业获得一定时期的垄断利润，模仿创新则可以使企业以更小的成本对现有技术进行改进。可见，创新是企业利润的重要来源，而提高集群企业的创新能力就显得尤为重要，只有这样才能实现"创新—获利—再创新"的良性循环。集群作为集群内各主体的有机组合，要保证其长盛不衰，就必须保证其参与者获得更多利润，如此，才会有更多的新的主体愿意加入，从而为集群的进一步创新提供更多的知识源。因此，基于利润视角可以将集群创新能力的演化轨迹表述为：创新能力的提高→集群的高利润→更多新的主体加入集群→集群创新能力的进一步提高。其次，从企业家精神的视角来说，集群创新能力的提高更多，是诸多企业家高瞻远瞩、开拓创新的结果。企业家精神包括学习精神、创业精神、思考精神、求实精神、拼搏精神、服务精神以及牺牲精神。而创新意识则是企业家精神的灵魂和精髓。企业家在将自己的"私人王国"做大做强的同时，通过价值链的分工使得许多小企业参与到其生产的链条中，众多小企业的集聚形成集群的雏形，随着集群的发展，企业家开始尝试寻求与外部服务机构的合作，促成集群创新系统的形成，集群开始加入到区域及全球的价值分工体系中，集群创新能力也随着集群创新系统的完善程度而提高。当集群进入转化期，正是由于一部分企业家对于"胜利的渴望"和"创新的热情"，开始尝试摆脱现有创新路径的限制，寻求突破，才使得集群创新能力在新的平台上的持续提高；相反，如果集群缺乏企业家的引领，集群将在最终僵化的创新网络中走向衰落。

2．外部动力机制

外部动力机制是指集群主体无从改变的客观存在，集群主体只能发挥其主观能动性去积极地适应，集群主体可以通过自身策略的调整，使得这种客观存在有利于集群创新能力的提高。本书认为集群创新能力的外部动力机制主要是指集群创新环境的变化，主要包括政府政策的变化、社会文化氛围的变化和市场需求的变化。首先，从政府政策的角度来说，政府作为集群创新网络的有机组成部分，是集群创新的重要支点，是集群制度创新的主体，通过鼓励产学研合作、为创新行为提供资金支持和税收减免、完善知识产权保护制度、合理配置创新资源等政策来影响创新进程及各主体的创新预期，从而在一定程度上降低了创新的成本，提高了集群的创新能力。具体表现有：一是营造公平竞争、健康有序的市场环境。二是积极协调集群内企业同创新网络中其他节点（如高等院校、公共研究机构、金融机构等）的关系，为它们之间的良好的互动协作奠定基础。三是建立创新补偿措施，特别是在集群形成之初及集群的转化阶段。在集群形成之初，由于集群自身创新能力较弱，且自主创新成本过高，需要政府为集群创新提供支撑平台，尤其是基础性研究的投入，从而为集群企业提供创新所需的对最低的知识基础的要求。在集群的转化阶段，集群的互动完全处于一个封闭的创新网络中，政府应该引导集群主体寻找未来的增长点，从而实现集群创新能力质的飞跃。四是健全集群基础设施建设（如交通通信网络、学校、医院等），提供必要的公共产品（如对犯罪的控制、对环境污染的治理等），在改善生活质量的同时，促进集群创新能力的提高。其次，从社会文化氛围的角度来说，集群总是要一定的地理空间作为载体，这就使得集群创新能力的发展必然要受到当地社会文化的影响。集群的社会文化因素包括集群内成员的风俗习惯、价值观念、社会风气等内容。特定的地域文化直接影响着该地域内集群主体对创新行为的认知，而集群内“共同语言”的形成，对于集群创新网络中各节点之间互信机制的构建起着非常重要的作用，如两个主体间选择合作，可能并不是由于合同的约束，而更多可能只是因为他们来自同一地域或者同一学校。可见，良好的社会文化氛围，一方面使得集群主体有创新的冲动，另一方面则有利于集群创新网络的各节点之间的互动创新。最后，从市场需求的视角来说，市场需求是创新发展的助推器，而市场的总需求量总是随着经济发展的周期性波动而处于不断变化中。所以，集群主体要生存和获利，就必须提供满足市场需求的产品和服务。若无市场需求，一切创新都无利可图。由此可见，市场需求的变动为集群创新的发展指明了方向。市场需求是集群创新的经济前提，它所带来的报酬对集群创新的开展起着决定性的刺激作用，即它能为集群提供新的机会和创新诱因。市场需求的变动，导致集群组织形式及资源配置状态的变化，通过价值链的传导机制，实现集群创新网络各节点之间的互动式创新。因此，我们认为集群创新能力的发展正是集群对外部市场环境变化的积极反应，并对自身的创新方式和路径逐步调整的结果。

8.2.3.2 多维邻近性对集群创新能力演化的驱动机制

传统的集群创新理论总是认为集群的知识溢出有利于集群创新能力

的提高，但是，对于集群如何更好地获取这种知识溢出进而开展其创新活动并未有太多探讨。因此，打开集群知识溢出和集群创新之间的“黑箱”就显得至关重要。多维邻近视角的集群创新理论认为，集群主体适度的邻近性，使得集群主体可以更好地实现组织合作和交互式创新，从而促进了集群整体创新能力的提高。在某个特定的集群中，龙头企业的创新引发知识溢出，而只有当这种知识溢出被其他企业融入自身知识基础之中，并灵活运用于集群的创新过程中，才能促进集群创新能力的提高。地理邻近性（永久的或临时的）满足了集群主体对面对面交流的需要，有利于集群知识（特别是隐形知识）的空间传播，但是仅仅依靠集群主体地理上的接近并不能保证这种知识一定被吸收。知识输出方的知识能否被完全吸收，取决于知识接收方的吸收能力，而知识输出方和知识输入方之间知识基础的重合度决定了其吸收的效率，即二者之间认知差异的大小决定了吸收能力的大小，可见，只有保证适度的认知邻近性才能保证知识溢出被吸收。此外，集群主体间相似的组织机构、共同的制度约束和相同的社会网络关系也保证了这种交流机制的顺利开展，组织邻近性强化了对创新过程的可控性，通过正式与非正式关系的建立，降低了集群主体创新的风险。总之，单一地理邻近性不能保证知识溢出被吸收，而应该与其他两种形式邻近性相结合，三种形式的邻近性互相促进，共同推动集群创新能力的提高。

8.3　多维邻近性与集群创新能力演化的动态耦合

耦合（Coupling）是一个物理学的概念，指两个或两个以上的系统或两种运动方式之间通过各种相互作用而彼此影响以至联合起来的现象（韩凤，2007）。例如两个单摆之间连一根线或一根弹簧，它们的振动就彼起此伏，这是单摆耦合；原子内部电子的总动量矩就是自旋动量和轨道动量矩的耦合。耦合这一概念已经被应用到物理学以外的许多学科中，各学科分别根据自己学科的研究对象和特点进行了定义。这里将耦合定义为多维邻近性对集群创新的影响程度和影响效应与集群创新能力的动态演化之间存在着高度的关联性和协同的现象。

8.3.1　地理邻近与集群创新能力演化的动态耦合

在集群的形成阶段，企业基于不同的原因聚集到某一区域，如当地政策的引导、良好的区位条件、完善的基础设施、低廉的成本优势等。集群各主体缺乏了解，各主体的创新基本上处于各自为战的状况。集群各主体间的合作机制尚不完善,信任程度低。由于自主创新投入高、预期收益的不确定性,集群的大部分中小企业根本无力承担这种风险,所以,此时集群的创新主要来自集群中处于绝对优势的龙头企业的努力或者是外部技术创新的直接输入。而不管是集群内部的创新还是外部技术的输入,其产生的知识溢出只存在于这个特定的集群里,即只有集群里的成员才有机会获取这种知识溢出。地理邻近性正是满足了知识溢出对地域限制的要求,促进了知识在集群主体间的传播。集群主体往往可以对这种知识溢出根据自身创新的需要进行加工,如此极大地提高了自身的创新能力,同时在地理邻近的情况下,其他企业可以很容易地观察到各自的进展,从而为其进一步的创新提供参考。此外,集群的参与者由于处于同一地域空间,因企业生产需要可能不得不进行交流,而正是这种频繁的面对面的交流促成了企业间互信机制的构建。综上所述可以看出,在集群创新能力的形成时期,地理邻近性对集群创新能力有正效应,即地理邻近性保证了隐形知识扩散所需的地域空间,为集群各主体创新提供了某种可能。虽然,此时集群主体的创新频率较低,能力较弱,但是各个主体的创新能力都在逐步提高。然而,由于集群创新网络尚未建立,无法对集群主体的创新行为进行有效约束,使得创新主体的创新行为较为分散,难以促成集群整体创新能力的形成,所以此时集群创新能力较弱。

在集群的成长阶段,集群创新突破了原有的线性创新模式,即不仅存在基于产业价值链的前后向的互动与协作,而且存在与创新网络中各节点的交流。随着集群创新网络进一步完善,各节点的联结也处于一个较强的水平,借助创新网络,集群内共享创新资源可以更好地在各节点之间扩散。此时,地理邻近性仍然发挥着重要作用,地理邻近性的存在,使得企业之间可以低成本、高频率地互动,以获取其创新所需要的知识,从而提高了集群隐性知识扩散的水平,缩短了技术研发的周期,极大地改善了集群企业创新的效率。此外,在地理邻近的情况下,可以更好地协调集群各主体的创新活动,使得其创新行为向着集群整体的预期创新目标迈进,从而促进集群创新能力的提高。可见,在集群的成长阶段,地理邻近性对集群创新能力的正效应仍在加强。

在集群的成熟阶段,集群主体已经积累了创新所需的知识和能力,研发部门开始从生产体系中独立出来,此时集群主体的创新行为已不再是被动吸收引进的结果,而是围绕自身需要积极主动的战略性行为。集群呈现出网络化主导的创新模式,集群主体被约束在既定的创新网络中。集群出现多个创新源,且更多地依靠自主创新,集群创新网络中的分工体系更为细化，推动集群创新能力提高的中坚力量——研发部门，其收益不再是将新技术运用于生产环节的产品销售收益，而是直接依赖于出售技术本身的收入。集群创新能力的提高不再是局限于合作创新的地理邻近性的限制，而更多的是出于自主创新的成本与收益的考量。此外，由于此时集群主体的创新能力处于一个较高的水平，其创新所需的隐性知识更多地存在于集群之外，集群依靠既定地域内的资源显然无法满足其创新需要，即地理邻近性的重要性已经降低。综上所述，可以看出，在集群的成熟阶段，集群创新能力处于一个高位稳定的水平，而地理邻近性应该维持在一个可以稳定集群创新的中等水平，地理邻近性对集群创新能力的正效应已逐步减弱。

在集群的转化阶段，集群创新网络已经僵化，集群各节点由于被锁定在既定的交换关系中，创新缺乏内在动力，其竞争优势逐渐减弱。此时，地理邻近性的优势完全丧失，因为特定地域的资源总量往往是既定的，使得集群也存在一个最大的容量，如果超过这个容量，集群规模优势会丧失，集群各主体还会为争夺稀缺资源而引发冲突。由于各方面的掣肘，集群创新能力是下降的。然而，如果集群主体能通过临时地理邻近性引入外部资源，构建外部联系，并结合集群主体自身的状况实现产业的优化升级或结构调整，将一些已经落后的产能淘汰，根据市场需求重新定位自己的生产，集群创新能力又可以再次提高。因此，当集群处于转化阶段时，固守永久的地理邻近性最终会导致集群的衰落，而充分发挥临时性地理邻近性的作用，则有利于集群的转化。如图 8-3 所示。

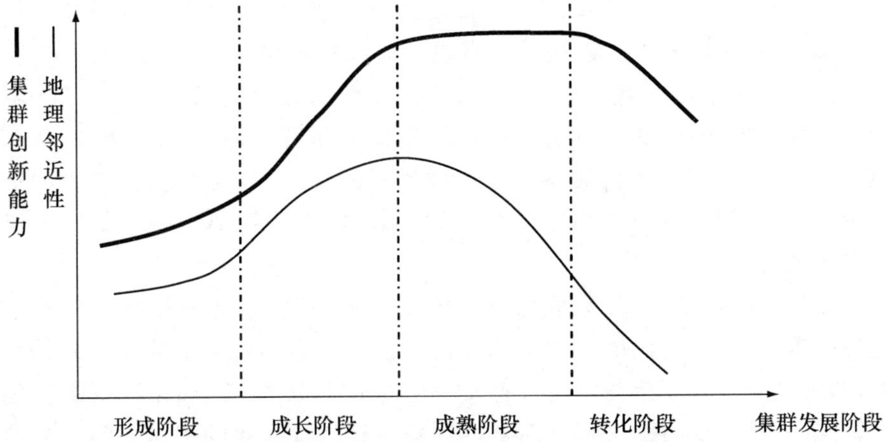

图 8-3　地理邻近与集群创新能力的动态耦合

8.3.2 组织邻近与集群创新能力演化的动态耦合

在集群的形成阶段，企业间的交流合作频率很低，组织结构层面的组织邻近性主要集中于组织内部成员之间的分工协作，几乎不存在组织间的交流互动。集群创新网络尚未形成，集群创新网络结构对单个主体的组织结构的约束性很弱，组织结构的隶属性程度比较低。而单个企业往往根据自身创新需要对组织结构进行调整，可见，各主体之间的组织结构的相似性程度也比较低。组织机构的隶属性太低，导致集群主体的创新多以分散创新为主；而组织相似性程度太低，使得集群主体的交互式创新受到影响。正是二者的共同作用抑制了集群创新能力的提高。从组织所受的制度约束的层面来说，在集群创建之初，各种正式制度尚处于探索、改进和完善阶段，如政府有关集群的政策及规章制度等，都是在借鉴其他集群的发展的基础上提出的，但是由于某个地域的特殊性，机械式的照搬显然是不可取的，而根据本地集群的发展进度和轨迹制定适宜的制度，并不断进行调整显然是一个漫长的过程。因此，在集群的形成阶段，组织所受的制度约束层面的组织邻近性也比较弱，集群各主体的创新活动缺乏制度激励和约束，从而使得集群创新能力的提高缺乏内在的制度保障。从社会关系层面的组织邻近性来说，集群创建之初，集群主体多是嵌入型企业为主，并未与当地的地域文化相融合，集群的共同语言也没有形成。集群主体的非正式交流比较少，且主要基于先前共同的学习或者工作经历。集群各主体间的信任机制尚未建立，相比集群主体自发的合作意愿，政府主导的合作平台对集群主体的吸引力更强，因为后者以政府信誉为保证，风险更小。可见，在集群的形成阶段，集群主体都是以各自先前的社会关系为主导，基于不确定性的考虑，不愿或很少与集群内的其他主体开展非正式的交流，从而阻碍了隐性知识的传播，最终导致集群创新能力较弱。总之，在集群的形成阶段，三个层面的组织邻近性程度都很低，从而使得集群创新能力处于一个较低的水平。

在集群的成长阶段，集群的分工体系逐渐形成，企业根据自身的比较优势组织生产，企业间的互动交流日益频繁。集群创新网络的作用开始凸显，即网络作为介于市场与企业间的一种中间组织形式，既保证了集群创新所需的组织灵活性，又可以对集群创新过程进行有效的控制。集群内的主体或者处于某一产品价值链，或者处于同一集群创新网络，从而保证了集群整体创新能力的提高。可见，在集群的成长阶段，组织结构层面的组织邻近性是集群创新能力提高的有力支撑，组织邻近性越高，集群创新能力越高。从组织所受的制度约束的层面来说,在集群的成长阶段,集群迅速发展,有关集群创新的制度也不断建立,并随着集群的发展而不断改进,通过正式和非正式制度的确立,为集群创新能力的提高提供了制度保障。如集群的专利保护制度的建立,使得集群主体模仿创新的低成本优势受到抑制,同时由于集群主体自身创新能力的提高,集群主体的创新会更多地以高层次的自主创新为主。因此,在集群的成长阶段,组织所受制度约束层面的邻近性程度的提高,保证了集群创新按照期望的方向推进,并保证了这种推进以更加有效的方式进行。从集群所处的社会关系层面来说,集群主体通过一段时间的交往,增进了相互之间的了解,高频率的合作推动了其信任机制的建立。此外,由于处于同一创新网络,集群主体的互动合作往往存在交叉或重叠,这种交叉或重叠促进了集群主体的认知在网络各节点之间的传播,最终导致了一种共同认知的形成,从而大大拓展了集群主体间合作的广度和深度。所以,在集群的成长阶段,伴随着集群主体间共同语言的形成,集群的交互式创新能力显著提高。总之,在集群的成长阶段,三个层面的组织邻近性程度的增加对集群创新能力的提高有很强的正向效应。

在集群的成熟阶段,集群的创新能力成为集群进一步发展的决定性因素,外部规模经济优势由于集群规模的不断扩大而丧失,而在人才、资金、政府政策等方面的优势也由于要素的快速流动及其他集群的模仿而逐渐弱化。只有集群持续的创新所带来的高收益才是集群的核心竞争优势,此时组织邻近性对集群创新能力的提高起主导作用。从组织机构的层面来说,集群创新网络已经成为集群创新的主要场所,集群各节点之间形成了稳定的合作伙伴关系,集群主体的创新完全受制于集群整体的创新,无论是基于龙头企业间的强强联合还是基于龙头企业与外包企业的分工协作,单个参与者仅仅是地区和全球价值链的一个很小的部分,它只有参与其中才能发挥自身优势,并获取期望的收益。因为这种产品的生产方式已经相当成熟,且其利益是可以预见的,其创新也只能围绕这个价值链进行,只有在价值链上才能更好地实现其创新收益,离开这个价值链,企业的机会成本是相当昂贵的,由于资本的专业化,它的前期投入在其他领域将毫无作用。同时,为保持其创新优势,集群也会积极与集群外主体进行合作,以获取创新所需的新知识、新信息,而组织邻近性极大地促进了这种合作。从组织所受制度约束来说,在集群的成熟阶段,有关集群创新的制度依然成熟,集群主体可以在既定的制度约束下组织创新,而不用将太多精力放在制度供给不足引发的道德风险上,从而使得集群中的参与者可以在公平的制度环境下开展竞争，推动集群创新能力的提高。从组织所处社会关系层面的组织邻近性来说，在集群的成熟阶段，集群主体已充分地与当地文化相融合，通过雇佣当地的劳动力、与当地研发机构和政府交流，它们之间的关系更加密切，基于当地文化形成了本地的社会关系网络和独具地方特色的发展方式及创新模式，二者都不可模仿，也成为推动集群产业结构升级的主动力量。总之，在集群的成熟阶段，组织邻近性对集群创新能力的提高起着决定性的作用，组织邻近性程度的提高，一方面强化了集群创新网络中各节点之间的联系；另一方面又通过与集群外主体的合作引入新思想，从而使得集群创新能力稳定在较高的水平。

在集群的转化阶段，集群创新网络各节点间的关系开始固化，仍然依靠集群内主体间的互动式创新已无法满足市场的需求。从组织结构层面的组织邻近性来说，创新主体被锁定在既定的集群网络中，但是由于网络的结构过于紧密，使得新主体往往被排除在网络之外，创新所需的新颖性知识无法加入到集群创新中，集群整体的创新能力受到削弱，大部分集群主体无力创新或创新成本过高，集群整体创新又回归模仿创新的低端模式。从组织所受制度约束来说，一项制度可能适合于集群某个特定的发展时期，但不一定适合于集群每个发展时期，良好的制度应该是随着集群的发展不断调整的，只有这样才能推动集群的创新。创新往往需要对旧制度进行调整或者构建新制度。在集群的转化阶段，集群各节点之间的关系已经僵化，继续用制度约束来强化这种僵化关系显然是不可取的，此时，相对宽松的制度环境才能促进创新能力的提高。从组织所处的社会关系层面来讲，集群处于同一社会关系网络虽然降低了集群主体间的交易成本，但是集群主体同样要为这种基于信任的"熟人经济"付出成本，特别是在集群的转化阶段，这种成本已经相当高。因为此时集群主体首先要考虑的是自身的生存问题，固守原来的发展路径只能走向没落，基于协作重新构建合作关系才是明智之举。所以，在集群的转化阶段，集群内主体间组织邻近性已经严重制约了集群创新能力的提高，集群应该根据外部环境的变化，打破现有的组织邻近性，积极构建与集群外主体的组织邻近性，从而实现集群创新能力新的突破。如图 8-4 所示。

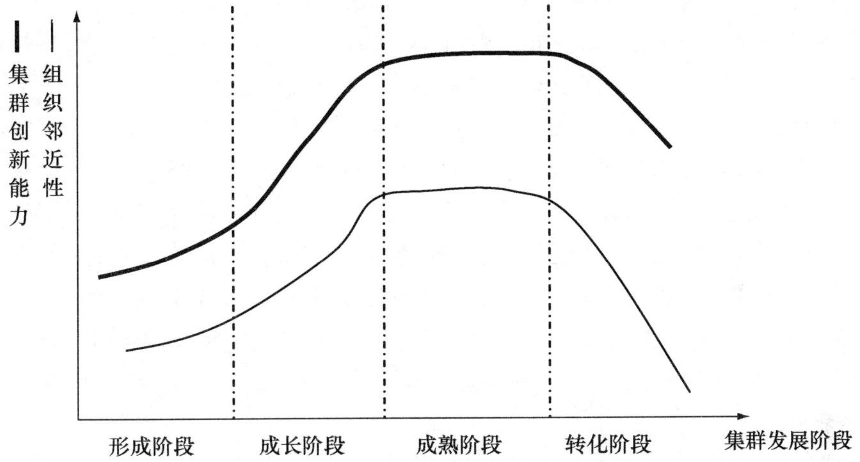

图 8-4　组织邻近与集群创新能力的动态耦合

8.3.3　认知邻近与集群创新能力演化的动态耦合

在集群的形成阶段,集群主体往往集中于同质产品的生产,通过价格竞争获取更多收益,个体的技术创新能力很弱,创新模式只停留在对龙头企业创新的模仿或外部技术创新的引入。置身于既定的"产业空气"中,企业已取得先机,但是如何将这种先机转化为优势,即如何高效地获取集群内的知识溢出就显得尤为重要。只有集群主体的知识基础与这种知识溢出水平足够地接近(即较高的认知邻近性),它才能更有效地获得这种知识溢出,并将其与自身的知识基础想融合,进而推动自身知识基础的累积和创新能力的提高。在集群的形成阶段,龙头企业的创新主导着集群整体创新,其他中小企业则基于自身吸收能力对龙头企业的知识溢出进行选择性的吸收,进而实现其模仿创新。此外,由于集群技术创新源比较单一,集群内中小企业间的认知差异比较小,所以其相互间的互动较少,中小企业之间也不存在互动式创新。可见,在集群的形成阶段,龙头企业与中小企业间一定程度的认知邻近性是中小企业实现其模仿创新的必要条件,而中小企业间较小的认知差异又使得其交互式学习的内在动力不足。

在集群的成长阶段,集群分工的进一步深化,集群规模迅速扩大,围绕产业价值链建立了众多梯队企业,也就是说,既存在创新能力很强的龙头企业,又存在众多为龙头企业配套的中小企业。经历了形成阶段的知识累积与模仿创新,中小企业结合自身优势,开始构建自己独特的竞争力。如此,一方面降低了自己与龙头企业间的认知差异,使得中小企业有能力从龙头企业那里获得更多隐形知识；另一方面增强了中小企业之间的认知差异，使得中小企业间知识的异质性提高，产生了互动式学习的需求，通过频繁的集体学习，促进了其互动式创新能力的提高。此外，集群创新服务机构不断建立，集群创新网络逐渐形成，特别是高校和其他研发机构的加入，使得集群的创新源呈现出多元化的趋势。也就是说，集群创新不再单独依赖于龙头企业的创新，通过集群企业基于认知邻近与创新网络中研发机构或者高校协作也成为集群创新的一种途径。总之，在集群的成长阶段，龙头企业与中小企业间的较高的认知邻近促进了中小企业创新能力的迅速提高，中小企业之间较高的认知差异保证了其互动式创新的效率，而集群企业与集群创新网络中科研院所之间适度的认知邻近性，使得集群多元化创新成为可能。

在集群的成熟阶段，集群主体突破了围绕产业价值链的线性创新，辐射式的网络创新成为这一阶段集群创新的主要方式。集群创新网络不断完善，各网络节点间的交流合作日益密切。集群内出现了多个核心企业，即不再是单一龙头企业主导集群创新。集群分工进一步深化，研发部门开始从生产领域中剥离出来，自主创新能力较强的企业开始专注于开发新技术、新产品等，而将产品的生产外包给具有传统经济优势（如丰富的劳动力、低廉的地租等）的边缘企业来生产。此时，认知邻近性成为推动集群创新能力提高的基础，核心企业之间的较高认知邻近性增强了其强强联合的可能，有利于维持其技术垄断地位，进而获取垄断利润；核心企业与中小企业间不大的认知差异，有利于中小企业自身创新能力的进一步提高；中小企业之间适度的认知距离可以巩固其互动式创新；集群主体与集群创新网络中科研院所之间恰当的认知距离保证了集群主体创新所需的新颖性知识的注入，降低了集群创新能力锁定在既定水平的风险。但是，集群成熟阶段的集群创新能力已经处于一个较高的水平，只有保持适度的认知邻近性才能满足集群内企业间以及集群创新网络中各节点之间的交流需求，所以认知邻近性将不断提高，并达到一个适度的水平，从而保证集群创新能力稳定在较高的水平。

在集群的转化阶段，集群创新网络各节点之间的关系已经被固化，虽然，集群整体的创新能力仍处于一个较高的水平，但集群的创新优势已不复存在，集群各节点间知识基础的认知差异进一步缩小，即各节点间的认知邻近性非常高，也就是说，创新一旦产生，就可以被其他主体几乎不费成本地获取，因此，更多的集群主体选择搭便车，集群的主体的创新积极性受到无意识知识溢出风险的影响。此外，由于认知距离太小，导致集群各主体间的知识基础趋同，而集群主体创新能力的提高则是对集群主体所拥有的互补的和异质的知识片段进行整合的过程，因此，集群主体间过多的认知邻近性显然降低了这种整合的必要性。综上所述，可以看出，在集群的转化阶段，集群的认知差异进一步缩小，一方面提高了集群主体创新无意识知识溢出的风险；另一方面降低了集群主体互动式交流的需求。二者的共同作用使得处于高位的集群创新能力开始下滑。但是这种颓势并非不可避免，处于转化阶段的集群主体可以重新进行市场定位，采取必要的结构调整，通过与集群创新网络之外的其他集群的企业寻求合作，而这种合作，毫无疑问，仍然是基于企业自身的知识基础的考虑，但是它必须能为企业突破现有创新瓶颈提供必要的稀缺性知识。总之，集群主体可以打破现有知识源的限制，基于自身创新需要与新的集群主体建立联系，而不是仅仅局限于既定集群创新网络内部的互动交流，从而推动集群创新能力在新的产业上的持续提高。如图8-5所示。

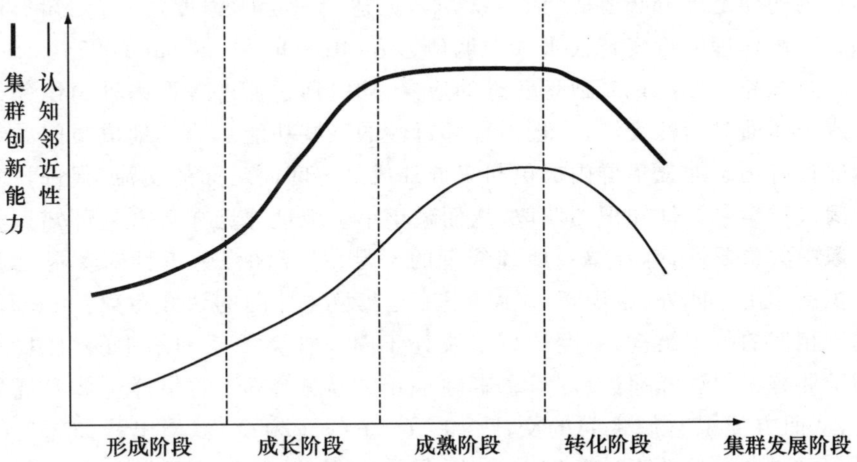

图8-5　认知邻近与集群创新能力的动态耦合

8.3.4　三种邻近性的组合与集群创新能力演化的动态耦合

8.3.4.1　多维邻近性的交互作用对集群创新的影响

地理邻近能强化组织邻近性对集群创新的正效应。这种强化作用主要体现在两个方面：一是弱化了集群创新对集群所处的社会关系的依赖，位置邻近的企业间拥有更多面对面接触的机会，更易于集群主体之间互信机制的建立，从而形成了更多的人际关系和根植性关系，且提供了一个更大范围的潜在合作伙伴和与区域外网络接触的节点，削弱了强式单一社会网络关系(过度组织邻近)的副作用;二是促进了集群相关制度法规的建立,增强了集群创新所受的制度约束,地理邻近可促进诸如标准、习惯等影响交互学习及创新的制度的形成和发展。此外,地理邻近性有利于增强集群主体间认知邻近性。地理邻近有利于集群主体的低成本合作,提高了集群的专业化程度,进而增加了集群内的认知邻近,使得企业的知识基础可以延伸到能激励交互学习的程度。首先,地理邻近能为认知上的相互影响提供有利的物质基础,通过促进面对面的交流,确保隐性知识的共享;其次,地理邻近下产生的相同的语言、相同的编码方式,以及交流文化与习惯,是界定认知团体的基础(Maskell 和 Malmberg,1999)。有学者进一步指出,认知团体不会随着团体成员不再同处相同地理位置而解散,即使分散在不同的地理位置,成员间也会比团体外的新地理位置下的本地成员间使用更多的行业术语,且享有更高的信任。彼此间偶尔需要碰面,但频率比同处相同地理位置时低得多。因此,可以认为永久性地理邻近在认知邻近形成的初期是十分必要的,但当认知邻近达到一定的程度之后,认知邻近和临时性地理邻近将替代永久性地理邻近(Breschi 和 Lissoni,2002)。

组织邻近性能拓展地理邻近的边界,同时通过促进集群内外组织邻近的成员间面对面的交流,实现地理邻近性的某些功能。非本地成员间的组织邻近有利于加强集群内成员与集群外成员之间面对面的交流,促进技术守门人对集群外部知识的获取,从而减小单一地理邻近在集群外部知识的获取中的重要性,弥补单一地理邻近的不足,进而加强邻近性对集群创新的积极作用。此外,组织邻近性可以缩小集群主体间的认知距离:一方面,基于相似的组织结构、制度约束以及处于同一社会关系网络中的组织,有利于拥有相同认知邻近(尽管仍存在一定的认知差异)的集群主体实现分类,从而方便了它们之间的交流,如 Nooteboom(2000)就指出认知邻近的行为主体通常是处于一个组织内的;另一方面,基于关系网络的组织邻近随着时间的推移可能会降低成员间的认知差异,认知差异的缩小有利于降低交互学习的成本,但同时会减少互动学习的必要性。

认知邻近性与地理邻近性的有机结合确保了集群主体交互式创新的顺利开展。第一,认知邻近可能会促进地理邻近的增加。为了降低信息交流的成本,认知邻近性的企业往往会选择集聚到某一个特定的地域,特别是当这些企业处于同一产业链上时。第二,集群主体隐性知识的获取是地理邻近性和认知邻近性共同作用的结果。认知邻近性有利于集群内的知识溢出的高效吸收,地理邻近性保证了集群隐性知识扩散对地域空间的要求,而认知邻近性则决定着集群主体对这种知识溢出的吸收能力,对于特定集群的交互式创新来说,二者缺一不可。此外,认知邻近性推动了组织邻近性的形成,比如由同一技术领域的专业技术人员形成的专业组织等。然而,当集群内的企业都专注于相同或重叠度很高的技术领域时,认知邻近性的负效应就开始显现,过高的认知邻近性一方面压缩了集群主体的互动学习的空间,另一方面则会提高其无意识知识溢出的风险。此时,集群企业可以采取两种措施:其一,减少与集群内同质性过高企业的研发合作,通过积极地寻找集群外的知识源,以获取更多的异质知识促进创新,而选择与集群外组织邻近性的企业合作显然更有可操作性;其二,当察觉到由于认知邻近过高而导致无意识的知识外溢风险时,可以迁址以增加与竞争对手的距离,而这正是基于创新需要构建新的地理邻近性的表现。

总之,集群创新能力的提高往往是三种邻近性交互作用的结果,单一地理邻近性既不是创新产生的充分条件也不是必要条件,而必须与其他邻近性相结合才能发挥作用,组织邻近性是集群获取外部知识的重要协调机制,认知邻近性则是集群获取外部知识的必要条件。三种邻近性之间交互影响,或相互替代,或相互补充,它们的有效组合削弱了单一邻近性的负效应,从而推动了集群创新能力的提高。

8.3.4.2　三种邻近性的组合与集群创新能力演化的动态耦合

在集群的形成阶段,集群创新主要来自外部技术的引入或对龙头企业技术创新的模仿,而不管是外部技术引入还是对龙头企业技术的模仿,都是在既定的集群内完成的,此时地理邻近性起到举足轻重的作用,它满足了上述知识扩散对地域空间的要求。然而,单一地理邻近性显然无法保证集群主体模仿创新的进行,只有集群主体将这种知识溢出吸收并融合进自己的知识基础,集群的模仿创新才有可能实现。此时,集群内龙头企业与中小企业的认知差异较大,一方面保证了中小企业模仿的空间,另一方面由于龙头企业在技术上处于绝对优势,中小企业只能跟随龙头企业的创新路径,自己无力在短期内改善其处境,限制了二者的互动式创新。而中小企业之间的认知邻近性较低,导致中小企业间互动动力不足。可见此阶段认知邻近性只是集群模仿创新的必要条件,正是由于龙头企业与中小企业间认知距离太大,才使得中小企业只能部分吸收龙头企业的知识溢出。在此阶段,集群主体间的组织邻近性并未形成,无论是从组织结构层面或是组织所受制度约束层面,还是从组织所处的社会关系层面来说,组织邻近程度都非常小。地理邻近性通过促进集群主体面对面的交流,一方面增加了中小企业的知识积累,即降低了其与龙头企业的认知差异,提高了两者间的认知邻近性;另一方面促使与集群创新相关的制度的建立以及集群主体间互信机制的确立,从而促进了组织邻近性的形成。总之,在集群的形成阶段,地理邻近性与认知邻近性的有机结合保证了集群主体的模仿创新,其中地理邻近性是集群模仿创新产生的基础,而认知邻近性则是其产生的必要条件。此时,集群的组织邻近性和认知邻近性都很低,地理邻近通过促进集群主体低成本、高频率地交流,推动了集群内组织邻近性和认知邻近性的发展。但是,在此阶段,集群创新主要以低水平的模仿创新为主,所以集群整体的创新能力仍处于一个较低的水平。

在集群的成长阶段,地理邻近性的作用进一步增强,地理上的邻近促进了集群主体间的较频繁交流,同时有利于集群主体与周边的研发机构建立合作关系,拓宽了集群创新的路径。通过频繁的互动和协作,集群主体间的组织结构趋于相似,组织所受制度不断完善,组织所处的社会网络关系逐渐形成。可见,在此阶段较高的地理邻近性仍然有助于组织邻近性的发展。此外,在既定地理区域内,通过模仿创新,中小企业的知识基础不断深化,与龙头企业的认知距离开始缩小,也就是说地理邻近性通过推动集群的模仿创新推动了集群主体间认知邻近性的进一步提高。而从组织邻近性的视角来说,集群成长阶段组织邻近性对集群创新能力提高的作用越来越重要,它强化了对集群主体创新的约束性,保证了集群主体能按照集群整体的创新目标配置资源。通过推动集群主体与集群外组织邻近的创新主体的交流合作,大大拓展了集群创新的地理边界(地理邻近性),满足了集群创新的对异质知识的需求(认知邻近性)。从认知邻近性的角度来说,企业基于认知邻近性加入到既定的区域产业链条中,往往可以获得规模经济优势,从而使得更多认知邻近的企业选择在既定的区域集中(地理邻近性),而不同主体之间较高的认知邻近性增强了其进行合作交流的愿望,从而使组织邻近性水平进一步提高。由此可见,在集群的成长阶段,三种邻近性互为补充,相互促进,进而推动了集群创新能力的迅速提高。

在集群的成熟阶段,集群创新网络逐步完善,并发挥主导作用。集群主体为获取更多的异质性知识,不再局限于既定的地理空间,地理邻近性的影响效应逐渐弱化,集群主体往往选择在已建立的集群创新网络中开展创新活动。此时组织邻近性和认知邻近性都处于一个高位稳定的水平,它们在很大程度上代替了地理邻近性的某些功能。较高的组织邻近性,保证了组织成员在既定的组织框架下可以发挥各自的比较优势,并为了共同的目标而协作。同时较为成熟的制度保障降低了集群创新的不确定性,保证了创新收益的获取。而集群根植性文化的形成,更是有利于集群独特竞争力的构建。较高的认知邻近性,一方面保证了集群创新网络中各节点互动创新对最低知识基础的要求；另一方面又满足了集群创新对新颖的、互补的信息流的需求。集群主体基于适度的组织邻近性和认知邻近性促成了集群内外部成员间的合作，有效地弥补了单一地理邻近性的不足。组织邻近性为集群内外部成员的协作提供了某种可能性，而认知邻近性将这种可能性转变为现实，可见，认知邻近性是组织邻近性发挥其作用的基础。组织邻近性的主体间的频繁互动可以增加它们之间的认知邻近性，而认知邻近性的主体在特定的合作组织中可以更好地利用各自的优势，二者互相促进，并最终稳定在一个适度的水平，从而使得此阶段的集群创新能力也处于高位稳定的水平。

在集群的转化阶段，过多邻近性的负效应开始显现，使得集群创新能力呈现递减的趋势。首先，从地理邻近性来说，过多的地理邻近性使得集群主体局限于既定的地理空间，而既定区域内的资源是有限的，随着集群规模的扩大，集群内的成员越来越多，为了维持自身的快速发展，每个成员都想尽可能地获取更多资源，从而导致集群主体为获取稀缺资源而矛盾重重，严重地影响了其协作创新。此外，过多的地理邻近性还使得集群内的企业可以以较低的成本获得集群内主体的知识溢出，在一定程度上鼓励了搭便车的盛行，严重打击了集群主体的创新积极性。其次，从组织邻近性来说，过多的组织邻近性使得集群主体锁定在特定组织结构中，受到已经僵化的制度约束，忍受既定社会关系网络产生的承诺成本，完全丧失了集群创新对组织灵活性的要求。最后，从认知邻近性来说，过多的认知邻近性降低了集群互动式创新的需求，集群主体知识基础趋于相同，而不存在集群创新所需的新颖性知识。此外，认知差异太小，也增加了集群主体创新无意识知识溢出的风险。在此阶段，过多的地理邻近性通过面对面的交流继续强化着集群主体已经形成的组织邻近性和认知邻近性；过多的组织邻近性使得集群创新被锁定在既定的集群创新网络中，限制了集群主体通过临时性地理邻近来寻找集群创新网络之外的潜在合作者，同时限制了集群主体创新对多元化知识源的需求。过多的认知邻近性则是此阶段集群创新能力下滑的关键因素，它一方面使得集群主体只有空间上的邻近，而无实质性的交流合作，严重制约了地理邻近性集群创新的正效应的发挥；另一方面，由于趋同的认知基础的存在，在既定的合作创新网络中，大部分主体的作用重叠度非常高，仅存在微小差异，这就意味着集群创新网络之外有很多主体都可以更有效率地实现其职能，这种被替代的可能性比较高，为维护自身利益，集群创新网络内的主体往往选择联合起来将潜在竞争者排斥在集群创新网络之外，从而进一步强化了集群主体间的组织邻近性。总之,在集群的转化阶段,过多的邻近性导致了集群的衰落,三种邻近性的负效应之间彼此存在强化作用。集群主体只有树立危机意识,通过打破现有的创新的限制,努力与集群外创新网络的主体建立合作关系,并以此替代原有的集群内的互动交流,从而提高与新主体间的邻近性,进而实现集群创新能力新的突破。在此过程中,存在不同邻近性的相互组合替代并弱化某一种或某两种邻近性的负效应的情况。如通过与外部知识源建立联系,打破了既定集群创新网络(组织邻近性)的锁定效应;通过外部知识的引入,满足了集群主体创新对新鲜血液的持续需求,避免了集群创新被局限于既定创新轨迹的风险;通过非本地关系的构建,大大拓展了地理邻近性的边界,在弱化永久地理邻近性的空间锁定效应的同时,突出形式更为灵活的临时地理邻近性的重要性。可见,在集群的转化阶段,通过与集群创新网络外新主体的互动交流,发挥了适度邻近性对集群创新的推动作用,同时,通过不同形式的邻近性的组合,削弱了单一邻近性的负效应,进而有效遏制集群的衰退,推动集群创新能力进入一个新的发展阶段。如图 8-6 所示。

形成阶段

- 地理邻近性起主导作用。
- 认知邻近是地理邻近性发挥作用的必要条件。
- 地理邻近性通过促进面对面的交流促使组织邻近性和认知邻近性的产生。
- 邻近性程度低，集群创新能力处于低水平。

成长阶段

- 地理邻近性的作用进一步增强。
- 三种邻近性相互促进，组织邻近性和认知邻近性的作用不断加强。
- 邻近性程度不断提高，集群创新能力迅速提高。

成熟阶段

- 组织邻近性起主导作用，地理邻近性的作用开始减弱。
- 组织邻近性替代了地理邻近性的某些功能，弥补单一地理邻近性的不足。
- 组织邻近性与认知邻近性有机结合并最终处于一个适度的水平，使得集群创新能力高位稳定。

转化阶段

- 衰落阶段不同邻近性及其组合的负效应强化，从而导致集群创新能力不断下降。
- 蜕变阶段不同邻近性的相互组合替代并弱化某一种或某两种邻近性的负效应，从而有利于集群创新能力实现新的突破。

图 8-6 多维邻近性的组合与集群创新能力的动态耦合

综上所述，可以看出，集群创新能力的演化总是三种邻近性共同作用的结果，三种邻近性的组合，可以减少单一邻近性的局限性，且在集群的不同阶段不同邻近性的组合对集群创新能力的影响是不同的，它们或相互强化，或相互替代，从而推动了集群创新能力的动态演化。集群创新能力的动态演化过程就是集群主体间邻近性不断变化的过程，只有维持适度的邻近性，才能保证集群创新能力处于一个较高的水平。

8.4　本章小结

本章主要探讨了多维邻近性与集群创新能力演化的动态耦合关系。首先，通过对相关文献的梳理，界定了集群创新能力的内涵，认为集群创新能力就是集群创新网络通过集群主体的内外部的互动关联机制以获取创新所需的互补性知识，进而对这些知识进行整合，并以此为基础进行创新的能力。集群创新能力是集群适应外部环境的结果，同时更是集群主体通过战略活动主动构建的结果。在此基础上进一步分析了集群创新能力的特征及其构成要素，得出集群创新能力具有累积性、动态性、整体性和路径依赖性，并从关联协作性和关联开放性两个视角将集群创新能力划分为四个子能力载体要素组合，即知识扩散能力载体、知识互补能力载体、知识渗透能力载体和知识搜索能力载体。四种子能力载体都是集群创新能力的有机组成部分，它们既相互支持又相互制约，各类能力要素的共存体现了集群在同质化与异质化、本地化与开放性的动态均衡过程中不断实现其创新能力的动态演化过程。其次，从集群生命周期视角分析了集群创新能力的动态演化，借鉴相关研究将集群生命周期划分为四个阶段，即形成阶段、成长阶段、成熟阶段和转化阶段。在集群的不同阶段集群的创新能力是不同的，在集群的形成阶段，集群创新能力处于较低水平；在集群成长阶段，集群创新能力迅速提高；在集群成熟阶段，集群创新能力稳定在一个较高的水平；在集群转化阶段，集群创新能力开始出现下滑的趋势，但如果集群主体能够努力突破既定的创新瓶颈，集群创新能力又会在新的平台上实现新发展。显然，集群创新能力的动态变化总是某些因素影响的结果，本章主要考察了集群创新能力的一般动力机制及多维邻近性的驱动机制。最后，着重分析了多维邻近对集群创新能力的作用机理以及二者的动态耦合机制，遵循从单一邻近性到三种邻近性交互作用的思路，分析了不同程度邻近性及其组合在集群演化不同阶段对集群创新能力的影响。通过分析得出，集群创新能力的演化总是三种邻近性共同作用的结果，三种邻近性的组合,可以少单一邻近性的局限性,且在集群演化的不同阶段不同邻近性的组合对集群创新能力的影响是不同的,它们或相互强化,或相互替代,从而推动了集群创新能力的动态演化。集群创新能力的动态演化过程就是集群主体间邻近性不断变化的过程,只有维持适度的邻近性,才能保证集群创新能力处于一个较高的水平。

本章对于多维邻近性与集群创新能力的动态耦合机制的研究尚处于探索阶段,在集群创新的不同阶段不同程度的邻近性及其组合对集群创新能力的影响是不同的,而在集群不同阶段,对于邻近性的需求程度也是不同的。在不同的社会历史背景下,不同类型的产业集群其邻近性与集群创新能力的耦合机制也应该有所差异,这些都有待于进一步深入探索。此外,本章对于多维邻近性与集群创新能力的动态耦合机制的探讨尚限于理论层面,其实证探索将成为后续研究的重点。

第9章　结论与研究展望

9.1　结　　论

本书围绕“多维邻近性与产业集群创新”这一崭新论题展开了探索性理论研究与实证探讨。在理论研究层面,从重新划分与清晰界定多维邻近性概念入手,解析“LKS”(本地知识溢出)视角下的地理邻近创新促进论的缺陷,阐析永久性地理邻近与临时性地理邻近在集群企业合作创新中的综合影响机制,探究地理邻近与组织邻近的组合以及地理邻近与认知邻近的组合对集群创新的交互影响机制,地理、组织、认知三种邻近性与集群创新能力演化的动态耦合机制,从而试图构建较完善的多维邻近性对产业集群创新影响机制的理论分析框架。在实证研究层面,以我国软件产业集群为研究对象,探索性地采用 SEM-PLS 方法[即构建结构方程模型(SEM),运用偏最小二乘法(PLS)估计和检验模型参数],分别对地理邻近和组织邻近以及地理邻近和认知邻近对集群创新的影响效应的理论假设进行实证检验,得出重要结论及具有现实指导意义的政策启示。

通过全书的理论研究和实证分析,形成如下主要结论:

(1) 组织合作层面的多维邻近性概念框架,划分为地理邻近、组织邻近、认知邻近三个维度,三个维度邻近概念内涵界定清晰,在理论上彼此可分离;三种邻近性既独立作用于产业集群创新中,又相互组合以交互作用方式作用于集群创新中。

(2) “LKS”(本地知识溢出)视角下的地理邻近创新促进论将知识溢出的扩散机制视为“黑箱”,从企业吸收能力和集群吸收能力视角解析“LKS”论的局限性,引申出以下结论:单一的(永久性)地理邻近分析视角具有明显缺陷,必须加入认知维度因素或组织维度因素,方能充分解释集群创新中的相关行为主体间的交互作用特征与机理。

(3) 在信息通信技术(ICT)迅猛发展背景下,更凸显传统的单一(永久性)地理邻近分析视角的局限性,催生“临时性地理邻近”概念的产生,永久性地理邻近与临时性地理邻近共同作用于集群企业合作创新过程。

（4）地理邻近与组织邻近的组合对集群创新的交互影响机制的理论探析表明：① 地理邻近对集群创新产生重要影响，但地理邻近既不是集群创新的充分条件也非必要条件；② 组织邻近是集群创新的重要影响维度；③ 地理邻近与组织邻近对集群创新产生交互影响，交互影响效应既可表现为相互替代关系也可表现为互补关系，这与集群的类型、特性、集群所处的时空背景以及集群演化所处的阶段有关；④ 过度的邻近性具有负效应。

以我国软件产业集群为研究对象，采用 SEM-PLS 方法，对地理邻近与组织邻近组合对集群创新影响效应的理论假设进行实证检验，得出结论：① 地理邻近对集群创新产生显著正影响，且以空间地理邻近为主要影响维度；② 组织邻近对集群创新产生显著正效应，且横向组织邻近较纵向组织邻近影响效应更明显；③ 地理邻近和组织邻近的组合对集群创新产生显著的交互作用，且交互作用表现为互补效应；④ 根据理论机理和实证分析结论，得出重要政策启示。

（5）地理邻近与认知邻近的组合对集群创新的交互影响机制的理论探析表明：① 地理邻近能促进认知邻近的形成，进而促进组织交互作用与创新；② 认知邻近是促使企业间交互学习和创新的前提条件，但认知邻近不会直接促进地理邻近的提高，只有当主体在察觉提高认知邻近的成本高于促进地理邻近的成本时才会考虑通过迁址来改变地理邻近；③ 认知差异能带来异质性和互补性资源，对集群创新具有新颖性价值，认知差异越大，越需要有利于互动的邻近，这种互动包括临时性地理邻近或永久性地理邻近；④ 地理邻近与认知邻近在集群创新中产生交互作用，交互影响效应既可表现为相互替代关系也可表现为互补关系，这与集群的类型、特性、集群所处的时空背景以及集群演化所处的阶段有关。

以我国软件产业集群为研究对象，采用 SEM-PLS 方法，对地理邻近与认知邻近组合对集群创新影响效应的理论假设进行实证检验，得出结论：① 地理邻近对集群创新产生显著正影响，且以空间地理邻近为主要影响维度；② 认知邻近对集群创新产生显著正效应，且产品技术邻近维度较员工整体认知邻近维度影响效应更明显；③ 地理邻近对认知邻近存在直接促进作用进而间接促进集群创新；④ 地理邻近和认知邻近的组合对集群创新产生显著的交互作用，且交互作用表现为互补效应；⑤ 根据理论机理和实证分析结论，得出重要政策启示。

（6）地理邻近、组织邻近、认知邻近与集群创新能力演化的动态耦合关系理论探析表明：① 集群创新能力是集群适应外部环境的结果，同时更是集群主体通过战略活动主动构建的结果，集群创新能力具有累积性、动态性、整体性和路径依赖性；② 从集群演化生命周期视角看集群创新能力是动态演化的，在集群演化的不同阶段集群创新能力是不同的；③ 集群创新能力演化的驱动机制可从一般动力机制及多维邻近性驱动机制来分析；④ 多维邻近性与集群创新能力动态耦合机制探究表明，集群创新能力的演化总是三种邻近性共同作用的结果，三种邻近性的组合，可以减少单一邻近性的局限性，且在集群演化的不同阶段不同邻近性的组合对集群创新能力的影响是不同的，它们或相互强化，或相互替代，从而推动了集群创新能力的动态演化。集群创新能力的动态演化过程就是集群主体间邻近性不断变化的过程，只有维持适度的邻近性，才能保证集群创新能力处于一个较高的水平。

9.2 研究展望

“多维邻近性与产业集群创新”作为一个崭新的研究领域在国内学术界尚处于起步阶段，尽管本书竭力围绕该课题在理论机制和实证分析层面进行了探索性研究，试图建构较完善的多维邻近性对产业集群创新影响的理论分析框架，以及突破多维邻近性对集群创新交互影响效应实证研究不足的缺陷。但囿于本人学术能力的有限以及相关数据获取的困难性，研究中尚存在许多不足，以下观点或论题尚需后续深入探究：

(1) 本书探析了地理邻近与组织邻近的组合以及地理邻近与认知邻近的组合对集群创新的交互影响机制，得出交互影响效应或表现为互补关系或表现为替代关系，不同类型的集群可能表现为不同的效应。以我国软件产业集群为典型案例对理论假设进行了实证检验，验证了地理邻近与组织邻近的组合以及地理邻近与认知邻近的组合对集群创新产生交互影响，交互影响效应表现为互补关系的理论假设。但交互影响效应究竟是表现为互补关系还是表现为替代关系，还有待于对不同类型集群如高技术产业集群和传统产业集群进行实证比较研究。

(2) 地理邻近与组织邻近的组合以及地理邻近与认知邻近的组合对集群创新的交互影响效应，是表现为互补关系还是表现为替代关系，还与集群演化所处阶段有关，对于处于生命周期不同阶段的集群其影响效应可能不同，这有待于实证研究的检验，应成为后续研究的重点。

(3) 本书尝试着探讨了地理邻近、组织邻近和认知邻近与集群创新能力演化的动态耦合机制，旨在突破有关多维邻近与创新相关研究局限于静态分析的不足，但作为一个全新的研究领域，对理论机理的探讨尚需深化，且关于多维邻近性对集群创新能力的动态影响的理论假设尚待实证检验，这将成为后续研究的又一重点。

（4）产业集群作为一个开放的系统，外部知识的获取对于其创新活动的展开以及持续创新能力的形成尤为重要，本书研究中尽管将集群外部知识获取对于集群创新之重要以及多维邻近性对集群外部知识获取影响之观点融入到全书分析的章节中，但却缺乏对相关内容的专列章节的深入探讨。这也应成为后续研究的重点之一。

参考文献

[1] Agrawal A. , Kapur D. , McHale, J. , How do spatial and social proximity influence knowledge flows? Evidence from patent data [J]. *Journal of Urban Economics*, 2008, 64 (2), 258—269

[2] Aguilera A. , Lethiais V. , Les relations de coopération interentreprises: TIC versus face-à-face [R]. Working Paper, 2008

[3] Aharonson S. B, Baum J. A. C, Feldman M. P. , Industrial Clustering and the Returns to Inventive Activity: Canadian Biotechnology Firms, 1991—2000 [C]. Danish research Unit of Industrial Dynamics (DRUID) Working Paper, 2004(3)

[4] Ahokangas Herd, Hot spots and blind spots: geographical clusters of films and innovation [J]. *The Academy Of Management Review*, 1999, 21(4): 1192—1222

[5] Ahokangas P. M. Hyry P. Rasanen, Small technology-based firms in fast-growing regional cluster[J]. *New England Journal of Entrepreneur ship*, 1999, (2): 19—26

[6] Ahuja G. , Katila R. , Technological acquisitions and innovation performance of acquiring firms: a longitudinal study [J]. *Strategic Management Journal*, 2001, (22): 197—220

[7] Alavi M. , Leidner D. , Knowledge management system: emerging views and practices from the field [C]. Hawaii International Conference on System Sciences, 1999

[8] Albino V. , Carbonara N. , Messeni Petruzzelli A. , Technology districts: proximity and knowledge access [J]. *Journal of Knowledge Management*, 2007, 11, (5): 98—114

[9] Allen R. C. , Collective Invention [J]. *Journal of Economic Behaviour and Organization*, 1983, 4(1): 1—24

[10] Amara N. Landry R. , Ouimet M. Milieux innovateurs: Determinants and policy impications [J]. *European Planning Studies*, 2005. 13(6): 930—965

[11] Amin A. and P. Cohendet. , Organisational learning and governance through embedded practices[J]. *Journal of Management and Governance*, 2000, 4: 93—116

[12] Amin Wilkinson F. , Learning, proximity and industrial performance an introduction [J]. *Cambridge Journal of Economics*, 1999, 23: 121—125

[13] Anand V. , Glick W H. , et al. , Thriving on the knowledge of outsiders: Tapping organizational social capital [J]. *Academy of Management Executive*, 2002, 16(1): 87—101

[14] Andrew C. , Inkpen. ,Learning and knowledge acquisition through international strategic alliances [J]. *Academy of Management Executive*, 1998, 12(4): 69—79

[15] Anet Weterings, Ron Boschma. ,Does spatial proximity to customers matter for innovative performance? Evidence from the Dutch software sector[J]. *Research Policy*,2009,(38):746—755

[16] Anker L. V. , Absorptive capacity and innovative performance: a human capital approach [C]. Paper contribution to the Druid Seminar, Aalborg. 2000: 507—517

[17] Anselin L. , Varga A. & Z. J. Acs. ,Local geography spillovers between university research and high technology innovations [J]. *Journal of Urban Economics*, 1997,(42):42—448

[18] Anselin L. , Varga A. & Z. J. Acs. ,Geographical spillover and university research: a spatical econometric perspective [J]. *Growth and Change*,2000,(31):501—516

[19] Antonelli C. , Collective knowledge communication and innovation: the evidence of technological districts [J]. *Regional Studies*, 2000,(34):535—547

[20] Asheim B. T. ,Industrial districts as "learning regions":A condition for prosperity[J]. *European Planing Studies*,1996,4(4):379—400

[21] Asheim B. T, Gertler M S. ,The geography of innovation: regional innovation systems [M]. Fagerberg J, Mowery D, Nelson R. The oxford handbook of innovation. Oxford: Oxford University Press. 2005: 291—317

[22] Asheim B. T, Lars Coenen. ,Contextualizing regional innovation systems in a globalising learning economy: on knowledge bases and institutional frameworks [J]. *Journal of Technology Transfer*, 2006(31): 163—173

[23] Asheim B. T, Lars Coenen,Knowledge bases and regional innovation systems: comparing Nordic clusters [J]. *Research Policy*, 2005(34): 1173—1190

[24] Asheim B. T. ,The Role of tacit Knowledge in Group Innovation[J]. *Management Review*: Special Issue on Knowledge and the Firm, 1998,40(31): 112—132

[25] Audretsch D. B. ,Agglomeration and the location of innovative activity [J]. *Oxford Review of Economic Policy*,1996,14(2):18—29

[26] Audretsch D. B. , Feldman M. ,R&D Spillovers and the geography of innovation and production [J]. *American Economic Review*,1996,(86):630—640

[27] Audretsch D. B. , Feldman M. P. ,Innovation in cities: Science-based diversity, specialization, and localized competition [J]. *European Economic Review*, 1999 (43): 409—429

[28] Audretsch D. B. , Stephan P. E. ,Company-scientist locational links. The case of biotechnology [J]. *American Economic Review*, 1996, 86: 641—652

[29] Autant Bernard C. , Massard N. ,Econometrie des externalites technologiques locales et geographie de innovation: une analyse critique [J]. *Economie Appliquee*,LII,1999,(4):35—68

[30] Badaracco J. ,*The knowledge link: how firms compete through strategic alliances* [M]. Cambridge, MA: Harvard Business School Press. 1991

[31] Balconi M, Palamara G. , Saviotti, P. P. , Zucchella A. ,The role of cognitive and of geographic distance in the networks of Italian biotechnology firms [R]. Working paper, 2009

[32] Balland P. A. ,Proximity and the evolution of collaboration networks: Evidences from R&D projects within the GNSS industry. *Regional Studies*, 2012, 46(6): 741—756

[33] Baptasta R. ,Geographical clusters and innovation diffusion [J]. *Technological Forecasting and Social Change*,2001,66(1):31—46

[34] Baptasta R, Swann P. ,Do firms in clusters innovate more? [J]. *Research policy*, 1998,27(5):525—540

[35] Bathelt, H. , Malberg, A. , and Maskell, P. Cluster and knowledge: Local buzz, global pipelines and the process of knowledge creation [J]. *Process in Human Ceography*,2004,28(1):31—56

[36] Beaudry C. , Breschi S. ,Are firms in clusters really more innovative? [J]. *Econ. Innov. New. Techn*, 2003, 12(4): 325—342

[37] Becattini G. ,The Marshallian industrial distrit as a socoo-economic notion. In: F. Pyke,G. Becattini and W. Sengenberger,eds. Industrial district and inter-firm co-operation in Italy[R],Geneva, II LS,1990S

[38] Best Michael H. ,*Cluster dynamics challenge in the new competitive advantage the renewal of American industry* [M]. Oxford University Press. 2001

[39] Bergman E. M. , Feser E. J. ,Industrial and regional clusters: concepts and comparative applications [J]. 1999

[40] Blanc H. , Sierra C. ,The internalisation of R&D by multinationals: a trade-off between external and internal proximity [J]. *Cambridge Journal of Economics*, 1999, (23): 187—206

[41] Boari C. , Lipparini A. ,Networks within industrial districts organizing knowledge creating and transfer by means of moderate hierarchies [J]. *Journal of Management and Governance*,1999,(3):339—360

[42] Bode E. ,The spatial pattern of localized R&D spillovers: an empirical investigation for Germany [J]. *Journal of Economic Geography*,2004,(4):43—64

[43] Böhm E. and Walz R. ,Life cycle analysis: a methodology to analyze ecological consequence within a technology assessment study [J]. *International Journal of Technology Management*, 1996,(11): 554—565

[44] Boschma R. A. ,Proximity and innovation: a critical assessment [J]. *Regional Studies*, 2005, (39): 61—74

[45] Boschma R. A. ,Koen Frenken. ,The spatial evolution of innovation networks: a proximity perspective[C]. Papers in Evolutionary Economic Geography, no. 09. 05, U-

trecht: Urban Regional Research Cretre, Utrecht University, 2009

[46] Boschma R. A. ,Dirk Fornahl,Cluster evolution and a roadnap for future research. Paper in Evolutionary Economic Geography #11. 17, Utrecht: Urban Regional Research Cretre, Utrecht University,2011

[47] Boufaden N, Plunket A. , Investigating technological and geographic proximity on forms' innovation in an immature cluster: the Paris area biotech cluster[C]. DRUID Conference, Copenhagen. 2005

[48] Bourdieu P. ,The forms of capital [C]. Richardson J. ,*Handbook of Theory and Research for the Sociology of Education*. New York, Greenwood Press, 1985:352—389

[49] Bowles S. , Hethert Gintis, Social Capital and Community Governance [J]. *The Economic Journal*, 2002, 112: 419—436

[50] Breschi S. , Lissoni F. ,Knowledge Spillovers and Local Innovation Systems: A Critical Survey [J]. *Industrial and Corporate Change*, 2001,10(4): 975—1005

[51] Breschi S. , Lissoni F. ,Mobility and social networks: localised knowledge spillovers revisited [C]. Paper presented at the Workshop "Clusters in High-technology: Aerospace, Biotechnology and Software Compared", Montreal, Canada, 1 November, 2002

[52] Bresson C. De. ,Spatial transfer of knowledge in high technology milieu: Learning versus collective learning process [J]. *Regional Studies*,1999,33(4): 353—365

[53] Brown Kruse J. , Schenk D. J. ,Location, cooperation and communication: an experimental examination [J]. *International Journal of Industrial Organization*, 2000, 18(11): 59—80

[54] Brunetti Aymo, Gregory Kisunko, Beatrice Weder. ,Credibility of Rules and Economic Growth [J]. *Oxford Journals*,1998,12(3):353—384

[55] Bunnell T. , Coe N. ,Spaces and scales of innovation, *Progress in Human Geography*, 2001, (25): 569—589

[56] Burns T. , Stalker G. M. ,*The Management of Innovation* [M]. London: Tavistock, 1961

[57] Burt Ronald S. ,Structural holes versus Network Closure as Social Captial [C]. In Social Captial: Theory and Research by Nan Lin, Karen colol & Ronald S. Burt, New York: Aldine De Gruyter, 2001

[58] Camagni R. ,Uncertainty and Innovation network: towards a new dynamic theory of economic space[C]. In: R. Camagni(Ed) *Innovation Network: Spatial Perspectives*, London: Belhave Press, 1991: 121—143

[59] Cantwell J. , Santangelo G. D. ,The New Geography of Corporate Research in Information and Communication Technology (ICT) [J]. *Journal of Evolutionary Economics*, 2002(12): 163—197

[60] Capello R. ,Spatial transfer of knowledge in high technology milieux: learning versus

collective learning [J]. *Regional Studies*, 1999, 33(4): 353—365

[61] Carrincazeaux C., Lung Y., Vicente J., The scientific trajectory of the French School of Proximity [J]. *European Planning Studies*, 2008, (16): 617—628

[62] Chan Peng S., Heide, Dorothy., Strategic Alliances in Technology: Key Competitive Weapon [J]. S. A. M *Advanced Management Journal*, 1993, 58(4): 9—17

[63] Cockburn I., Henderson R., Absorptive capacity, co-authoring behavior, and the organization of research in drug discovery [J]. *The Journal of Industrial Economics*, 1998, (2): 157—181

[64] Coenen L., Moodysson J., Asheim B. T., Nodes, networks and proximities: on the knowledge dynamics of the Medicon Valley biotech cluster [J]. *European Planning Studies*, 2004, (12): 1003—1018

[65] Cohen P., Levinthal P., Learning, technical change, and public policy: how to create and exploit diversity[C]. In Edquist C. (Ed.) Systems of Innovation. *Technologies, Institutions and Organizations*. 1997: 223—241

[66] Cohen W. M., Levinthal D. A., Absorptive capacity: a new perspective on learning and innovation[J]. *Administrative Science Quarterly*, 1990, (35): 128—152

[67] Coleman J. S., Social capital in the creation of human capital [J]. *American Journal of Sociology*, 1988, 94: 95—120

[68] Cooke P., Wills, D., Small firms, social capital and the enhancement of business performance through innovation programs [J]. *Small Business Economics*, 1999, 13(3): 219—234

[69] Cristiano Antonelli, Collective knowledge communication and innovation: the evidence of technological districts[J]. *Regional Studies*, 2000, 34(6): 535—547

[70] Dahlm S., Pedersen C. R., Knowledge flows through informal contacts in industrial clusters myths or realities [J]. *Research Policy*, 2004, (33): 1673—1686

[71] Davenport, T. H., *Thinking for a Living: How to Get Better Performance and Results from Knowledge Workers* [M]. Harvard Business School Press, Boston, MA. 2005

[72] Dayasindhu N., Embeddedness, knowledge transfer, industry cluster and global competitiveness: a case study of the Indian software industry [J]. *Technovation*, 2002, 22(9): 51—60

[73] Delphine Gallaud, Torre A., Geographical proximity and the diffusion of knowledge. The case of SME's in biotechnology [J]. *Economics of Science*, 2005, 30: 127—146

[74] Diane G. T., Juan L. K., Territorial Proximity and Innovation: A Survey of the Montreal Region [J]. *Research*, 2004, (7): 56—67

[75] Dunning J. H., Reappraising the eclectic paradigm in an age of alliance capitalism [J]. *Journal of International Business Studies*, 1995(26): 461—491

[76] Dyer J. H., Sing H., The relational view: cooperative strategy and sources of interorganizational competitive advantage [J]. *Academy of Management Review*, 1998,

(23):660—679

[77] Easterby Smith M. , Lylen M. A. , Tsang E. W. K. , Inter-organizational knowledge transfer: current themes and future prospects [J]. *Journal of Management Studies*, 2008,(45):677—690

[78] Elisa Giuliani. ,Cluster absorptive capability: an evolutionary approach for industrial clusters in developing countries[C]. Paper to be presented at the DRUID Summer Conference on "Industrial Dynamics of the New and Old Economy—who is embracing whom?" Copenhagen/Esinore,2002,6—8

[79] Emanllela Marrocu,Raffaele Paci,Stefano Useci,The complementarity effects of proximity dimensions on knowledge spillovers. ESOF Conference,Dublin,12th July,2012

[80] Emight,*The globalization of competition and the localization of competitive advantage: policies toward regional clustering* [M]. London:Macmillan,1996

[81] Emilie Pauline Gallie,Spillover diffusion inside networks of cooperation: the role of temporary geographical and organizational proximities[C]. Paper to presented at the DRUID Summer Conference 2003 on Creating, Sharing and Transferring Knowledge. The role of geography, institutions and organizations. Copenhagen June 12—14, 2003

[82] Fallah M. H. , Ibrahim S. ,Knowledge Spillover and Innovation in Technological Clusters [C]. IAMOT 2004 Conference, Washington, D. C. 2004: 3—5

[83] Feldman M. P. ,*The geography of innovation* [M]. Kluwer Academic Publisher, London:Doudrecht. 1994

[84] Feldman M. P. , Audretsch D. B. ,Innovation in cities: science-based diversity,specialization and localized competition [J]. *European Economic Review*,1999, (43): 409—429

[85] Feldman M. , Francis J. , Bercovitz J. ,Creating a cluster while building a firm: entrepreneurs and the formation of industrial clusters[J].*Regional Studies*, 2005, 39(1): 129—141

[86] Fotopoulos G. , Spence N. ,Regional variations of firm births, deaths and growth patterns in the UK, 1980—1991[J]. *Growth and Change*, 2001, 32(2): 151—173

[87] Feser E. J. , Bergman, E. M. ,National industry cluster templates: A framework for applied regional cluster analysis [J].*Regional Studies*,2000,34(3):1—20

[88] Freel M. S. ,Sectoral patterns of small firm innovation, networking and proximity [J]. *Research Policy*, 2003(32), 751—770

[89] Freeman. C. ,*National Systems of Innovation: the Case of Japan Technology Policy and Economics Performance: Lessons from Japan* [M]. London: Pinter Publishers,1987

[90] Frenken K. , Valente M. ,The organization of research activity in random fitness landscapes. Manuscript, July. Gertler M. S. (1997) The invention of regional culture, in Lee R. and Wills J. (Eds) *Geographies of Economies*, 2002:47—58. Arnold, London.

[91] Fritsch Michael Lukas, Who cooperates on R&D? [J] *Research Policy*, 2001(30): 297—312

[92] Fukuyama F., *Trust: The Social Virtues and the Creation for Prosperity* [M]. New York: Free Press,1995

[93] Fusfeld H. I., Haklisch C. S., Cooperative R&D for competitors [J]. *Harvard Business Review*, 1985,6:60—76

[94] Gabby S. M., Zuckerman E. W., Social capital and opportunity in corporate R&D: The contingent effect of contact density on mobility expectations [J]. *Social Science Research*, 1998, 27:189—217

[95] Gallaud D., Torre A., Geographical proximity and circulation of knowledge trough interflrm cooperation [C]. In Wink, R. (ed.), *Academia-Business Links: European Policy Strategies and Lessons Learnt. Basingstoke*: Palgrave Macmillan, 2004: 137—158

[96] Gallaud D., Torre A., Geographical proximity and diffusion of knowledge [J]. *Economics of Science, Technology and Innovation*,2005,(30):127—146

[97] Gambarddla A., Complementarity and external linkages: the strategies of the large firms in biotechnology [J]. *Journal of Industrial Economics*,1990,(4): 361—379

[98] Gertler M. S., Best practice? Geography, learning, and the institutional limits to strong convergence [J]. *Journal of Economic Geography*, 2001, 1:5—26

[99] Gertler M. S., Implementing advanced manufacturing technologies in mature industrial regions: toward a social model of technology production [J]. *Regional Studies*, 1993 (27):665—680

[100] Gibbons M., Limoges C., Nowotny H., Schwartzman S., Scott P., Trow M., *The new production of knowledge* [M]. London: Sage, 1994

[101] Glasmeier A., Technological discontinuities and flexible production networks: the case of Switzerland and the world watch industry [J]. *Research Policy*, 1997: 23—25

[102] Goedon I. R., Mccann P., Industrial clusters: complexes, agglomeration and/or social networks [J]. *Urban Studies*, 2000,(37):513—532

[103] Grabher G., Stark D., Organizing diversity: evolutionary theory, network analysis and post socialism [J]. *Regional Studies*, 1997, 31:533—544

[104] Granovertter M., Economic action and social structure: The problem of embededness [J]. *American Journal of Sociology*, 1985(11): 481—510

[105] Granovetter M., The strength of weak ties [J]. *American Journal of Sociology*, 1973, 78 (6): 1360—1380

[106] Granovetter M., Richard Swebderg, Introduction in Granovetter and Richard Swebderg. *The Sociology of Economic Life* [M]. Mark Westview Press, 1992

[107] Greve A., Salaff L. W., The development of corporate social capital in complex inno-

vation processes[C]. Gabbay, S. M. and Leenders. R. T. A . J. Social capital of organizations, 2001: 158—224

[108] Grossman G. , Helpman E. , *Innovation and Growth in the Global Economy* [C]. Cambridge: MIT Press, 1992: 212—214

[109] Grotz R. , Braun B. , Territorial or Trans-territorial Networking: Spatial aspects of technology-oriented cooperation within the German mechanical engineering Industry [J]. *Regional Studies*, 1997,31(6): 545—557

[110] Guerrieri , Pietrobelli, Models of Industrial Districts' Evolution and Changes in Technological regimes[Z]. Paper Prepared for the DRUID Summer Conference, 2001

[111] Gulati R. , Nohria N. , Zaheer A. , Strategic Networks [J]. *Strategic Management Journal*, 2000,21: 203—215

[112] Hagedoorn J. , Inter-firm R&D Partnerships: an overview of major trends and patterns since 1960[J]. *Research Policy*, 2002, 31(4): 477—492

[113] Hakansson H. , Snehota I. , No business in an island: the network concept of business strategy[J], *Scandinavian Journal of Management*, 1989,5:187—200

[114] Harrison B. , Industrial districts: old wines in new bottles [J]. *Regional Studies*, 1992(26): 469—483

[115] Hausmann U. , Neither industrial district nor innovative milieu: entrepreneurs and their contexts[C]. An actor-oriented framework and case studies form Greater London and Zurich. Paper presented at the 36th European Congress of the RSA, Zurich, Switzerland, 1996

[116] Heide J. B. , Miner A. S. , The shadow of the future: effects of anticipated interaction and frequency of contact on buyer-seller cooperation [J]. *Academy of Management Journal*, 1992(35): 265—291

[117] Heidenreich, M. , The renewal of regional capabilities experimental regionalism in Germany [J]. *Research Policy*, 2005, 34(5):739—757

[118] Helmsing B. , Externalities, learning and governance: New perspectives on local economic development [J]. *Development & Change*, 2001(32): 277—308

[119] Henseler J. , Fassott G. , Testing Moderating Effects in PLS Path Models: An Illustration of Available Procedures, 2010, (3):713—735

[120] Hervas Oliver, J. L. , Do clusters capabilities matter? An empirical application of the resource based view in clusters[J]. *Entrepreneurship &Regional Development*, 2007, 19(2): 113—136

[121] Hgedoorn J. , Duysters G. , External sources of innovative capabilities: The preference for strategic alliances or mergers and acquisitions [J]. *Journal of Management Studies*, 2002, 39(2): 167—188

[122] Hoover, Industrial policy and clusters of innovation [J]. *Challenge*, 1987, 24(2):

53

[123] Howells J. R. L. ,Tacit knowledge, innovation and economic geography [J]. *Urban Studies*, 2002, (39): 871—884

[124] Hudson R. ,The learning economy, the learning firm and the learning region. A sympathetic critique of the limits to learning [J]. *European Urban and Regional Studies*, 1999,(6):59—72

[125] Humphrey J. , Schmitz H. ,Governance in global value chains [J]. *IDS Bullettin*, 2001, (32):32—35

[126] Inkpen A. C. , Tsang E. W. K. ,Social capital, networks, and knowledge transfer [J]. *Academy of Management Review*,2005,30(1):146—165

[127] Jaffe A. , Trajtenberg M. ,International knowledge flows: evidence from patent citations [J]. *Economics of Innovation and New Technology*, 1999,(8):105—136

[128] Jaffe A. B. ,Technological opportunity and spillover of R&D: evidence from firm's patent, profits and market value [J]. *American Economic Review*, 1986, (76):984—1001

[129] Jaffe A. B. ,The real effects of Academic Research [J]. *American Economic Review*, 1989,(79):957—970

[130] Jaffe A. B. , Rajtenberg M. , Henderson R. ,Geographical localization of knowledge spillovers as evidenced by patent citations [J]. *Quarterly Journal of Economics*, 1993,(108):576—598

[131] Kale P. , Singh H. , Perlmutter H. ,Learning and protection of proprietary assets in strategic alliances: building relational capital [J]. *Strategic Management Journal*, 2000,(21): 217—237

[132] Keeble, D. , Wilkinson, F. ,Collective learning and knowledge development in the evolution of regional clusters of high technology SMEs in Europe [J]. *Regional Studies*, 1999, 33(4):295—303

[133] Knack Stephen and Philip Keefer, Does social capital have an economic pay off? Across—country investigation [J]. *Quarterly Journal of Economics*, 1997, 52(4): 1251—1257

[134] Knoben J. , Oerlemans L. A. G. ,Proximity and inter-organizational collaboration: A literature review [J]. *International Journal of Management Reviews*,2006, 6(2): 71—89

[135] Kraatz M. S. ,Learning by association? Inter-organizational networks and adaptation to environmental change [J]. *Academy of Management Journal*, 1998, 41:621—643

[136] Krugman P. ,Increasing returns and economic geography [J]. *Journal of Political Economy*,1991,99(3):48—99

[137] Krugman P. ,Where in the World is the "New Economic Geography?"[C]. In G. L. Clark, M. P. Feldman and M. S. Gertler (eds.) *The Oxford Handbook of Economic*

Geography, Oxford University Press: Oxford,2000: 49—60

[138] Lambody J. G., Boschma R. A., Evolutionary economics and regional policy [J], *Annals of Regional Science*, 2001,(35):113—131

[139] Landry R., Amaara N., et al., Does social capital determine innovation? To what extent? [J]. *Technological Forecasting & Social Change*, 2002, 69:681—701

[140] Lane P. J., Lubatkin M., Relative absorptive capacity and interorganizational learning [J]. *Strategic Management Journal*,1998,(19):461—477

[141] Larson A., Network dyads in entrepreneurial settings: A study of the governance of exchange relationships [J]. *Administrative Science Quarterly*,1992,(37): 76—104

[142] Larson A., The Inter-organizational Learning Dilemma: Collective Knowledge Development in Strategic Alliances [J]. *Organizational Science*, 1998,9(3): 285—295

[143] Lawson C., Lorenz E., Collective learning, tacit knowledge and regional innovative capacity [J]. *Regional Studies*, 1999, 33:305—317d

[144] Lawson, C., Towards a competence theory of the region [J]. *Cambridge Journal of Economics*, 1999, 23(2):151—166

[145] Leonard-Barton D., Core capabilities and core rigidities: A paradox in managing new product development[J], *Strategic Management Journal*, 1992,(13): 111—125

[146] Levinson N. S., Asahi M., Cross-national alliances and interorganizational learning [J]. *Organizational Dynamics*, 1995, 24(2): 50—63

[147] Levitt B., March J., Organizational learning [J]. *Annual Review of Sociology*, 1988,(14): 319—340

[148] Lorenz, E., Collective learning process and the regional labor market, unpublished research note, Europe Network on Networks, Collective learning and RTD in regionally—clustered High Technology SMEs, 1996

[149] Lorenzoni G., Badenfuller C., Creating a strategic center to management Web of Partners [J]. *California Management Review*,1995,(37):146—163

[150] Loury G. C., *A dynamic theory of racial income differences in women, minorities and employment discrimination* [M]. Lexington,Heath,1977: 526—568

[151] Lucia Cusmano, Technology Policy and Cooperative R&D: the Role of Relational Research capacity[R]. RDUID working paper,2000

[152] Lundvall B. A., Explaining interfirm cooperation and innovation: limits of the transaction-cost approach[C]. In G. Grahber (ed.), The Embedded Firm—On the Socioeconomics of Industrial Networks, Routledge, London, 1993: 52—64

[153] Lundvall,B. A., *National Systems of Innovation, Towards a Theory of Innovation and Interactive Learning* [M]. London: Pinter Publishers,1992

[154] Maillait, Denis, *The innovation process and the role of the milieux*[M]. In: Edward Bergman, Gunther Maier, Franz, Todtling(Ed.): regions reconsidered—Economic networks, innovation, and local development in industrialized countries, London,

1991

[155] Malmberg A., Maskell P., Towards an explanation of regional specialization and industry agglomeration [J]. *European Planning Studies*, 1997,5 (1): 25—41

[156] Mangematin V., Nesta L., What kind of knowledge can a firm absorb? [J]. *International Journal of Technology Management*, 1999, 18(3—4): 149—172

[157] Marceau Nauwelaer, Networks of innovation, networks of production, and networks of marketing: collaboration and competition in the biomedical and tool making industries in Austrical[J]. *Creativity&Innovation Management*, 1999, 65(1): 20—43

[158] Marceau, Structural Competitiveness and Learning Regions [J]. *Enterprise and Innovation Management Studies*, 2000, (3):265—280

[159] Marja Hyypia, Mika Kautonen, Dimensions of Proximity in Relationships between Knowledge Intensive Business Service Firms and Their Clients [J]. *Research Group for Science*, 2005, 05:28—31

[160] Markkusen A. R., Sticky places in slippery space a typology of industrial districts [J]. *Economic Geography*, 1996, (72):292—313

[161] Marshall A., *Principles of Economics* [M]. London: Macmillnn, 1890

[162] Martin R., Sunley P., Deconstructing cluster: Chaotic concept or policy panacea [J]. *Journal of Economic Geography*, 2003, 3(1):37—56

[163] Maryline Filippi, Andre Torre, Local organizations and institutions. How can geographical proximity be activated by collective projects? [J]. *International Journal of Technology Management*, 2003, 26:386—400

[164] Maskell P., Social capital, innovation and competitiveness[C]. Baron, S., Field. J, and Schallcr, T., *Social capital, critical perspectives*, Oxford University Press, 2000: 211—298

[165] Maskell P., Towards a knowledge-based theory of the geographical cluster [J]. *Industrial and Corporate Change*, 2001, (10):921—943

[166] Maskell P., Malmberg A., Localised Learning and Industrial Competitiveness [J]. *Cambridge Journal of Economics*, 1999, 23(2): 167—186

[167] Maskell P., Malmberg A., The competitiveness of firms and regions. "Ubiquitification" and the importance of localized learning [J]. *European Urban and Regional Studies*, 1999 (6): 9—25

[168] Mcnaughton R. D., Industrial districts and social capital [C]. in Green M. B. and Mcnaughton R. D. (Eds) *Industrial Networks and Proximity*, Ashgate, Aldershot, 2000:69—85

[169] Menzel M. P., Dynamic proximities. Changing relations by creating and bridging distances[C]. Papers in Evolutionary Economic Geography, no. 08. 16, Utrecht: Department of Economic Geography, Utrecht University, 2008

[170] Meyer, Understanding the Determinants of Vibrant Business Development: The Sys-

temic Competitiveness Perspective[R]. Draft Paper,2003

[171] Mody A. ,Staying in the Loop: International Alliances for sharing technology[C]. World Bank Discussion Papers ,1992:1—16

[172] Moreno R. , Paci R. , Usai S. ,Spatial spillovers and innovation activity in European regions [J]. *Environment and Planning*,2005,(37):1793—1812

[173] Morgan K. ,The learning region: institutions, innovation and regional renewal [J]. *Regional Studies*,1997,31(5):491—503

[174] Morgan, Lagend & Charle,Regional Innovation Systems:General Findings and Some New Evidence from Biotechnology Clusters [J]. *Journal of Technology Transfer*, 2002,(27):133—145

[175] Nahapiet J. , Ghoshal S. ,Social capital, intellectual capital and the organizational advantage [J]. *Academy of Management Review*, 1998, 23(2): 242—266

[176] Najoua Boufaden and Anne Plunket,Inventigating technological and geographic proximity on firms' innovation in an immature cluster: the Paris Area biotech cluster [C]. DRUID Conference,Copenhagen,2005

[177] Nelson R. R. , Winter S. ,*An evolutionary theory of economic change* [M]. Cambridge MA: Harvard University Press. 1982

[178] Nelson, Richard R. ,*National Innovation Systems: A Comparative Analysis* [M]. Oxford University Press,1993

[179] Nonaka I. ,A Dynamic Theory of Organizational Knowledge Creation [J]. *Organization Science*. 1994(5): 14—37

[180] Nonaka I. , Takeuchi H. ,The Knowledge—Creating Company [J]. *Harvard Business Review*, 2007: 168—171

[181] Nootboom B. ,Innovation and inter-firm linkages: new implications for policy[J]. *Research Policy*,1999,(28):793—805

[182] Nootboom B. ,Van Haverbeke W. & Duysters G. et al. ,Optimal Cognitive Distance and Absorptive Capacity [J]. *Research Policy*,2007,(36):1016—1034

[183] Nooteboom B. ,Learning by Interaction:Absorptive Capacity, Cognitive Distance and Governance [J]. *Journal of Management and Governance*,2000,(4): 69—92

[184] North D. C. ,Institutions [J]. *Journal of Economic Perspectives*,1991,(5):97—112

[185] O' Brien R. ,*Global Financial Integration: the End of Geography* [M] . B Royal Institute of International Affairs , London, 1992

[186] Oairncross F. , *The Death of Distance: How the Communications Revolution Will Change Our Lives*[M], Harvard Business School Press, Boston, MA, 1997

[187] OECD, Innovative Clusters-Drivers of National Innovation Systems[R]. 2001

[188] Oerlemans L. A. G. ,Marius T. H. Meeus, Do organizational and spatial proximity impact on firm performance? [J]. *Regional Studies*,2005,(39):89—104

[189] Orlando M. ,On the importance of geographic and technological proximity for R&D

spillovers:an empirical investigation[C]. WP Federal Reserve Bank of Kansas, Kansas City, 2000

[190] Ottati Gabi Dei, Trust, interlinking transactions and credit in the industrial district [J]. *Cambridge Journal of Economics*, 1994, 18: 529—546

[191] Owen Smith J., Powell W. W., Knowledge networks as channels and conduits: the effects of formal structure in the Boston biotechnology community [J]. *Organization Science*, 2004, (15): 2—21

[192] Parimal Patel, Keith Pavitt, National Innovation Systems: why they are important, and how they might be measured and compared [J]. *Economics of innovation and new technology*, 1994, 3(1): 77—95

[193] Perez C, Soete L., Catching up in technology: entry barriers and windows[C]. In Dosi G, Freeman C, Nelson R., Silverberg G. and Soete L. (Eds) *Technical Change and Economic Theory*, 1988: 458—479

[194] Pettigrew A. M., On studying organizational cultures [J]. *Administrative Science Quarterly*, 1979, (24): 570—581

[195] Pietrobelli C., Rabellott R., Upgrading in clusters and value chains in Latin America—the role of policies[C]. Inter-American development bank sustainable development depart Zment best practices series Washington D. C. 2004

[196] Pinch S., Henry N., Paul Krugman's geographical economies, industrial clustering and the British motor sport industry [J]. *Regional Studies*, 1999, 33(9): 815—827

[197] Piore M. J., Sabel C. F., *The second industrial divide: possibilities for prosperity* [M]. New York: Basic books, 1994: 152—156

[198] Polanyi K., *Primitive, Archaic and Modern Economies: Essays of Karl Polanyi* [M], Boston: Beacon Press, 1968: 110—115

[199] Polanyi M., *Personal Knowledge: Towards a Post-Critical Philosophy* [M]. University of Chicago Press, Chicago, 1958

[200] Polanyi M., *The Tacit Dimension* [M]. Doubleday, New York, 1966

[201] Ponds R. Van Oort FG, Frenken K., The Geographical and Institutional Proximity of Scientific Collaboration Networks [J]. *Regional Studies*, 2007, (3): 79—91

[202] Porter M. E., Clusters and the new economics of competition [J]. *Harvard Business Review*, 1998(76): 77—90

[203] Porter M., Fuller M., *Competition in global industries* [M]. Boston, Mass: Harvard Business School Press, 1986

[204] Porter M. E., and Fuller, M. B., *Coalition and Global Strategy-Competition in Global Industries* [M]. Harvard Business School Press, Boston, MA, 1986: 315—344

[205] Porter M. E., Competitive advantage of nations [J]. *Harvard Business Review*, 1991, 68(2): 82

[206] Portes A., Sensenbrenner J., Embeddedness and immigration: Notes on the social

determinants of economic action [J]. *Social*, 1993((98): 1320—1350

[207] Pouder R., StJohn C. H., Hot Spots and Blind Spots: Geographical Clusters of Firms and Innovation [J]. *Academy of Management Review*, 1996, 21(4): 1192—1225

[208] Powell w. w., Koput K. w, et al., Inter-organizational collaboration and the locus of innovation: Networks of learning in biotechnology[J]. *Administrative Science Quarterly*, 1996, 41(1): 116—145

[209] Rallet A. & Torre A., Is geographical proximity necessary in the innovation network in the era of global economy? [J]. *GeoJournal*, 1999, (49):373—380

[210] Rallet A. and Torre A., Temporary geographical proximity for business and work coordination: when, how and where? [C]. Regional Studies Assoliation Annual Conference, Leuven, Belgium, 6th—8th April, 2009

[211] Reha Tŏzŭn, Dimensions of proximity and localization of knowledge-intensive producer services: the case of software services for automotive industry in Stuttgart Region [R]. Working paper, 2009

[212] Richardson G. B., The Organization of Industry [J]. *The Economic Journal*, 1972, 327:883—896

[213] Riddel M., Schwer P. K., Regional Innovative Capacity with Endogenous Employment: Empirical Evidence from the U.S [J]. *The Review of Regional Studies*, 2003, 33(1):73—84

[214] Robert Capello, Spatial transfer of knowledge in high technology milieu: Learning versus collective learning process [J]. *Regional Studies*, 1998, 33(4): 353—365

[215] Rosenfeld Stuart A., Bringing business clusters into the mainstream of economic development[J]. *European Planning Studies*, 1997, 5(1):3—23

[216] Saviotti P. P., *Technological Evolution, Variety and the Economy* [M]. Wiley Online Library, 1998

[217] Saxenian, A., *Regional Advantage: Culture and Competition in Silicon Valley and Route* 128 [M]. Cambridge, MA, and London: Harvard University Press, 1994

[218] Schamp E. W., Rentmeister B. & Lo V., Dimensions of proximity in knowledge—based networks: the cases of investment banking and automobile design [J]. *European Planning Studies*, 2004, (12):607—624

[219] Seung Ho Park and Yadong Luo, Guanxi and organizational dynamics, organizational networking in Chinese firms [J]. *Strategic Management Journal*, 2001, 22:128—143

[220] Spender J. C., Organizational knowledge, learning and memory: Three concepts in search of a theory [J]. *Journal of Organizational Change Management*, 1996(9): 63—78

[221] Storper M., Innovation milieux and new generations of regional policies [J]. *Entrepreneurship and Regional Development*, 1998, (10):1—6

[222] Swarm, Do firms in clusters innovate more? [J]. *Research Policy*, 2002, 31(27): 525—540

[223] Thomas Anderson, Sylvia Schwaag-Serger, Jens Sorvik, Emily Wise Hansson, The Cluster Polices Whitebook[R]. 2004

[224] Tichy G., Clusters: Less Dispensable and More Risky than Ever[C], in Steiner, M. (1998) (Ed.), *Clusters and Regional Specialisation*, Pion, London, 1998: 211—225

[225] Torre A., On the role played by temporary geographical proximity in knowledge transmission [J]. *Regional Studies*, 2008(42): 869—889

[226] Torre A., Temporary Geographical Proximity for Business and Work Coordination: When, How and Where? [J]. *Understanding and Shaping Regions*, 2009, (8): 83—88

[227] Torre A., Gilly J. P., On the analytical dimension of proximity dynamics [J]. *Regional Studies*, 2000, (34): 169—180

[228] Torre A., Rallet A., Proximity and Localization [J]. *Regional Studies*, 2005, (39): 47—59

[229] Tremblay D. G., Klein J. L., Fontan J. M., Rousseau S., Territorial proximity and innovation: A survey of the Montreal Region. Research Note no 2004-06A[C]. Canada Research Chair on the Socio-Organizational Challenges of the Knowledge Economy, 2004

[230] Tsai W., Knowledge Transfer in Intra-organizational Networks: Effects of Network Position and Absorptive Capacity on Business Unit Innovation and Performance [J]. *Academy of Management Journal*, 2001(44): 996—1004

[231] Tsai W., Ghoshal, S., Social capital and value creation: the role of intrafirm networks [J]. *Academy of Management Journal*, 1998, 41(4): 464—476

[232] Tura, T., and Harmaakorpi, V., Social capital in building regional innovative capability[J]. *Regional Studies*, 2005, 39(8): 1111—1125

[233] Tushman M. L., Anderson P., Technological discontinuities and organizational environments [J]. *Administrative Science Quarterly*, 1986, (31): 439—465

[234] Uzzi B., Social structure and competition in inter-firm networks: The paradox of embeddedness [J]. *Administrative Science Quarterly*, 1997, 42: 35—67

[235] Van den Bosch F. A. J., Volberda H. W. & De Boer M., Coevolution of firm absorptive capacity and knowledge environment: organizational forms and combinative capabilities [J]. *Organization Science*, 1999, (10): 551—568

[236] Vinod K., The role of R&D consortia in technology development [J]. *Occasional Paper*, 1995, 3: 7—27

[237] Visser, E. J, Boschma, R., Learning in districts: Novelty and lock in a regional context[J]. *European Planning Studies*, 2004, 12(6): 793—898

[238] Wallsten S., An empirical test of geographic knowledge spillovers using geographic information systems and firm-level date [J]. *Regional Science and Urban Economics*, 2001,(31):571—599

[239] Walz R., Modeling systems of innovation II: A framework for industrial cluster analysis in regions[J]. *Research Policy*, 1998,(26):625—641

[240] Weber R. A., Camerer C. F., Cultural conflict and merger failure: An experimental approach [J]. *Management Science*, 2003(49): 400—416

[241] Wemerfelt B., A resource-based view of the firm [J]. *Strategic Management Journal*, 1984, 5(2): 171—180

[242] Wilkof M. V., Brown D. W. & Selsky J. W., When the stories are different: the influence of corporate culture mismatches on inter-organizational relations [J]. *The Journal of Applied Behavioral Science*, 1995,(31):373—388

[243] Wu X., Wei Y., The analysis On competitive advantage of firms in the context of synergie development: Based on the perspective of social capital[C]. International Engineering Management Conference 2004, Singapore, 2004: 852—925

[244] Wuyts S., Colomb M. G, Dutta S., Nooteboom B., Empirical tests of optimal cognitive distance [J]. *Journal of Economic Behavior & Organization*, 2005, (58): 277—302

[245] WynneW. Chin, Partial Least Squares is to LISREL as Principal Components Analysis is to Common Factor Analysis[J]. *Technology Studies*, 1995(2): 315—319

[246] Zahra S. A. & George G., A absorptive capacity: a review, reconceptualization, and extension [J]. *Academy of Management Review*, 2002,(27):185—203

[247] Zucker L., Darby M., Armstrong J., Geographically localized knowledge: spillover or markets? [J]. *Economic Inquiry*, 1999,(36):65—86

[248] Zucker L., Darby M., Armstrong J., *Intellectual capital and the firm: the technology of geographically localized knowledge spillovers* [M]. Cambridge, MA: NBER, 1994

[249] 包亚明.文化资本与社会炼金术[M].上海:上海人民出版社,1997

[250] 边燕杰.城市居民社会资本的来源及作用:网络观点与调查发现[J].中国社会科学,2004,(3):136—146

[251] 蔡铂,吉晓莉.产业集群的创新特征[J].科技进步与对策,2003,(2):79—81

[252] 蔡莉,朱秀梅.科技型创业企业集群形成与发展机理研究[M].北京:科学出版社,2008

[253] 蔡宁,杨旭,桂昭君.协作与竞争行为和企业集群竞争力的关联机理[J].经济管理,2003,(2):15—18

[254] 蔡宁,杨闩柱,吴结兵.企业集群风险的研究:一个基于网络的视角[J].中国工业经济,2003,4(4):21—25

[255] 陈劲,张方华.社会资本与技术创新[M].杭州:浙江大学出版社,2002:56—72

[256] 陈旭. 基于产业集群的技术创新扩散研究[J]. 管理学报,2005,(2): 333—336
[257] 陈迅,杨守鸿,赵三英. 论技术战略联盟框架下的产业集群及竞争优势[J]. 经济纵横,2005(1):55—57
[258] 池仁勇,郭元源,段姗. 产业集群发展阶段理论研究[J]. 软科学,2005,19 (5): 1—3
[259] 邓雪. 企业战略联盟内组织间学习影响因素研究[J]. 渤海大学学报(哲学社会科学版),2010,32(2):109—113
[260] 丁焕峰. 国外集群与区域创新研究综述[J]. 经济地理,2004,(5):27—33
[261] 樊圣君,张旭亮,张振宇. 论区域集群的独特社会资本优势及对区域和国家持续竞争优势的意义[J]. 经济评论,2001,(4):64—67
[262] 弗朗西斯著,福山、刘榜离等译. 大分裂——人类本性与社会秩序的重建(中译本)[M],中国社会科学出版社,2002
[263] 弗里德里希·奥古斯特·哈耶克. 通往奴役之路[M]. 北京:中国社会科学出版社,1997
[264] 傅家骥,仝允恒. 技术创新学[M]. 北京:清华大学出版社,1998:13
[265] 盖文启. 创新网络——区域经济发展新思维[M]. 北京:北京大学出版社,2002
[266] 高建,傅家骥. 中国企业技术创新的关键问题:1051 家企业技术创新调查分析[J]. 中外科技政策与管理,1996,(1):24—33
[267] 葛京. 战略联盟中组织学习效果的影响因素及对策分析[J]. 科学学与科学技术管理,2004(3):136—140
[268] 龚毅,谢恩. 中外企业战略联盟知识转移效率的实证分析[J]. 科学学研究,2005,23(4):500—505
[269] 顾新,郭耀煌,社会资本及其在知识链中的作用[J]. 科研管理,2003,(5): 44—48
[270] 郭晓川. 企业网络合作化技术创新及其模式比较[J]. 科学管理研究,1998(5): 13—17
[271] 韩宝龙. 地理邻近与认知邻近对高技术产业集群创新影响效应的实证研究[D],湖南大学硕士学位论文,2010
[272] 韩宝龙,李琳. 隐性知识和地理邻近视角下的区域产业创新驱动力研究:以中国医药制造业为例[J]. 科学学研究,2011,(2) :314—320
[273] 韩凤. 城市空间结构与交通组织的耦合发展模式研究[D]. 东北师范大学博士毕业论文,2007:47
[274] 侯杰泰,温忠麟,成子娟. 结构方程模型及其应用[M]. 北京:教育科学出版社,2004
[275] 汉斯·摩根索. 国际纵横策论:争强权求和平[M]. 上海:上海译文出版社, 1995
[276] 何明升,徐占忱. 区域集群创新:一个基于生成式的分析框架[J]. 自然辩证法研究,2007,(4):54—58
[277] 胡志坚. 国家创新系统——理论分析与国际比较[M]. 北京:社会科学文献出版

社,2000:33—35
[278] 黄建康.产业集群竞争优势刚性及其超越路径[J].经济问题探索,2004(8):69—71
[279] 金祥荣,叶建亮.知识溢出与企业网络组织的集聚效应[J].数量经济技术经济研究,2001,(10):45—48
[280] 科尔曼著,邓方译.社会理论的基础(中译本)[M].北京,社会科学文献出版社,2008
[281] 李副刚,王学军.地理邻近性与区域创新关系探讨[J].中国人口·资源与环境,2007,(3):35—39
[282] 李红艳,储雪林,常宝.社会资本与技术创新的扩散[J].科学学研究,2004,(3):333—336
[283] 李金明.基于知识基础的企业创新能力研究[D].上海交通大学博士学位论文,2001
[284] 李坤望.经济增长理论与经济增长的差异性[M].太原:山西经济出版社,1998,10:53
[285] 李琳.基于知识的产业集群竞争优势[J].社会科学家,2005,(1):49—52
[286] 李琳.基于集群吸收能力的集群发展阶段及其演进[J].社会科学家,2006,(5):61—66
[287] 李琳,韩宝龙.组织合作中的多维邻近性:西方文献评述与思考[J].社会科学家,2009,(7):108—112
[288] 李琳,韩宝龙.地理邻近和认知邻近对高技术产业集群创新影响研究[J].地理研究,2011,(9):1592—1605
[289] 李琳,韩宝龙.地理邻近对产业集群创新影响效应的实证研究[J].中国软科学,2013,(1):167—175
[290] 李琳,梁瑞.临时地理邻近性对企业合作创新的影响机制[J].社会科学家,2011,(7):65—69
[291] 李琳,熊雪梅.产业集群生命周期视角下的地理邻近对集群创新的动态影响[J].地理研究,2012,(11):2017—2030
[292] 李琳,熊雪梅.多维邻近性在集群外部知识获取与创新中的作用机制分析[J].科技进步与对策,2012.(21):130—134
[293] 李琳,杨军.地理邻近对集群内企业合作创新的动态影响机制[J].科技管理研究,2012,(18):188—191
[294] 李琳,杨田.地理邻近和组织邻近对产业集群创新的影响效应——基于对我国汽车产业集群的实证研究[J].中国软科学,2011,(9):133—143
[295] 李琳,郑刚.我国产学研合作创新中的地理邻近效应[J].工业技术经济,2012,(9):28—34
[296] 李新春.企业战略网络的生成发展与市场转型[J].经济研究,1998,(4):70—78
[297] 刘金兰.结构方程模型的偏最小二乘算法及其几何意义[J].哈尔滨商业大学学

报(自然科学版),2005,(6):776—780
[298] 刘友金,罗发友.基于焦点企业成长的集群演进机理研究——以长沙工程机械集群为例[J].管理世界,2005,(10):159—161
[299] 鲁开垠.产业集群社会网络的根植性与核心能力研究[J].广东社会科学,2006(2):41—46
[300] 鲁若愚,徐强.中小企业集群创新动因研究[J].科技管理研究,2003,(3):57—58
[301] 罗荣桂,李文军.基于技术合作的企业技术创新能力强化研究[J].研究与发展管理,2004,(3):40—46
[302] 罗炜.企业合作创新理论研究[M].上海:复旦大学出版社,2002
[303] 马歇尔.经济学原理[M].北京:商务印书馆,1964:281—286
[304] 谬小明,李刚.基于不同介质的产业集群知识溢出途径分析[J].科研管理,2006,(4):44—47
[305] 纳尔逊·温特.经济变迁的演化理论[M].上海:商务印书馆,1992
[306] 诺斯.制度、制度变迁与经济绩效[M].上海:上海三联出版社,1994
[307] 仇保兴.小企业集群研究[M].上海:复旦大学出版社,1999
[308] 冉范生.知识基础理论视角下的创新网络协调机制研究[J].山东社会科学,2010,(11):123—125
[309] 尚勇,朱传柏.区域创新系统的理论与实践[M].北京:中国经济出版社,1999
[310] 苏敬勤,王延章.合作技术创新理论及机制研究[M].大连:大连理工大学出版社,2002
[311] 孙卫忠,刘丽梅,孙梅.组织学习和知识共享影响因素试析[J].科学学与科学技术管理,2005,(7):135—138
[312] 谭劲松,何静.集群自组织的复杂网络仿真研究[J].管理科学学报,2009,(4):1—14
[313] 陶一山,姚海琳.产业集群的阶段性演进机制分析[J].湖南大学学报(社会科学版),2006,(6):89—93
[314] (日)藤田昌久等著,梁琦译.空间经济学:城市、区域与国家贸易[M].北京:中国人民大学出版社,2005
[315] 汪丁丁.知识沿时间和空间的互补性以及相关的经济学[J].经济研究,1997,(6):70—78
[316] 汪涛,曾刚.地理邻近与上海浦东高技术企业创新活动研究[J].世界地理研究,2008,(1):47—53
[317] 王飞绒.基于组织间学习的技术联盟与企业创新绩效关系研究——以生物技术产业为例[D].浙江大学博士学位论文,2008
[318] 王缉慈.产业集群和工业园区发展中的企业邻近与集聚辨析[J].中国软科学,2005,(12):91—98
[319] 王缉慈.创新及其相关概念的跟踪观察——返璞归真、认识进化和前沿发现

[J]. 中国软科学,2002,(12):30—34
[320] 王缉慈. 超越集群:中国产业集群的理论探索[M]. 北京:科学出版社,2010
[321] 王缉慈. 创新的空间——企业集群与区域发展[M]. 北京:北京大学出版,2001
[322] 王静华. 地方根植性与产业集群衰退[J]. 当代财经,2007,(3):93—95
[323] 王庆喜. 多维邻近性与我国高技术产业区域知识溢出——一项空间面板数据分析(1995—2010)[J]. 科学学研究,2013,(7):1068—1076
[324] 韦伯著,李学刚、陈志人等译. 工业区位论[M],北京:商务印书馆,1997
[325] 魏江,葛朝阳. 试论产业集群中的几个技术创新[J]. 科学管理,2003,24(3):1—4
[326] 魏江. 集群创新系统构建研究[D]. 全国"产业集群与中国区域创新发展"研讨会,2002
[327] 魏江,申军. 传统产业集群创新系统的结构和运行模式——以温州低压电器集群为例[J]. 科学学与科学技术管理,2003,(1):14—17
[328] 魏江,王江龙. 平行过程主导的产业集群创新过程模式研究[J]. 研究与发展管理,2004,(12):29—34
[329] 魏江. 小企业集群创新网络的知识溢出效应分析[J]. 科研管理,2003(7)
[330] 吴晓波,韦影. 社会资本在企业开展产学研合作中的作用探析[J]. 科学学研究,2004,(6):630—633
[331] 吴玉鸣. 中国区域研发、知识溢出与创新的空间计量经济研究[M]. 北京:人民出版社,2007
[332] 武志伟. 企业社会资本的内涵和功能研究[J]. 软科学,2003,(5):19—21
[333] 谢洪明,金占明,陈盛松. 产业集群、企业行为与企业竞争力的研究[J]. 科学学与科学技术管理,2005,(5):35—38
[334] 熊彼特著,邹建平译. 经济发展理论[M]. 北京:中国画报出版社,2012
[335] 熊军. 集群的概念、假设、理论及其启示[J]. 外国经济与管理. 2001,(4):2—7
[336] 许庆瑞,刘景江,赵晓庆. 技术创新的组合及其与组织、文化的集成[J]. 科研管理,2002,(6):38—44.
[337] 薛捷,张振刚. 基于知识基础、创新网络与交互式学习的区域创新研究综述[J]. 中国科技论坛,2011,(1):104—111
[338] 亚当·斯密著,郭大勇译. 国民财富的性质和原因的研究(下卷)[M],北京:商务印书馆,2004
[339] 杨菊萍,贾生华. 知识扩散路径、吸收能力与区域中小企业创新——基于浙江省3个传统制造业集群的实证分析[J]. 科研管理,2009,(9):17—24
[340] 于树江. 集群式产业创新的社会资本效应研究[J]. 科学学与科学技术管理,2004,(6):35—38
[341] 余秀江. 企业群落的演进:运行与治理研究[M],北京:中国经济出版社,2006
[342] 约翰·蔡尔德. 组织学习与知识创新[M]. 上海:上海人民出版社,2001
[343] 詹姆斯·科尔曼,邓方译. 社会理论的基础(上)[M]. 北京:社会科学文献出版

社,2007

[344] 张成考,吴价宝,纪延光.虚拟企业中知识流动与组织间学习的研究.中国管理科学,2006,14(2):129—135

[345] 张其仔.社会网与基层社会生活——晋江市西滨镇跃进村案例研究.社会学研究 1999,(3):65—68

[346] 张元智,马鸣萧.产业集群中的知识学习与创新活动.西安交通大学学报,2004,(1):12—16

[347] 郑风田,程郁.企业家与我国农村产业集群的形成与演进机理——基于云南斗南花卉个案的实证分析[J].中国软科学,2006,(1):100—107

[348] 周泯非,魏江.产业集群创新能力的概念、要素与构建研究[J].外国经济与管理,2009,(9):9—17

[349] 钟书华.技术联盟:类型、效益与成本分析.科学学与科学技术管理,1998,19(8):25—27

[350] 钟书华.企业技术联盟导论[M].北京:经济管理出版社,2004.

[351] 周小虎,陈传明.企业社会资本与持续竞争优势.中国工业经济,2004,(5):90—97

[352] 周小虎.企业理论的社会资本逻辑.中国工业经济,2005,(3):84—91

[353] 庄晋财.企业集群地域根植性的理论演进及政策含义.安徽大学学报(哲学社会科学版),2003,(23):93—98

后　　记

本书是我主持的国家社科基金后期资助项目“多维邻近性与产业集群创新”(11FJL012)的最终成果,也是我近十年来潜心于“邻近性与创新”论题研究的阶段性总结。在书稿出版之即,心头掠过一阵辛勤耕耘后收获的喜悦,久久浮现在眼前的是数年来在学术道理上艰辛跋涉的一幕幕情景。

缘于我的博士论文“基于产业集群的高新区竞争力研究”,从本世纪初开始我专注于产业集群领域的研究。近十年,我潜心于“多维邻近性与产业集群创新”方向的探索。在国际学术界热切关注并已取得较丰硕成果而国内研究尚在起步的情形下,我带领我的团队跟踪国际研究前沿,研读大量外文文献,紧密结合中国产业集群发展实践,做了一些探索性工作。数年来,我们一直坚持“二周一次”乃至“一周一次”的讨论机制。无数次的讨论、争执、争执后的再思考、再讨论,正是有了一届又一届学生的积极参与,才有了探索道理上徘徊过后的坚持,才有了坚持后的收获。在此,我要感谢我的团队,感谢伴我走过艰难岁月的弟子们!

本书的出版,离不开众多良师益友的鼓励与帮助,在此,向他们表示深深的谢意。首先,要特别感谢湖南省政协副主席、长沙理工大学校长赖明勇教授,湖南大学经贸学院院长张亚斌教授、罗能生教授、柯善咨教授、王良健教授、陈乐一教授、文娉副教授,以及湖南大学金融与统计学院杨招军教授,感谢他们一直以来给予我的鼓励支持与帮助。感谢国家社科基金项目评审过程中提出宝贵意见的专家,正是他们的真知灼见才使得本书内容不断完善。感谢课题调研过程中给予大力支持的湖南日报报业集团传媒中心文良安主任、湖南省电子信息集团姚剑波副总经理,以及长沙高新区、长沙经开区、苏州高新区等相关部门。感谢北京大学出版社在本书出版过程中的辛勤付出。

最后,我要感谢我的家人。父母始终如一的无私关爱,先生的理解与关心,女儿的可爱,是激励我在学术道理上勇敢前行的动力源泉。

李　琳

2014 年 5 月